W0024960

Richard David Precht

Anna, die Schule und der liebe Gott

Der Verrat des Bildungssystems
an unseren Kindern

GOLDMANN

Originalausgabe

Dieses Buch ist auch als E-Book erhältlich.

Verlagsgruppe Random House FSC® N001967
Das für dieses Buch verwendete
FSC®-zertifizierte Papier *Munken Premium*
liefert Arctic Paper Munkedals AB, Schweden.

1. Auflage April 2013
Copyright © 2013 by
Wilhelm Goldmann Verlag, München,
in der Verlagsgruppe Random House GmbH
Umschlaggestaltung: Uno Werbeagentur, München
Umschlagmotiv: FinePic, München
Satz: Buch-Werkstatt GmbH, Bad Aibling
Druck und Bindung: GGP Media GmbH, Pößneck
Printed in Germany
ISBN 978-3-442-31261-0
www.goldmann-verlag.de

Besuchen Sie den Goldmann Verlag im Netz

*Der Kultusministerkonferenz
und allen anderen kreativen Freigeistern,
deren Handeln von Tugend, Genius, Begabung
und einer großzügigen und edlen Veranlagung bestimmt wird.*

… und natürlich meinen Lehrern!

Inhalt

Anna und die Schule 9

Die Bildungskatastrophe

Was ist Bildung? 25
Klassenkampf in der Schule 50
PISA, G8 und andere Dummheiten 81
Das Dilemma unserer Schulen 104
Lehrer als Beruf 138

Die Bildungsrevolution

Bildung im 21. Jahrhundert 165
Wie geht Lernen? 196
Individualisiertes Lernen 223
Jenseits von Fach und Note 246
Bessere Schulen 282
Bildung für alle! 309

ANHANG

Anmerkungen 335
Literatur 340
Dank 347
Personenregister 348

Anna und die Schule

Anna malt in der Schule ein Bild. Nach einer Weile tritt der Lehrer hinzu und betrachtet neugierig das Gemalte. »Na, Anna«, fragt er, »was malst du denn da?« – »Ich male den lieben Gott«, antwortet Anna. »Aber, Anna«, widerspricht der Lehrer. »Der liebe Gott – den kann man doch gar nicht malen. Da weiß doch niemand, wie er aussieht.« – »Warten Sie noch fünf Minuten«, sagt Anna, »dann wissen Sie es!«[1]

Diese kleine Anekdote ist eine der Lieblingsgeschichten eines großen Entertainers: des britischen Pädagogen und Erziehungsberaters Ken Robinson. Für seine Verdienste um die Bildung zum Ritter geschlagen, berät Robinson Theater wie die Royal Shakespeare Company, das Royal Ballet, aber auch die Europäische Kommission, den Europarat und die UNESCO. Seine Botschaft im Hinblick auf das gegenwärtige Schul- und Bildungssystem ist eindeutig und unmissverständlich: Schule tötet Kreativität!

Intelligenz ist das, was man benutzt, wenn man nicht weiß, was man tun soll. Und Kreativität ist das, was man einsetzt, wenn man nicht weiß, was genau dabei herauskommt. Unser Schulsystem, nicht nur in der westlichen Welt, sondern in vielen OECD-Staaten, fördert weder Intelligenz noch Kreativität. Als »Kompetenzen« definiert, durch Lehrpläne festgelegt, in »Fächer« parzelliert, in Fünfundvierzig-Minuten-Häppchen portioniert, in Klausuren und Tests abgefragt und durch Zensuren bewertet, steht von vornherein fest, was exakt ein Schüler tun und was dabei als Ergebnis herauskommen soll.

Gibt es zu unserem bestehenden Schulsystem eine Alternative? Könnte man das, was millionenfach in unseren Schulen auf ähnliche Weise gelehrt wird, auch ganz anders lehren? Wäre eine Schule denk- und machbar, die in weit stärkerem Maße als bisher die Intelligenz und Kreativität unserer Kinder fordert und fördert?

Dieses Buch ist für Lehrer geschrieben, einen Berufsstand, den ich über alles schätze und dem ich als Hochschullehrer an zwei Universitäten selbst angehöre. Es möchte den Hunderttausenden von Lehrern, die mit den gegenwärtigen Verhältnissen unzufrieden sind, Mut machen und ihnen helfen, aus alten Rollenmodellen und einem ineffektiven überholten System auszubrechen. Es soll sie dazu inspirieren, an einem möglichen und notwendigen Fortschritt im Interesse unserer Kinder mitzuarbeiten. Es möchte ihnen Alternativen vorstellen oder in Erinnerung rufen und Schuldirektoren konkrete Perspektiven aufzeigen, für die es sich lohnt zu kämpfen.

Dieses Buch ist ebenso für Schüler geschrieben. Ich möchte, dass unsere Kinder schon sehr bald in Schulen gehen, in denen ich auch gern gewesen wäre. Dass sie von Lehrern, die ich gern selbst gehabt hätte, ihre Neugier bewahrt und gefördert bekommen. Dass sie ihnen einen Sinn vermitteln für die Schönheiten des Lebens und der unendlichen Wissenswelten, in die einzutauchen einen tiefen und nachhaltigen Lust- und Dimensionsgewinn bedeutet. Dass sie in eine Schule gehen, in der sie sich anerkannt und verstanden fühlen, sodass sie begeistert lernen.

Dieses Buch ist für Eltern geschrieben. Es möchte ihnen Argumente liefern, um gegen eine bestehende Praxis aufzubegehren, die vielen von ihnen Kopfschmerzen bereitet und sie oft ohnmächtig zurücklässt. Es soll zeigen, dass eine Bildungsrevolution in Deutschland machbar ist – und zwar nicht nur langfristig, sondern dass sie unmittelbar bevorsteht. Und dass Kinder, die heute in die Grundschule gehen, bereits davon profitieren werden, falls die Bewegung nur strategisch geschickt vorgeht und konsequent und solidarisch genug ist.

Und dieses Buch ist nicht zuletzt für Bildungspolitiker geschrieben, die in den kommenden Jahren vor gewaltigen Herausforderungen stehen werden. Sie müssen die größte Strukturveränderung unseres Bildungssystems seit den sechziger Jahren ermöglichen und erfolgreich umsetzen. Das Buch möchte dabei helfen, alte Freund-Feind-Linien aus vergangenen Tagen unserer Republik zu überwinden. Und es möchte Mut zum Träumen geben und die Fantasie im Hinblick auf einen neuen sozialen Kubismus anregen.

Die Diagnosen und Perspektiven, von denen dieses Buch handelt, sind dabei nicht aus Naivität geboren wie der Liebreiz der Venus aus dem Schaum. Sie verdanken sich ungezählten Gesprächen mit Schülern, Eltern, Lehrern, Schuldirektoren, Pädagogik-Professoren und Bildungspolitikern. Ich habe mich in viele Klassenzimmer in ganz verschiedenen Schulen gesetzt und dem Schulunterricht des Jahres 2012 beigewohnt. Und ich kenne die weltanschaulichen Hürden auf ideologisch vermintem Terrain ebenso wie die Argumente und Ausflüchte der Sachwalter des Status quo, denen die Mühen der Ebene den Blick auf die Berggipfel längst getrübt haben.

Bei alledem habe ich viel gelernt. Über das Funktionieren und die Beharrungskraft von Systemen und den Selbstverstärkungseffekt von Institutionen. Natürlich auch viel über Menschen und ihre Selbstbehauptungs- und Verteidigungsstrategien. So habe ich mir über die Zeit in Gesprächen abgewöhnt, die bestehende Schulpraxis in Deutschland zu kritisieren. Ich wollte einmal etwas anderes hören als die stets gleichen Argumente.

Ich wollte nicht mehr hören müssen, dass die Schüler an deutschen Schulen ständig dümmer und aufmerksamkeitsgestörter werden. Denn nach Sicht vieler Lehrer können »die Schüler heute *nicht mal mehr* Zeichensetzung, die Grundrechenarten oder sich eine Stunde lang konzentrieren« etc. Aber permanent schlechter werdende Schülergenerationen gibt es, seit es Schulen und Lehrer gibt. Und auch die heutige Lehrergeneration bestand einmal aus Schülern, die vieles *nicht mal mehr* konnten.

Ich wollte irgendwann auch nicht mehr hören, dass sich »inzwischen doch unglaublich viel getan« hat, denn mir begegnen an allen Lernorten noch immer hunderttausendfach die alten Schülerklagen über das Schulsystem. Und ich wollte nicht mehr die stets gleiche Schelte hören müssen, warum es gar nicht anders geht, als es derzeit an unseren Schulen Praxis ist, und dass all die Bildungsreformer doch »von nichts eine Ahnung« hätten. »Man kann sie nicht einmal mehr zählen«, entgegnete mir Mathias Brodkorb, der erboste Bildungsminister von Mecklenburg-Vorpommern, auf meinen Essay im Magazin *Cicero,* »diese ewigen Ratschlaggeber, die zwar weder den Lehrerberuf erlernt noch je vor einer Klasse unterprivilegierter Erziehungsschwieriger gestanden haben, aber vom Ledersofa aus in lässiger Pose wohlmeinende und möglichst weitreichende Ratschläge erteilen.«[2] Dass Brodkorb selbst nie vor einer Klasse gestanden hat, sondern sofort nach dem Studium Berufspolitiker und im Alter von vierunddreißig Jahren Bildungsminister geworden ist, erzählt er nicht.

Natürlich ist das Argument, dass nur wer selbst »vor einer Klasse unterprivilegierter Erziehungsschwieriger gestanden hat«, das Bildungssystem kritisieren darf, befremdlich. Die Einzigen, die noch unsere Schulen reformieren dürften, wären dann Hauptschullehrer in sozialen Brennpunkten, und alle anderen hätten zu schweigen. Nach dieser Logik dürften nur noch Politiker Politiker, nur noch Banker Banker, nur noch Taxifahrer Taxifahrer und nur noch Philosophen Philosophen kritisieren. Und ein Bildungsminister, der kein Lehrer ist, wäre dazu verdammt, den Mund zu halten.

Die Lage, so viel scheint klar, ist angespannt – und das aus gut nachvollziehbaren Gründen. Denn selbst die Verteidiger des gegenwärtigen Zustands unseres Bildungssystems wissen, dass es so, wie es an deutschen Schulen mehrheitlich zugeht, nicht weiter zugehen kann und auch nicht weiter zugehen wird.

Ich habe es mir deshalb zur Gewohnheit gemacht, in persönlichen Gesprächen die Schule, so wie sie gegenwärtig ist, in den höchsten Tönen zu loben. Seitdem schwärme ich gegenüber Lehrern und Schulleitern von den besten Schulen, die wir je hatten. Es sei doch wirklich großartig, wie es an unseren Schulen heute zugeht. Diese tolle Lernatmosphäre! Diese vielen motivierten Schüler! Ist es nicht schier unglaublich, wie hoch das Bildungsniveau heute ist? Und ist Lehrer nicht eigentlich ein Traumberuf? Sofort schütteln viele Lehrer den Kopf über so viel Unwissenheit ihres Gesprächspartners. Da hat doch einer überhaupt keine Ahnung von den Nöten und Notwendigkeiten eines Lehrerlebens, von Stress und Unbehagen, Schulklima und Misserfolg.

Die Pointe daran ist einfach und schlicht. Kritisiert man gegenüber Lehrern die Schule, wird sie verteidigt. Lobt man sie hingegen, wird die bestehende Schulpraxis meist sofort scharf kritisiert. Der Grund dafür liegt auf der Hand. Fühlt sich der Lehrer als Lehrer angegriffen, verteidigt er sich *und* das System, in dem er arbeitet (insofern es Teil seiner Identität ist). Wird er aber vom System getrennt, in dem er agieren muss, wird er sich selbst schnell und gern *gegen* den Druck des Systems verteidigen.

Es gibt aber noch eine weitere Abwehrbewegung gegen jede

Transformation des Bildungssystems. Nämlich indem man darauf verweist, was es nicht schon alles an Anregungen, Vorschlägen und revolutionären Ideen auf dem Bildungssektor gegeben hat. Das ist richtig. Und selbstverständlich ist vieles von dem, was in diesem Buch kritisiert und diskutiert wird, nicht neu. Das Gleiche gilt für viele Verbesserungsvorschläge. Manches ist sogar bis zu zweihundert Jahre alt. »Die Arbeit des Philosophen«, meinte Ludwig Wittgenstein einmal, »ist ein Zusammentragen von Erinnerungen zu einem bestimmten Zweck, nämlich der übersichtlichen Darstellung.«

Schon die Reformpädagogen zu Anfang des 20. Jahrhunderts eiferten mit der Glut von Aposteln und der Güte der Weisen um völlig andere Lehrmethoden und Schulen. Die schwedische Schriftstellerin Ellen Key verkündete 1902 das »Jahrhundert des Kindes«. Die italienische Ärztin Maria Montessori erteilte der autoritären Obrigkeitspädagogik ihrer Zeit eine Abfuhr und erkannte das Kind als »Baumeister seines Selbst«. Der Reformpädagoge Georg Kerschensteiner forderte, das »Wollen und Können« der Schulkinder zu fördern, statt auf reine Wissensfülle zu setzen, und verlangte eine umfassende Bildung für alle Bevölkerungsschichten. Peter Petersen und Berthold Otto propagierten einen klassenübergreifenden Unterricht sowie eine Einheitsschule für alle Bevölkerungsschichten.

In dem Postulat, dass Kinder so freudig wie möglich durch unmittelbare Erfahrung lernen sollten, statt Lern-Dienst nach Vorschrift abzuleisten, waren sich alle Reformpädagogen einig. Der Weg des Lernens sollte das Ziel sein, nicht ein oktroyierter normierter Wissensstand. Doch eine umfassende Bildungsrevolution hin zu kindgerechtem Lernen blieb aus. Stattdessen haben Schüler, Lehrer und Bildungspolitiker in allen Bundesländern ungezählte in herrlichem Bürokratendeutsch verfasste

Reformen, Inventuren, Richtlinien, Vorschläge und dergleichen erlebt. Das Resultat ist ein verwaschener und in seinem Muster nur noch schwer zu erkennender Flickenteppich. So viel Mühe auch in die Verbesserung unserer Schulen gesteckt wurde, wie viele ideologische Grabenkämpfe auch ausgefochten wurden – der gegenwärtige Befund ist unmissverständlich. Nach Erkenntnis von OECD-Studien hat Deutschland inzwischen eines der schlechtesten Schul- und Bildungssysteme unter allen Industrienationen der Welt. Und zwar in allen maßgeblichen Belangen. Pädagogisch so freundlich wie möglich ausgedrückt: »Im internationalen Vergleich schafft es das deutsche Schulsystem weder in der Begabtenförderung noch im durchschnittlichen allgemeinen Bildungsniveau noch im Abbau von Bildungsarmut eine führende Position einzunehmen.«[3]

Wie konnte das passieren? Warum haben sich die in zentnerschweren Evaluierungen ermittelten und unter Experten weitgehend unstrittigen Reformideen für das deutsche Schulsystem so selten durchgesetzt? Warum ist Lernen an den meisten deutschen Schulen noch immer nicht kindgerecht, wo man sich unter Fachleuten doch schon lange nicht mehr ernsthaft darüber streitet, wie man es kindgerecht machen *könnte* und *müsste*? Warum fallen in Deutschland so viele Kinder völlig durch die Maschen des Bildungssystems? Warum sind die Bildungschancen eines Kindes hierzulande stärker als in jeder anderen Industrienation abhängig von der Schicksalslotterie des Elternhauses?

Sind an alledem, wie manche Lehrer meinen, vorwiegend die Eltern schuld? Aber warum sollte es in Deutschland grundsätzlich mehr verantwortungslose Elternhäuser geben als etwa in Frankreich oder Italien? Das Einkommen der Eltern ist im Schnitt nicht geringer, und der Medienkonsum unserer Kinder ist nicht höher als in den meisten anderen OECD-Ländern.

Appelle an verantwortungslose Elternhäuser, ihre Kinder anders zu erziehen, haben noch nie Früchte gezeitigt. Und Klagen über uninteressierte und unaufmerksame Schüler fallen immer auf den Klagenden zurück. In solcher Lage hilft nur ein Umbau des gesamten Systems. Wäre das Schulsystem, so wie es heute besteht, ein Unternehmen, so wäre es längst pleitegegangen. Wäre es ein Staat, wäre es bereits vor Jahrzehnten implodiert. Aber wie bringt man die Verantwortlichen auf allen Ebenen dazu, das System zu ändern, wenn man sich im Zweifelsfall damit rechtfertigen kann, dass – OECD-Studien hin, Eltern- und Schülerklagen her – doch alles »gar nicht so schlecht« sei?

»Gar nicht so schlecht« ist viel zu wenig, wenn es um das Lebensschicksal unserer Kinder geht und die Zukunft der Gesellschaft. Warum sollte uns dafür das Beste nicht gerade gut genug sein?

Weil, so lautet die ehrliche Antwort, die Frage nach dem Besten gar nicht im Zentrum der Debatten um die Schule steht. Statt um Ziele geht es um Befindlichkeiten. Wer seit längerer Zeit etwas zu verantworten hat, empfindet im Regelfall eine starke Aversion gegen Veränderungen. Sie stellen die bisherige Lebensleistung in Frage. Das hat niemand gern. Und die Neigung, das Hergebrachte und das Gewohnte zu verteidigen, wenn wir nur selbst damit in Verbindung stehen, ist eine zuverlässige Komponente unserer Psyche. Große Veränderungen sind stets mit einem Energieaufwand, mit zusätzlichen Anstrengungen, Unsicherheiten und Risiken verbunden. Und wer vieles neu machen will, erscheint schnell als praxisferner Spinner. Gewöhnlich reagiert man auf Verbesserungsvorschläge, wie die Bildungsforscher Stefan Hopmann und Gertrude Brinek von der Universität Wien feststellen, mit Schweigen. Man verhindert so, dass der Kritiker ausreichend öffentliche Resonanz bekommt. Stellt sich die Beachtung trotzdem ein, so spricht man dem Kritiker eilig die Kompetenz ab und unterstellt ihm Aufmerksamkeitssucht oder unlautere Geschäftemacherei. Zur Not gesteht man isolierte Probleme zu und behauptet zugleich, dass diese nicht sonderlich relevant sind. Und wenn alles nichts hilft, kann man sagen, dass die Kritik nicht neu und widerlegt sei.[4] Mit einem Buch über die Schule kann man es zumeist jedem nur unrecht machen. Denn was immer man an Verbesserungen vorschlägt, ist entweder »alles längst bekannt« oder »völlig utopisch« und »weltfremd«.

Doch wer, so wäre dagegen zu fragen, kalkuliert, was eigentlich an Nebenwirkungen und schleichenden Katastrophen eintritt, wenn keine Veränderungen an unserem Bildungssystem vorgenommen werden und alles beim Alten bleibt? Die Antwort scheint nicht schwer, denn die Tendenz ist längst da: Unser Schulsystem zerfällt in ein Zwei-Klassen-System. Wer es sich leisten kann, schickt sein Kind auf eine Privatschule. Und die öffentlichen Schulen verkommen zu Restschulen für Unterprivilegierte.

Das althergebrachte Klassenzimmer-Modell kann und wird in der Zukunft so nicht erhalten bleiben. Die historischen Gründe, die den Frontalunterricht, wie wir ihn kennen, die Fünfundvierzig-Minuten-Taktung, das Unterrichten nach Jahrgängen und die Notwendigkeit von Zensuren, Klausuren und Hausarbeiten einmal auf den Plan gebracht haben, sind eben dies: *historisch*. Ein Blick auf die Mentalität heutiger Schüler belehrt unmissverständlich darüber. Sie lernen einen »Stoff«, von dem sie wissen, dass sie ihn nach abgelegter Prüfung schnell wieder vergessen dürfen – was sie im Regelfall auch tun. Und sie verstehen dabei intuitiv, dass viele dieser Dinge, *so wie sie ihnen beigebracht werden,* mit ihrem Leben nicht allzu viel zu tun haben werden, dass sie nicht »wichtig« sind, um ihr immer komplizierteres Leben in einer immer unübersichtlicheren Welt erfolgreich zu gestalten. Die Schule *und* das wirkliche Leben – noch nie seit Einführung der Schulpflicht hielt das »und« dies beides so sehr auseinander wie heute.

Schon der Römer Seneca formulierte es in ironischer Absicht: dass man in der Schule nicht für das Leben lerne, sondern für die Schule. Heute gilt dies viel stärker als in früheren Zeiten. Kinder, die im Jahr 2013 eingeschult werden, gehen im Jahr 2074 in Rente. Weder für sie noch für ihre Eltern ist sichtbar, dass sie in der Schule auf diese Zukunft vorbereitet werden. Gewiss, es ist eine Zeit, über die keiner etwas Verbindliches weiß. Ob wir (was wahrscheinlich ist) in fünfzig Jahren in einer Welt leben, in der Werbetafeln die Gesichtszüge von Passanten lesen und Turnschuhe Psychoprofile ihrer Träger erstellen,[5] oder in einer Welt, die ihre ganzen Anstrengungen darauf gerichtet haben wird, Kriege unmöglich zu machen und das Welthungerproblem zu lösen (was unwahrscheinlich ist) – niemand kann das wissen. Aber vielleicht wäre schon viel gewonnen, wenn wir zukünftige Generationen dazu ermutigen können, ihre Kreativität zur Lösung des Welthungerproblems einzusetzen, statt millionenfache Antworten zu finden auf nie gestellte Fragen.

Manches von dem, was in Zukunft anders sein wird, ist bereits deutlich abzusehen. »Tiefe Kreativität und analytisches Denken sind nicht länger eine Option, sie sind keine Luxus-Fertigkeiten, sondern Überlebenstechniken.«[6] Viele traditionelle Berufe wie Reisekauffrau, Apotheker, Bibliothekarin, Schaffner, Steuerberater usw. wird es – so wie wir sie jetzt kennen – in Zukunft nicht mehr geben. Das, was die jüngere Generation heute schon am eigenen Computer erledigen kann, wird als Beruf nur noch mit Sonderexpertenstatus überleben. Millionen Dienstleistungsberufe, die darauf basieren, etwas im Internet zu finden, das jeder selbst finden kann, sterben aus. Die Schlüsselkompetenzen des quartären Sektors – der Welt der hochqualifizierten Berater, der Umwelt- und Gesellschaftsscouts, der Spitzentechnologen und spezialisierten Kommunikationsdienstleister – braucht selbstständig denkende Menschen, kreative Konfliktlöser, führungsstark und in höchstem Maße teamfähig.

Das Standardmodell der Schule ist dieser Herausforderung nicht gewachsen. Ihre Aufgabe seit Einführung der Schulpflicht im 18. und 19. Jahrhundert war es, der Wirtschaft und dem Staat vielseitig verwendbare Fachkräfte ohne allzu signifikante Persönlichkeitsmerkmale bereitzustellen. Gebraucht wurden treue Staatsdiener, Beamte und Angestellte sowie einschlägig ausgebildete Fachkräfte in überschaubaren Tätigkeitsfeldern. Die überwiegend *passive* Rolle des Schülers in der Schule war sinnvoll und gewünscht und Kreativität außerhalb gelenkter Bahnen so unnötig wie ungewollt. Die Schulstruktur, wie wir sie heute (von Ausnahmen abgesehen) kennen, ist nach diesem Modell konstruiert.

Die heutige Aufgabe der Schule müsste dagegen sein, Kinder auf ein erfülltes Sozial- und Berufsleben in einer zukünftigen Gesellschaft vorzubereiten, sie zur *aktiven* Lebensgestaltung zu befähigen und zu ermutigen. Dafür müssen sie nicht nur lernen zu lernen – so als handele es sich dabei einzig um eine Technik –, sondern die Schule muss alles dafür tun, dass Kinder und Heranwachsende in ihrem Leben auch dauerhaft lernen *wollen*.

Der Bildungspolitik fällt dabei die Aufgabe zu, ein System zu schaffen, das allen Menschen eine ganz reale Chance gibt, die Gestaltungsmöglichkeiten in unserer Gesellschaft tatsächlich nutzen zu können. Freiheit ist keine Frage theoretischer Chancen, sondern eine Frage sozialer Realitäten. Es nutzt niemandem etwas zu sagen: »Du musst deine Chance nutzen!«, wenn man nicht weiß, wie das geht. Kindern aller gesellschaftlichen Schichten nach Kräften dabei zu helfen, ihre Potenziale zu entfalten, ist der Auftrag gegenwärtiger und zukünftiger Bildungspolitik.

Bedauerlicherweise ist auch dieses Terrain noch immer ideologisch stark vermint. In der öffentlichen Bildungsdebatte streiten sich zwei Fraktionen. Einige – sehr laute – Stimmen meinen, das Ziel der Bildungspolitik solle sich allein an den Anforderungen des zukünftigen Arbeitsmarkts orientieren. Andere dagegen rufen den Namen »Humboldt« in die Runde und bestehen darauf, dass Bildung ein Individualrecht sei und deshalb niemals zweckgebunden sein dürfe. »Bildung für sich selbst« oder »Bildung für die Wirtschaft« lautet der Gegensatz.

Ich möchte in diesem Buch zeigen, dass dieser Widerspruch ein Scheinwiderspruch ist. Denn die richtig verstandenen Interessen der Wirtschaft sind letztlich die gleichen wie die Interessen derjenigen, die möglichst allen Kindern dieser Gesellschaft einen zeitgemäßen Schulunterricht und eine Chance auf ein erfülltes Leben geben wollen. Angesichts der demografischen Entwicklung in unserem Land, in dem es heute so wenige Kinder gibt, legen nicht nur Sozialisten und Humanisten den größten Wert darauf, jedes Kind mitzunehmen. Auch Firmen, Betriebe und Unternehmen können sich die soziale Selektion der Gegenwart schon lange nicht mehr leisten.

Bedauerlicherweise aber zeichnen sich in der Bildungsdiskussion weiterhin drei alte Frontstellungen ab, die eigentlich längst überwunden sein sollten. Die erste ist die *soziale Front*. Sie betrifft die Abschottungsversuche einiger uneinsichtiger Besserverdienender gegen die bildungsschwache Unterschicht. Man glaubt, man müsste die anderen frühzeitig loswerden, um den eigenen Kindern die besten Karrieremöglichkeiten zu schaffen.

Die zweite ist die *professionelle Front*. Hier kämpfen viele der am Schulsystem Beteiligten und dafür Verantwortlichen – Lehrer, Lehrerverbände, Schuldirektoren und Kultusminister – gegen ihre externen Kritiker, also Eltern, Pädagogik-Professoren, Stiftungen und Journalisten. Die dritte Front schließlich ist die *ideologische Front*. Sie verläuft zwischen denen, die unser Bildungssystem als Zulieferungsindustrie für die wirtschaftlichen Bedürfnisse unseres Landes sehen, und jenen, die jede kapitalismuskonforme Zweckbestimmtheit auf dem Bildungssektor konsequent ablehnen.

Dabei sind viele Kombinationen denkbar. Der links wählende Bildungsbürger zum Beispiel, der Bildung nicht als Ausbildung für die Wirtschaft verstanden sehen möchte, aber zugleich sehr darauf bedacht ist, dass sein Kind die Schulklasse nicht mit vielen bildungsfernen Mitschülern teilen muss; der Lehrer, der seine schwerwiegendsten Probleme nicht mit Bildungskritikern hat, sondern mit seinen Kollegen; der liberale Unternehmer, der Bildung selbstverständlich zweckgebunden als Ausbildung versteht, aber zugleich ein großes Herz für die Kinder der sozial Schwachen hat und ihnen eine echte Chance geben möchte.

Es wird in diesem Buch gewiss nicht darum gehen, alte, oft lieb gewordene Freund-Feind-Linien zu verstärken. Es möchte auch keine Ideologie bedienen innerhalb eines etablierten Rechts-Links-Schemas. Die Frage nach der Verbesserung unseres Schul- und Bildungssystems ist keine Frage, die sich auf Weltanschauungen wie »liberal«, »konservativ« oder »sozialistisch« reduzieren ließe. Alle diese löchrigen Gefäße reichen nicht aus, den Inhalt zu transportieren, um den es hier geht. Natürlich wird es sich nicht verhindern lassen, dass der eine oder andere Leser dieses Buch aus seinem festgefügten weltanschaulichen Raster heraus beurteilen wird. Doch sollte es gelingen, die veralteten

Denkmuster, die die Bildungsfrage so lange gefangen genommen und missbraucht haben, für manch einen aufzubrechen, so wäre ein wichtiges Anliegen erfüllt.

Das größere Ziel aber ist, dass Anna schon in zwei oder drei Jahrzehnten kopfschüttelnd darüber staunen wird, auf welche Weise in Deutschland im Jahr 2013 Kinder unterrichtet wurden. Etwa so, wie wir heute darüber staunen, dass Frauen bis zu Beginn des 20. Jahrhunderts in fast ganz Westeuropa kein Wahlrecht hatten oder noch Anfang der sechziger Jahre in Deutschland selbstständig kein Konto eröffnen und ohne die Unterschrift ihres Ehemanns keinen Mietvertrag unterschreiben durften. Oder wie wir heute nicht mehr nachvollziehen können, wie es in den siebziger Jahren in katholischen Erziehungsheimen vor sich ging. Oder dass Lehrer an öffentlichen Schulen in der Klasse durchaus noch zuschlugen und ihre Schüler heftig an den Ohren zogen und dass es in Autos keine Sicherheitsgurte gab.

Nicht zuletzt möchte ich zeigen, dass eine neue Form der Bildung und des Bildungssystems ohne Zweifel zugleich eine andere Gesellschaft erzeugen wird. Denn die Dilemmata unserer Bildungswirklichkeit sind nur auflösbar in einer Gesellschaft, bei der die Stellschrauben anders eingestellt werden und eingestellt sind. In diesem Sinne ist der Umbau unseres Bildungssystems der vielleicht wichtigste Teil einer großen sozialen Transformation, die mit den zivilbürgerlichen Protesten und der Forderung nach mehr Demokratie und aktiver Beteiligung bereits begonnen hat und die unsere Gesellschaft unzweifelhaft verändern und hoffentlich verbessern wird.

Richard David Precht
Köln, im Februar 2013

Die
Bildungskatastrophe

Was ist Bildung?

> Bildung ist das, was zurückbleibt,
> wenn man das Gelernte wieder vergessen hat.
> *Georg Kerschensteiner*

Das deutscheste Wort

Es gibt Bildungssysteme, Bildungsinstitute, Bildungseinrichtungen, Bildungsminister, Bildungsreisen, Bildungsmiseren, Bildungskatastrophen und neuerdings sogar eine Bildungsoffensive, eine Bildungsrepublik, Bildungsfonds, Bildungskredite, Bildungsgutscheine und Bildungsschecks. Aber was ist Bildung? Und wozu und zu welchem Ende bilden wir, frei nach Schiller, unsere Kinder?

Bildung ist *Alles, was man wissen muss,* betitelte einst der Anglist Dietrich Schwanitz einen Bestseller. Dass die Naturwissenschaften offensichtlich nicht dazugehörten, motivierte den Wissenschaftspublizisten Ernst Peter Fischer zum Gegenschlag: *Die andere Bildung. Was man von den Naturwissenschaften wissen sollte.* Beiden Büchern gemein ist die Vorstellung, dass Bildung gleichbedeutend ist mit Wissen. Oder genauer: mit einem konkreten Bescheidwissen über ausgewählte Dinge. Sie ist, so könnte man daraus folgern, so etwas wie die mentale Vorratsdatenspeicherung kanonisierter Sachverhalte – eine Art innere Bibliothek mit Schnellzugriff. Etwas, das man bei Günther Jauch abrufen kann, um Millionär zu werden. Etwas, woran Gebildete sich erkennen, um sich von Ungebildeten zu unterscheiden.

Aufstieg und Sinn eines solchen Bildungsbegriffs stammen wesentlich aus dem 18. Jahrhundert, aus der Zeit, als das aufstrebende Bürgertum den Besitzern von Rittergütern seine Bildungsgüter entgegensetzte. »Wissen ist Macht« – die alte Formel des englischen Renaissancephilosophen Francis Bacon bekam nun eine breite gesellschaftliche Bedeutung. Von nun an galt dem Bürgertum Bildung als Synonym für den sozialen Aufstieg – aber auch als Standesprivileg des sogenannten Bildungsbürgertums gegenüber dem Kleinbürgertum, den Bauern und der Arbeiterschaft. Wer gebildet war, wurde geachtet, wenn auch auf einem schmalen Grad an Bildungsetikette. Wie der Adel das Halbseidene, so verachtet der wahrhaft Gebildete den Bildungsphilister und den Bildungsspießer ob seiner Bildungshuberei. Im Zweifelsfall gilt ihm der aufrecht Ungebildete mehr als der Halbgebildete. Was für ein »herrlich unverbildeter Typ« rühmte einst der Sportmoderator Dieter Kürten den Fußballtrainer Michael Lorkowski.

Das Wort »Bildung« ist heute in aller Munde. Niemand spricht sich in einer öffentlichen Debatte gegen Bildung aus. Politiker, Popstars, Poeten, Propheten und Professoren plädieren für mehr Bildung. Wirtschaftskreise haben einen »Aktionsrat Bildung« gegründet. Und dass die Bildung unserer Kinder das Wichtigste überhaupt sei für die Zukunft unseres Landes, daran lässt niemand einen Zweifel. Wer eine große Investition in die Bildung fordert, hat das Publikum auf seiner Seite. Das Problem ist nur: Jeder denkt dabei an etwas anderes! Für die einen bedeutet ein Mehr an Bildung ein Mehr an Fachkräften für den Standort Deutschland. Für andere ist Bildung in erster Linie Gewaltprävention, weil gebildete Menschen sich in der Regel seltener körperliche Gewalt antun als ungebildete. Wiederum andere fahnden eifrig und verzweifelt nach den optimalen Bildungschancen ihrer Kinder, um sie auf einem angeblich immer heiß umkämpften globalen Weltmarkt mit jenem Kapital auszustatten, das sich am besten durch Erfolg verzinst. Und während die einen weniger Filter durch Klausuren, Tests und Noten verlangen, wünschen sich die anderen ein Leistungsniveau so hoch wie möglich.

Passen alle diese Vorstellungen in ein einziges Wort? Die alten Germanen hatten wahrscheinlich keine Ahnung davon, was für ein Ungetüm sie gebaren, als sie das Wort *bildunga* prägten, um damit das zu bezeichnen, was erschaffen war und gestaltet. Explizit auf den Menschen wurde *Bildung* allerdings erst im Mittelalter von Meister Eckhart angewendet: Wer sich bildet, der strebt Gott nach und ergibt sich darein, sich mit Gottes Hilfe zu vervollkommnen. Gebildet wird der Mensch demnach nicht allein durch eigene Kraft, sondern dadurch, dass Gott ihn formt. Menschlich ist die Anstrengung, göttlich das Resultat. Erst in der Renaissance schwindet der Anteil Gottes an der Selbstschöpfung des Menschen durch Bildung zugunsten des mühseligen Eigenanteils. Sich bilden wird fortwährende Arbeit an sich selbst. Durch den stückweisen Erwerb von Bildung zeichnet der Mensch sein Gesicht.

Die Fortsetzung und zugleich seinen Höhepunkt erreicht das Bildungsziel »Bildung« im 18. Jahrhundert. Das moderne säkulare Menschenbild gebiert den Gedanken, dass alle Menschen »bildsam« seien. Alle können gebildet werden, insofern sie sich Mühe geben. Ob jemand Bildung erwirbt, ist demnach vor allem eine Frage des Umgangs mit sich selbst. Der Gebildete setzt sich zu sich selbst in ein Verhältnis. Das Ich wird, in einer Formulierung des Philosophen Johann Gottlieb Fichte (1762–1814), zum »Werk meiner Selbst«. Man expandiert seinen Horizont. Denn der gebildete Mensch hat mehr vom Leben – jedenfalls im Prinzip. Jean-Jacques Rousseaus Satz, dass nicht diejenigen am meisten gelebt haben, die am ältesten werden, sondern diejenigen, die am meisten gefühlt haben, bildet dafür eine gute Basis. Erst eine umfassende Bildung differenziert unsere Gedanken, unsere Vorstellungen und mit ihnen unsere Gefühle. Das gesellschaftliche Endziel der Bildung ist dann der souveräne Umgang mit der eigenen Freiheit in der Gesellschaft. In diesem Sinne ist die Pädagogik, wie Immanuel Kant (1724–1804) schreibt, »Erziehung zur Persönlichkeit, Erziehung eines frei handelnden Wesens, das sich selbst erhalten, und in der Gesellschaft ein Glied ausmachen, für sich selbst aber einen innern Wert haben kann«.

Sich bilden ist also nicht mehr nur eine Sache, die der Gebildete allein mit sich und Gott in seiner Studierstube ausmacht. Man muss sich auch fragen, was für eine Rolle man *in der Gesellschaft* spielen möchte. Es ist, in einer Formulierung Georg Wilhelm Friedrich Hegels über Goethes Bildungsroman *Wilhelm Meister,* ein »Spagat zwischen der Poesie des Herzens und der Prosa der Verhältnisse«. Vergleichbare Bildungskonzepte gibt es bei Johann Gottfried Herder, Johann Friedrich Herbart, Friedrich Schiller, Johann Heinrich Pestalozzi oder Friedrich Schleiermacher. Immer geht es um den Prozess, in dem der Mensch seinen Horizont stückweise erweitert und sich dabei selbst vervollkommnet. Und das Ziel ist erreicht, wenn er dabei sein eigenes Wesen mit der Welt in Harmonie bringt.

In seiner prätentiösen Verwaschenheit und seiner bewussten Innerlichkeit ist der Bildungsbegriff eine spezifisch deutsche Erfindung. Vergleichbares existiert in Frankreich und England nicht. Wo Nationalstaaten vorherrschten – statt eines Gebietsteppichs wie in Deutschland –, war der Bildungsbegriff in einem gesellschaftlichen Stand aufgehoben und in Institutionen konfektioniert. Der *Homme de lettres,* wie er im 18. Jahrhundert in

Frankreich auftrat, war nicht allein durch seine Bildung und seine damit verbundene gesellschaftliche Rolle als Erzieher gekennzeichnet. Er war ein moderner Berufsintellektueller, dessen Stand durch die Mitgliedschaft in Akademien und Gesellschaften markiert und dessen Gedankengut urheberrechtlich geschützt war.

Berufsintellektuelle solchen Zuschnitts fand man in Deutschland im 18. Jahrhundert kaum, und sie haben, anders als in Frankreich, bei uns bis heute keine echte Tradition. Eine andere Spielart des gebildeten Menschen ist der englische *Gentleman*. Zunächst war er so etwas wie ein tadelloser Adeliger. Doch seit der Aufklärung beanspruchten auch Geistesaristokraten Mitglieder dieser exklusiven Kaste zu sein, die mehr als alles andere durch eine Haltung gekennzeichnet war: viel zu wissen, viel zu können, die richtigen Schulen besucht zu haben, viel zu beeinflussen und immer die nötige Würde zu bewahren und sich nobel zu benehmen.

Um ein solches Konzept wie die deutsche »Bildung« hervorzubringen, spielten viele unterschiedliche Faktoren zusammen. Der Mangel an einer breiten und institutionalisierten Öffentlichkeit wie in Frankreich oder England dürfte ein wichtiger Grund gewesen sein. Statt Streitschriften zu verfassen und Debatten anzuheizen, zielte die deutsche Bildung mangels einer gesamtdeutschen öffentlichen Streitkultur eher nach innen, auf die individuelle Gesinnung. Unterstützt wurde diese Tendenz zur Innerlichkeit durch den starken Einfluss des Protestantismus auf das deutsche Bildungsideal. Für den Protestanten war Bildung das Ergebnis einer beständigen Arbeit an sich selbst. Und sich bilden bedeutete, sich einer beständigen intellektuellen Gewissensprüfung auf Herz und Geist zu unterziehen. Bildung errang man also nicht, indem man sich in Debatten, Zirkeln und Akademien intellektuell bewährte, sondern indem man sich weitgehend privat selbst veredelte. Hegel (1770–1831) hat diesen Innerlichkeitskult schon in dessen Blütezeit kritisiert, als er zu Anfang des 19. Jahrhunderts schrieb, dass das »Fürsichsein« den »Verlust seiner selbst« bedeute, weil es ohne echten Austausch mit anderen auch gar kein echtes Wissen und erst recht gar keine Bildung gibt.[7]

Eine wohlverstandene Bildung, so könnte man folgern, ist nicht etwas, was man hat, sondern etwas, das man praktiziert. Doch genau dieser wichtige Gedanke traf im 18. und 19. Jahrhundert auf eine starke Barriere. Wer nämlich in humanistisch-aufklärerischem Geist für das Menschenrecht auf Bildung focht, der musste sich gegen das starke Konkurrenzkonzept durchsetzen, dass Menschen ein Anrecht auf *Ausbildung* besäßen. Es leuchtete den deutschen Fürsten und Potentaten zwar ein, dass ihre Untertanen eine praktische Ausbildung in bestimmten Fähigkeiten und Fertigkeiten erhalten sollten. Aber die Betonung lag immer auf einem völlig konkreten Verwendungszweck. Natürlich musste man Soldaten *ausbilden,* Handwerker, Kaufleute und Staatsdiener, aber warum in Gottes Namen sollte man sie – *bilden?* Dass jede Ausbildung hinter dem »allgemeinen Zweck der Menschenbildung« zurückstehen sollte, wie der Schweizer Pädagoge Johann Heinrich Pestalozzi (1746–1827) forderte, erschien den Herrschenden in ganz Europa als eine Antwort auf eine nie gestellte Frage. Und wenn der Kulturphilosoph Herder (1744–1803) dem allgemeinen Lernen und Sich-Bilden einen Vorrang vor jeder Berufsausbildung zusprach: »Von dem, was wir als Menschen wissen und als Jünglinge gelernt haben, kommt unsere schönste Bildung und Brauchbarkeit für uns selbst her, noch ohne zu ängstliche Rücksicht, was der Staat aus uns machen wolle«,[8] so schüttelte die herrschende Klasse darüber zumeist nur den Kopf.

Humboldts Traum

Am 29. April 1810 schmiss der Minister die Brocken hin. Völlig entnervt, düpiert und bedient reichte er sein Rücktrittsgesuch ein. Nur vierzehn Monate hatte es der feinfühlige Humanist in der so drögen wie rückständigen preußischen Regierung ausgehalten. Nun freute er sich, dem provinziellen Königsberg den Rücken zu kehren und als Gesandter nach Wien zu gehen. Sein großes Reformwerk, das er im Schweinsgalopp hatte entwickeln müssen, aber wurde von mediokren Nachfolgern zerstückelt, missverstanden und verfälscht bis zur Unkenntlichkeit.

Heute ist der Minister der »Sektion für Cultus und Unterricht« eine Ikone der deutschen Geistesgeschichte und der Namenspatron einer Idee, die als »Humboldtsches Bildungsideal« in die Gegenwart fortlebt, von Universitätsrektoren beschworen und auf Festreden gerühmt. Was aber wollte Wilhelm von Humboldt (1767–1835) wirklich?

Einundvierzig Jahre alt war der Adelsspross, der von renommierten Hauslehrern erzogen worden war, als ihm der preußische Staat im Januar 1809 ein Angebot machte, das er nicht ablehnen konnte. Humboldt sollte Wissenschaftsminister werden, ein Amt, das es bis dahin in Preußen gar nicht gegeben hatte. Urheber der Idee war der Freiherr vom Stein, und die Zeiten im Königreich waren bewegt. Zwei Jahre zuvor hatte Preußen nahezu die Hälfte seines Staatsgebiets verloren als Folge der Niederlagen im Krieg gegen Napoleon. Fast über Nacht war den Herrschenden in Berlin klar geworden, dass Preußen nicht mehr konkurrenzfähig gegenüber Frankreich war – und zwar in allen Belangen. Der Staat brauchte eine Militärreform, die unter anderem die allgemeine Wehrpflicht einführte, eine Agrarreform, die Leibeigene in freie Bauern verwandeln und so die Produktivität erhöhen sollte, eine Städtereform, die mithilfe einer kommunalen Stadtverwaltung die Städte selbstständiger machte, eine Wirtschaftsreform, die die mittelalterlichen Zünfte abschaffte, und eine Verwaltungsreform, die den Bürgern verstärkt Zutritt zu öffentlichen Ämtern verschaffte. Der letzte Schritt dieser Stein-Hardenberg'schen Reformen war das Konzept, das Bildungssystem zu erneuern.

Zu Beginn dieser Reformen weilt Humboldt als preußischer Gesandter im diplomatisch ziemlich unwichtigen Rom. Für den humanistisch gebildeten Schöngeist, der schon als Kind fließend Latein, Griechisch und Französisch sprach, allerdings ein Traumjob. Humboldt liebt den Austausch mit den Intellektuellen und Künstlern, die in Rom verkehren, und hält gemeinsam mit seiner Frau Hof in einem alten römischen Palast. Zwar hat er sich selbst in leichtfertiger Weise für höhere Aufgaben in Preußen ins Gespräch gebracht, doch was nun dort auf ihn zukommt, verspricht viel Arbeit und viel Ärger. Humboldt lehnt das Angebot als Bildungsminister ab – doch der König lässt keine Ausflucht zu.

In Königsberg bietet sich eine Chance, wie man sie nur einmal im Leben erhält. Wer darf schon im Eiltempo ein ganzes System verändern und etwas völlig Neues schaffen? Die erste Demütigung, die Humboldt dabei erfährt, ist der Zuschnitt seines Ressorts. Sein Ministerium ist nicht autonom und gleichrangig zu den anderen, sondern untersteht als Sektion dem Innenministerium. Die seltsame deutsche Tradition, dass Bildungsminister eigentlich nichts zu sagen haben, nimmt bereits mit der Gründung des Ministeriums ihren Anfang. Was auch immer Humboldt sich an neuen Ideen wird einfallen lassen, sie werden stets unter der Frage geprüft, ob sie der Macht des Königs und der bestehenden inneren Ordnung des Staates zuträglich sein werden oder nicht. Der ungewöhnliche Auftrag, das hehre deutsche Aufklärungsideal der »Bildung« quasi im Hauruckverfahren in staatliche Institutionen zu implementieren, wird damit von Anfang an argwöhnisch beäugt und überwacht.

Humboldts wichtigste Idee ist, ganz im Geist Herders und Pestalozzis, Bildung *allen* Staatsbürgern zugänglich zu machen. Jeder soll die Chance bekommen, sich zu bilden, sei er Bauer, Handwerker oder Fürst. Humboldt sah sich dabei im Einklang mit seinem Menschenbild, wonach jeder das natürliche Bedürfnis besitzt, sich zu bilden. Alles Lernen steht damit zunächst einmal im Dienst der Ausformung und Reifung der Persönlichkeit. Fast wörtlich greift er dabei auf Herder zurück, wenn er die Bildung über jede Ausbildung stellt: »Es gibt schlechterdings gewisse Kenntnisse, die allgemein sein müssen, und noch mehr eine gewisse Bildung der Gesinnungen und des Charakters, die keinem fehlen darf. Jeder ist offenbar nur dann ein guter Handwerker, Kaufmann, Soldat und Geschäftsmann, wenn er an sich und ohne Hinsicht auf seinen besonderen Beruf ein guter, anständiger, seinem Stande nach aufgeklärter Mensch und Bürger ist. Gibt ihm der Schulunterricht, was hierfür erforderlich ist, so erwirbt er die besondere Fähigkeit seines Berufs nachher so leicht und behält immer die Freiheit, wie im Leben so oft geschieht, von einem zum andern überzugehen.«[9]

Ein guter Facharbeiter wird man nach Humboldt dann, wenn man eben nicht nur als Facharbeiter ausgebildet wird. »Jeglicher Berufsausbildung« soll deshalb »eine allgemeine Menschenbildung vorangehen«. Im Übrigen sei Arbeit kein Selbstzweck, wie die protestantische Tradition meint, sondern arbeiten zu wollen und zu müssen sei nur *ein* wichtiger Teil dessen, was es heißt, Mensch zu sein. Es gibt auch andere gleichberechtigte Teile wie etwa Geselligkeit, Muße und Genuss. Aus diesem Grund haben sich die Schulen und Universitäten bei ihrem Bildungsstoff nicht vorrangig nach den wirtschaftlichen Bedürfnissen des Staates zu richten. Das wichtigste gesellschaftliche Ziel sei nämlich etwas ganz anderes: die »Partizipation und Teilnahme an einer allgemeinen bürgerlichen Öffentlichkeit«.[10]

Dieses Ziel ist neu, intelligent und modern. So modern sogar, dass es bis heute von manchen Parteien, Gruppierungen und Verbänden noch immer nicht zureichend begriffen wird. Es ist die Einsicht, dass in einer modernen Gesellschaft Menschen nicht mehr in voneinander isolierten Berufswelten leben wie der Hirte, Fischer oder Bauer des Mittelalters oder die Klostergemeinschaften usw. All diese Menschen mit ihren festgelegten Berufen waren keine Staatsbürger, sondern Untertanen. Sie kommunizierten nicht in einer Öffentlichkeit, formulierten keine gemeinsamen Interessen und organisierten sich nicht in übergreifenden Gemeinschaften. Ein moderner Staat wie das revolutionäre Frankreich Napoleons aber kannte genau das: eine stetig wachsende Öffentlichkeit als notwendige Voraussetzung einer bürgerlichen Gesellschaft. Eben deshalb sollte der Staat, nach Humboldts Meinung, seine zukünftigen Bürger nicht zu Fachidioten nach den Bedürfnissen des Marktes ausbilden, sondern in erster Linie zu – Bürgern! Und dafür musste man lernen, Verantwortung für sich und andere zu übernehmen, sich einzubringen, mitzuwirken und dabei über den eigenen Tellerrand zu schauen.

Gemeinsam mit seinen Mitarbeitern Georg Heinrich Ludwig Nicolovius, Johann Wilhelm Süvern und Alexander von Uhden erarbeitet Humboldt ein völlig neues Schulkonzept. Der Diplomat und Schöngeist, der selbst nie eine Schule besucht hatte, geschweige denn je als Lehrer unterrichtete, schmeißt die Lehrpläne radikal um, verändert das Prüfungssystem und sorgt dafür, dass Lehrer von nun an professionell zu Lehrern ausgebildet werden. Die allgemeine Schulpflicht in Preußen, bislang kaum das Papier wert, auf dem sie steht, wird endlich ernst genommen. In allen Winkeln Preußens sollen Schulen gebaut werden. Und auch jedes Bauernkind soll einen dreijährigen »Elementarunterricht« erhalten. Jeder soll lesen, schreiben und schriftlich rechnen lernen – eine alte Forderung schon seit den Tagen des mährischen Pädagogen Johann Amos Comenius (1592–1670). Zu Humboldts Zeit war sie gerade in Fichtes Idee einer »Anstalt zur Nationalerziehung« wiederbelebt worden. Dass die Kinder vom sechsten Lebensjahr an in eine Schule gehen, dass sie in Klassen jahrgangsweise rekrutiert, dass die Schulen aus Steuermitteln finanziert werden – all dies wird nun flächendeckend organisiert.

Auf den Elementarunterricht folgt als nächste Stufe der Schulunterricht und – bei Bedarf – der Universitätsunterricht. 1810 gründet Humboldt die Berliner Universität. Geistesheroen wie der Philosoph Johann Gottlieb Fichte, der Theologe Friedrich Schleiermacher oder der Jurist Friedrich Carl von Savigny kommen hier in Amt und Würden.

Das hohe Tempo, das der außergewöhnliche Moment vorgibt, lässt Humboldt kaum Zeit, seine Ideen zu fertigen Konzepten ausreifen zu lassen. Es sind, in seinen eigenen Worten, »kaum mehr als in Eile hingeworfene Skizzen«. Bei alledem hält er unbeirrbar an der Vorstellung einer »allgemeinen Menschenbildung« fest, die nicht einen bestimmten Beruf zum Ziel hat, sondern »die Ermöglichung eines weiterführenden Lernens«. Neben der Vermittlung von Wissen geht es in der Schule vor allem darum, das Lernen zu lernen. »Der junge Mensch«, so schreibt Humboldt in seinem Königsberger Schulplan, »ist also auf doppelte Weise, einmal mit dem Lernen selbst, dann mit dem Lernen des Lernens beschäftigt.«

Schulen sollen helfen, die Persönlichkeit von Kindern zu entwickeln. Sie sollen den Heranwachsenden helfen, sich so gut wie möglich in der Welt zurechtzufinden. Und die Aufgabe des Lehrers ist es, sich dabei nach und nach überflüssig zu machen. Ist dieses Ziel erreicht, so besitzt der junge Mensch die Reife, an der Universität zu studieren. Und an was für einer Universität! Für Humboldt ist die Hochschule ein Ort, wo Studenten und Professoren gemeinsam forschen, gemeinsam nachdenken und ihr Fach auf diese Weise weiterbringen; eine Art Kunsthochschule für Intellektuelle mit Professoren als Coaches und Mentoren.

Ein Bildungssystem wie das, was Humboldt skizziert, kennt kein Sitzenbleiben und keine Noten. Wozu auch? Wenn das Ziel Persönlichkeitsentwicklung heißt, sind Fachprüfungen zweitrangig. Wichtiger als das Erreichen eines festgelegten Wissensstands innerhalb eines Schuljahrs ist das Erlangen einer individuellen Stufe der Persönlichkeitsentwicklung. Und diese lässt sich gewiss nicht durch ein Dokument mit Ziffern ausdrücken, sondern allenfalls in Form eines schriftlichen Gutachtens als Abgangszeugnis.

So weit die Poesie des Herzens. Doch was war mit der Prosa der Verhältnisse? Oder anders gefragt: Was hielten Humboldts Zeitgenossen von dessen neuer aufgeklärter und humanistischer Pädagogik? Nicht allzu viel, lautet die Antwort, von seinen Mitstreitern und Freunden einmal abgesehen. Dass aus den zahlreichen guten Ideen dieser Zeit nicht viel wurde, gilt allerdings nicht nur für die Bildungsreform. Nach Preußens Sieg über Napoleon und dem Wiener Kongress von 1814/1815 blieb von den Modernisierungsplänen auf allen Gebieten oft nur Stückwerk übrig. Dem französischen Beispiel zu folgen und einen modernen Bürgerstaat mit echten Staatsbürgern hervorzubringen, schien auf einmal gar nicht mehr unbedingt notwendig. Preußen blieb damit ein absolutistischer Obrigkeitsstaat, eine kommode Diktatur, zusätzlich ausgestattet mit einigen bürgerlichen Kriegsgewinnlern. Gerade diese aber sorgten dafür, dass sich nicht mehr allzu viel Revolutionäres und Demokratisches tat. Auch die Kirche und der Adel achteten darauf, dass ihre kirchlichen Schulen, ihre Ritterakademien in Liegnitz und Brandenburg an der Havel und ihre Kadettenschulen in Berlin, Kulm und Kalisch blieben, was sie waren. Sie dienten der zukünftigen Elite weiterhin als privilegierte Kaderschmieden. Der Elementarschulbesuch der Landbevölkerung erwies sich leider als unregelmäßig, weil die Eltern ihre Kinder weiterhin bei der Feldarbeit einsetzen mussten. Und die Ausbildung der Gymnasiallehrer scheiterte oft genug daran, geeignetes Personal zu finden.

Humboldts Erwartungen wurden enttäuscht. Das Innenministerium behielt die Kontrolle und sorgte dafür, dass die Bildungspolitik, nicht wie Humboldt erhofft hatte, »frei und nach bildungstheoretischen Gesichtspunkten durchgeführt« wurde. Der preußische Staat hatte nie vor, ein von unmittelbar praktischen Verwertungszwecken freies Bildungssystem zu etablieren. Dass Bildung nicht verzweckt werden darf, um ihren Zweck zu erfüllen, leuchtete den Hütern der öffentlichen Ordnung zu keinem Zeitpunkt ein.

Humboldts Dilemma lässt sich leicht auf den Punkt bringen: Eigentlich musste er jene freien, liberalen, selbstbestimmten und tugendhaften Menschen, die seine Bildungsreform hervorbringen sollte, bereits voraussetzen, um diese überhaupt durchführen zu können! In einem Obrigkeitsstaat ohne ein mündiges Bürgertum aber war dies weitgehend unmöglich. Wie alle großen Reformer und Revolutionäre stand er vor dem Problem, dass er die Verhältnisse nicht ändern konnte, ohne die Menschen zu ändern. Und dass er umgekehrt die Menschen nicht ändern konnte, solange sich die Verhältnisse nicht geändert hatten.

In den Jahrzehnten nach Humboldts Wirken wurde aus dem von ihm etablierten reformierten Gymnasium keine allgemeine Bürgerschule, sondern eine Schule für eine Elite. Bildung an einem Gymnasium zu erlangen, bedeutete von nun an für eine kleine Oberschicht, sich durch Bildung als Statussymbol gegenüber der breiten Mehrheit der Bevölkerung abzuheben – also genau das Gegenteil dessen, was Humboldt beabsichtigt hatte. Statt möglichst viele Schichten einzuschließen, diente Bildung nun dazu auszuschließen.

Besonders unheilvoll wirkte sich die Entscheidung Humboldts aus, Latein und Griechisch in den Mittelpunkt des Gymnasialunterrichts zu stellen. Seit seinem Privatunterricht als Kind hatte er ein besonderes Faible für die Sprachen und die Kultur der Antike. Und er war der Ansicht, dass das Studium der alten Sprachen das Verständnis für jede andere Sprache ermögliche und erleichtere. Eine Behauptung, die oft wiederholt wurde und wird, aber von wissenschaftlicher Seite inzwischen als widerlegt gilt. Die Folge jedenfalls war ein gewaltiges Pensum an alten Sprachen im Lehrplan – mit einem fatalen Ergebnis! Denn eine solche Passion fernab von der Lebenswirklichkeit preußischen Lebens schloss die Kinder der Bauern und Handwerker von vornherein vom Gymnasialunterricht aus.

Aus heutiger Sicht mutet es bizarr an, damals zu meinen, es sei in Berlin und Königsberg, Potsdam und Brandenburg unumgänglich, sich jahrelang in die Welt der Griechen einzufühlen – so als sei das allgemeine Bildungsziel eine Ausbildung zum Archäologen, Kunstkritiker oder Salonlöwen. Bedauerlicherweise erhielt Humboldts gut gemeintes überzeitliches Bildungsideal damit einen ziemlich kitschigen Einschlag, geboren aus der recht kurzzeitigen Antiken-Mode der Jahrhundertwende zum 19. Jahrhundert. In ihrer zeitaufwendigen und auch reichlich esoterischen Apotheose des Griechentums trug sein Bildungsbegriff gerade nicht dazu bei, den Horizont der preußischen Kinder für die Gegenwart und ihre Probleme zu öffnen. Bildung bekam dadurch vielmehr etwas dünkelhaft Weltfremdes mit weitreichenden Folgen über fast zwei Jahrhunderte. Und um das Ganze völlig auf den Kopf zu stellen, charakterisiert sich das »humanistische Bildungsideal«, das sich auf Humboldt beruft, seit zwei Jahrhunderten mehr durch seinen Dünkel als durch eine tatsächliche Erziehung zur Humanität. Je weniger reale Horizonterweiterung das Studium der alten Sprachen im 19. und 20. Jahrhundert bedeutete, umso prätentiöser spreizte sich das Ideal zum Ideal auf.

Humboldts titanenhafte Leistung kann gleichwohl kaum hoch genug gelobt werden. Und nur vor diesem Hintergrund sollte erwähnt werden, dass auch er ein Kind seiner Zeit war und damit nach bestem Wissen und Gewissen Dinge anrichtete, die sich unheilvoll auswirkten. Sein Faible für das Griechentum machte die deutsche Kultur nicht griechischer. Als Erblast seines privaten Idealismus verhinderte es aber über viele Jahrzehnte fast flächendeckend, dass die vom preußischen Schöngeist völlig vernachlässigten Naturwissenschaften im deutschen Gymnasium ernsthaft Fuß fassen konnten. Nicht einmal, dass sein in allen Naturwissenschaften beschlagener Bruder Alexander den Deutschen die Faszination der Biologie, der Geologie, der Chemie und der Meteorologie vermitteln wollte, brachte Humboldt auf den Gedanken, darin etwas Lebenswichtiges zu sehen.

Als drittes Manko neben der Überlast der alten Sprachen und der Geringschätzung der Naturwissenschaften tritt die Leibfeindlichkeit des Bildungsideals. Für Humboldt, so scheint es, war der Körper nur ein Transportmittel des Kopfes. Alle Anstrengungen waren allein auf den Geist gerichtet. Sie etablierten damit die erschreckende Tradition, Bildung als reine Geistes- und Herzensbildung zu betrachten. Alle anderen körperlichen Organe galten als offensichtlich nicht bildungsfähig. Die Leibesfreude der Griechen fiel bei Humboldt durchs Raster. Ein bisschen Gymnastik gegen den vom Latein- und Griechischbüffeln gebeugten Rücken sollte genügen. Dass Bewegung den Geist formt, dass Tanzen den Horizont erweitert, dass Fairness und Gerechtigkeit beim Sport gelernt werden können, blieb dem preußischen Gelehrten fremd. Und mit ihm ungezählten Generationen von Bildungsministern und Gymnasialdirektoren.

Humboldts Erbe

Über zwei Jahrhunderte hatte das Wort »Bildung« trotz aller Widrigkeiten einen positiven Klang. Gebildet sind oder fühlen wir uns alle gern. Dies unterscheidet Bildung von artverwandten Worten wie »Pädagogik« oder »Didaktik«, die einen ähnlich aufregenden Klang haben wie »Schule« oder »Fachseminar«, vom »methodengeleiteten Unterricht« ganz zu schweigen. Jemanden unterrichten klingt dröge. Jemanden bilden klingt gut.

In dem, was in der Nachfolge Humboldts Bildung heißt, steckt nicht nur die vage Idee einer zweckfreien Bildung für möglichst viele, wenn nicht sogar für alle. Nicht weniges, was dem Bildungsbürger des 20. und 21. Jahrhunderts heilig ist, hat mit Humboldt so viel zu tun wie Donald Duck mit einer Stockente. Fast die gesamte deutsche Universitätslandschaft entstand nicht aus Humboldtschem Geist (auch wenn sich Hochschulen heute gern auf ihn berufen). In Wahrheit nämlich galt Humboldt im 19. Jahrhundert weitgehend als eine Persona non grata, als ein preußischer Phantast. Und da er von seinem umfangreichen

Schrifttum zu Lebzeiten fast nichts veröffentlicht hatte, fehlte ihm überdies auch die Voraussetzung dafür, ein Klassiker zu werden.

Weit stärker als der Humboldtsche prägte der Geist des Protestantismus die humanistischen Gymnasien. Er sorgte dafür, dass Humboldts altsprachiges Ideal in Klausuren, Noten und Hausarbeiten gegossen und gestanzt wurde. Schon bald bot sich Bildung als kultische Veranstaltung an mit säkularen Lichtgestalten, kanonisierten Klassikern, memorierten Sinnsprüchen und ritualisierten Deklinationen. Und was Humboldt zweckfreie Bildung genannt hatte, wurde im Verein von Thron und Altar zum autoritären Programm der Erziehung vielseitig verwendbarer obrigkeitstreuer Untertanen.

Was seine Vorstellung einer allgemeinen Volksbildung jenseits des Gymnasiums anbelangt, so stieß sie über mehr als hundert Jahre immer wieder auf Granit. In der Vormärz-Zeit bekräftigte der »Gesellige Lehrerverein« 1848 die Forderung, eine Einheitsschule für alle Kinder zu schaffen: »ein Volk, eine Schule«. Man mahnte die deutschen Fürsten, die allgemeine Schulpflicht ernst zu nehmen. Tatsächlich nämlich blieben noch Mitte des 19. Jahrhunderts die meisten Bauernkinder zu Hause, statt in eine Schule zu gehen. Ein Zustand, mit dem die Landesherren gut leben konnten, standen doch fast überall weder genügend Gebäude noch ausreichendes Lehrerpersonal zur Verfügung; ein Dilemma, das erst zu Anfang des 20. Jahrhunderts in ganz Deutschland behoben war.

Was im Laufe dieses mühseligen Prozesses auf der Strecke blieb, war das, worum es Humboldt in erster Linie gegangen war: die Erziehung zur Mündigkeit, zum kritischen und reflektierenden Staatsbürger. Fast hundert Jahre mussten vergehen, bis der Münchner Reformpädagoge Georg Kerschensteiner (1854–1932) *Die staatsbürgerliche Erziehung der deutschen Jugend* im Jahr 1901 erneut in den Mittelpunkt der Pädagogik stellte unter dem Motto: »Politische Bildung für alle!« Ein guter Staatsbürger, in diesem Punkt widersprach Kerschensteiner Humboldt, wurde ein Arbeiterkind allerdings nicht durch zweckfreie Bildung, sondern durch eine handfeste Ausbildung. Die Kinder der Unterschicht sollten vor allen anderen Dingen lernen, *selbsttätig* zu sein. Für Kerschensteiner entfaltet sich die Persönlichkeit des Kindes nicht in erster Linie durch Wissen, sondern durch Tun. Die Kinder sollten kochen und werken lernen, gärtnern und experimentieren. Nur was praktisch beherrscht wird, ist gewusst und gekonnt, und was keine praktische Bedeutung hatte, zog den Verdacht auf sich, nutzlos zu sein. Auf diese Weise meinte Kerschensteiner, werde aus dem Arbeiterkind ein mündiger Staatsbürger.

Für den Reformpädagogen, der Anfang des 20. Jahrhunderts in die lichtlosen Hinterhöfe in Münchens Arbeitervierteln blickt mit ihren vielen verwahrlosten Kindern, ist das Bildungsziel der selbsttätige Handwerker, nicht der gebildete Dandy, der durch Humboldts Ideale schwebt. Der Begriff der Arbeit war dem Adelszögling noch ebenso fremd gewesen wie seinen griechischen Idolen Platon und Aristoteles. Nicht etwa, weil es in Preußen keine arbeitende Bevölkerung von Bauern, Tagelöhnern und Handwerkern gegeben hätte, sondern weil Humboldt mit ihrer Lebenswirklichkeit kaum in Berührung gekommen war.

Bei Kerschensteiner wird alle Bildung zur Ausbildung, allerdings nicht zu einer Fachausbildung, sondern zum praktischen Training aller erdenklicher Künste und Fertigkeiten. Gebildet ist, wer vieles kann, und nicht der, der vieles weiß. Und wer vieles kann, wer sein Wollen, Machen und Tun kultiviert, der formt seinen Charakter zu dem eines guten und mündigen Staatsbürgers. Verglichen mit der Lebenswelt von Arbeitern zu Anfang des 20. Jahrhunderts, deren Arbeitskraft in der Kohle- und Stahlindustrie rücksichtslos verheizt wurde, war Kerschensteiners Programm zur Charakterformung mindestens ebenso revolutionär wie Humboldts Idee einer Elementarschulbildung für Bauernkinder hundert Jahre zuvor. Doch bedauerlicherweise setzte sich auch von Kerschensteiners Emanzipation des Arbeiters nur eine Miniatur durch: die Einführung der Berufsschule.

Das Erste, was von Humboldt übrig bleibt, ist also der Streit um die Frage: *Bildung oder Ausbildung?* Wer auch immer im 20. Jahrhundert das deutsche Schulsystem reformieren wollte, stets lief er Gefahr, sich zwischen den Polen Bildung versus Ausbildung und allgemeiner Bildung gegen praxisbezogene Bildung zu verheddern. Alle anderen denkbaren Kombinationen schienen kein Königsweg zu sein. Wer nur auf zweckgebundene Bildung als Ausbildung setzte, der musste sich den Vorwurf gefallen lassen, Fachidioten züchten zu wollen statt mündiger Staatsbürger. Wer dagegen nur Allgemeinbildung für sinnvolle Schulbildung hielt, weil man über den Tellerrand blicken können muss, der erntete den Spott, weltfremd zu sein, esoterisch und dünkelhaft. Wer, wie Kerschensteiner, Allgemeinbildung mit Ausbildung verknüpfte, verlor am Ende immer die erste auf Kosten der zweiten. Und wer praxisbezogene Bildung als Bildung propagierte, der gründete auf dieser Basis zwar Fachhochschulen (wie in den sechziger Jahren geschehen), reformierte damit aber nicht das gesamte Bildungssystem.

Was ist unter diesem Widerspruch aus unserem Bildungsbegriff heute geworden? Liest man die Studien gegenwärtiger Erziehungswissenschaftler, so orientieren sie sich an Worten wie

»Bildungskapital«, »Humankapital«, »Bildungsressource« oder »Bildungsmarkt«. Die alles kannibalisierende Sprache der kapitalistischen Ökonomie verschlingt heute die Worte jener Pädagogen und Sozialwissenschaftler, die sich selbst als links und kritisch einschätzen. Dass Humboldt, falls er könnte, hier erbost gegen den Sarg klopfte, scheint nur sehr wenige noch zu stören. Auch wenn spätere Epochen einmal den Kopf darüber schütteln werden, dass wir es uns zu Beginn des 21. Jahrhunderts angewöhnt haben, den Jargon der Ökonomie für die einzige Sprache zur Beschreibung individueller Bedürfnisse und sozialer Austauschbeziehungen zu halten – Bildung gilt aus ökonomischer Sicht »als zentraler Bestimmungsfaktor des langfristigen volkswirtschaftlichen Wachstums«.[11] Soll heißen: Je gebildeter eine Gesellschaft ist, umso wirtschaftlich produktiver ist sie. Bildung ist heute ein integraler Bestandteil der Verwertungsgesellschaft. Es fragt sich nur: was für einer?

Das zweite Humboldtsche Erbe ist die Frage nach dem *politischen Auftrag* des Bildungssystems. Selbst der noch so ökonomisch denkende Erziehungs- und Sozialwissenschaftler erkennt den Wert der Bildung nicht nur als Düngemittel des Bruttoinlandsprodukts. Damit eine Demokratie funktionieren kann, braucht sie viele Bürger, die die demokratischen Prozesse tatsächlich verstehen. »In einer demokratischen Gesellschaft«, schreiben die Soziologin Gudrun Quenzel von der Universität Bielefeld und der Erziehungswissenschaftler Klaus Hurrelmann von der Hertie School of Governance in Berlin, »benötigen die Bürger und Bürgerinnen ... zumindest ein Grundverständnis dieser Prozesse, da sie sonst die Entscheidungen ihrer gewählten Repräsentanten und Repräsentantinnen – unabhängig davon, ob sie diesen zustimmen – nicht länger rational nachvollziehen können. Bildung ist daher ein wichtiger Faktor für die

Bearbeitung einer politischen Legitimationskrise: Können wichtige politische Entscheidungen und Maßnahmen nicht an die Bevölkerung vermittelt werden, so verlieren die Regierenden, sowie prinzipiell die politischen Institutionen und das politische System insgesamt ihre demokratische Legitimationsgrundlage.«[12]

Während frühere Herrschaftssysteme die Bildung ihrer Untertanen fürchten mussten, so die These, stabilisiert die gebildete Bevölkerung die repräsentative Demokratie bundesdeutschen Zuschnitts. Ob dieser Befund tatsächlich zutrifft, darüber lässt sich anhand gegenwärtiger Entwicklungen und Debatten sicher streiten. Auf der einen Seite leben Staaten wie die USA seit langer Zeit erstaunlich gut mit einer vergleichsweise ungebildeten Durchschnittsbevölkerung. Und auf der anderen Seite wächst in der im Vergleich deutlich höher gebildeten Bevölkerung der Bundesrepublik gegenwärtig ein Unbehagen an den eingefahrenen Spielregeln der deutschen Parteiendemokratie. Ob eine wachsende Zahl aufgeklärter, beteiligungsbereiter und beteiligungswilliger Bürger die bestehende repräsentative Demokratie weiter unterstützen oder aber im Zeichen von *Liquid Democracy* und neuer Partizipationsformen transformieren wird, steht in den Sternen.

Richtig ist: In Gesellschaften, die nicht vorrangig durch Religion zusammengehalten werden, ist Bildung eine der wichtigsten Zutaten für den sozialen Kitt. Man wird nicht sagen können, dass in der Geschichte der Menschheit vergleichsweise gebildete Gesellschaften generell friedlicher gewesen sind als ungebildete. Ein kleiner Blick auf die beiden großen deutschen Raubkriege des 20. Jahrhunderts belehrt unmissverständlich darüber, dass dem nicht so ist. Aber man kann zumindest feststellen, dass *innerhalb* einer komplexen Gesellschaft der soziale Zusammenhalt durch eine hohe Anzahl gebildeter Menschen oft größer ist, als wenn diese fehlen. Eine Regel, die auch durch Ausnahmen bestätigt wird.

Für den sozialen Zusammenhalt ist nicht so sehr wichtig, wie viel jemand weiß, sondern mit welcher umsichtigen Haltung er durchs Leben geht. Hegels Einwurf, dass Bildung eine Praxis ist und kein Vorrat, ist eine zeitlose Weisheit. Man denke nur daran, dass eine mehr als hundertjährige preußisch-deutsche Schulbildungspolitik den deutschen Mittel- und Oberschichten im Dritten Reich zwar ein vielfältiges humanistisches Bildungswissen eingetrichtert hatte, aber ganz offensichtlich viel zu selten eine aufrecht humanitäre Haltung. Deutlicher konnte sich das Scheitern der humanistischen Schulbildung nicht manifestieren. Wissen, was Humanität ist, und diese zu leben, sind zwei verschiedene Dinge.

Das dritte Humboldtsche Erbe ist die Frage nach der Rolle der Schulen bei der Entwicklung der *Schülerpersönlichkeit*. Einerseits schrieben die Lehrpläne der Gymnasien Humboldts Gedanken der von praktischen Zwängen weitgehend freien Bildung für fast zwei Jahrhunderte fest. Andererseits aber stellten sie zugleich das Wissen, das Auswendiglernen und Abfragen weit über die Persönlichkeitsentwicklung der Schüler. Von Humboldts Bildungsidee blieb damit genau die Hälfte übrig – eine Trennung, die etwas Untrennbares zerschnitt und damit weitgehend sinnlos machte. Die Folge: Aus der Bildung der Schülerpersönlichkeit wurde im deutschen Schulsystem Abrufbarkeit von Wissen auf Zeit.

Vernachlässigt wurde, dass nur eine gelebte Bildung tatsächlich Bildung ist. In jedem Fall ist sie mehr als die Summe ihrer Zutaten, bestehend aus angelerntem und großväterlich ausgewähltem Wissensstoff, angereichert mit moralischen Maximen und Reflexionen. In diesem Sinne ist Bildung auch nicht durch Tests messbar oder gar ablesbar an Manieren. Wer in Gesellschaft Goethe zitiert, macht zwar von seinem Gedächtnis Gebrauch, verrät aber noch nicht zwingend Bildung.

Selbstverständlich ist ein großer Vorrat an Wissen für jede Form von Bildung von Vorteil. Doch bloßes Kennen oder Wissen verhält sich zu echter Bildung wie »Wissen, wie es geht« zum »Können«. Ein wichtiger Unterschied! Denn wissen, wie man Fußball spielt, und einen Fallrückzieher zu beherrschen, ist nicht das Gleiche. »Der Eunuch«, pflegte mein Vater mir bei seinen Nachhilfestunden zu sagen, »weiß auch, wie es geht – er kann es aber trotzdem nicht.«

In erster Linie bedeutet Bildung, sehr viele verschiedene Dinge produktiv miteinander verbinden zu können und damit vielfältige eigene Gedanken zu entwickeln. Der Gebildete prägt einen eigenen Stil des Denkens aus und verleiht seinem Wissen vielfältige Abstufungen und Schattierungen. Doch dass unsere Schulen im Normalfall nicht die Kraft und Eigentümlichkeit des Denkens von Schülern messen, darüber lässt sich schnell Einigkeit erzielen. Stattdessen messen sie Lernleistungen zu einem bestimmten Zeitpunkt. Das Bildungsziel, das seinen Ausdruck in einem Benotungs- und Prüfungssystem findet, ist ein quantitatives. Dagegen verfochten die genannten Verfassungsväter unserer Vorstellung von Bildung ein untrennbares Ineins von Herzensbildung und Gedankenschliff. Der qualitative Bildungsbegriff, der ihm überhaupt erst seinen spezifischen Sinn verleiht, ist aber heute zumeist schmückendes Beiwerk für Schuldirektoren bei der Zeugnisvergabe.

Bildung, meinten die Urheber des Begriffs im 18. Jahrhundert, ist ein Zweck an sich, der nicht verzweckt werden dürfe. Gemessen an der Verwendung von Bildung und Bildungsstatus über zwei Jahrhunderte eine hoch idealisierte Vorstellung. Die ideale zweckfreie Bildung nämlich war und ist immer bedroht von einer zweifachen Verzweckung. Einmal soll die quantifizierte Bildung in unseren Schulen die Spreu vom Weizen trennen. Zum anderen dient sie auch nach der Schule als ein Statusgarant, der den sozialen Aufstieg und das Prestige des Gebildeten sichern soll. Mit spitzer Feder hat der Soziologe Heinz Bude, Professor an der Universität Kassel, die drei Funktionen der Bildung in unserer gegenwärtigen Gesellschaft gezeichnet. Danach dient Bildung heute erstens dazu, Früchte in Form eines qualifizierten Berufs und von Status und Geld abzuwerfen. Sie soll sich *kapitalisieren*. Zum zweiten *legitimiert* Bildung diesen sozialen Status und rechtfertigt zum Beispiel Einkommensunterschiede. Ein Arzt darf in unserer Gesellschaft deshalb mehr verdienen als ein Arbeiter, weil er dafür ein schwieriges Studium absolviert hat. (Diese Regel gilt allerdings nur, wenn sich der Erfolg auch tatsächlich einstellt. Ein promovierter arbeitsloser Geisteswissenschaftler beispielsweise hat kein Anrecht auf ein höheres Arbeitslosengeld als ein Arbeiter.) Die dritte Funktion von Bildung ist, nach Bude, die *Zementierung* einer Statusposition in der Generationenfolge. Bildungsbürger geben gemeinhin ihr Wissen an ihre Kinder weiter und fördern sie nach Kräften. Sie wollen »an ihre Nachkommen weitergeben, was sie für sich erreicht haben«, und bewirken damit Stück für Stück einen »Monopolisierungseffekt durch die Weitergabe von Startvorteilen«.[13]

Ist Bildung, wie Humboldt und seine Gefährten meinten, ein Menschenrecht für jeden Staatsbürger? Gibt es eine Verpflichtung des Staates, möglichst jeden nach allen Kräften zu fordern und zu fördern? Und wenn man dies grundsätzlich unterschreibt, ist es dann nicht Aufgabe des Staates, der Zementierung von Bildungsdynastien etwas entgegenzusetzen? Ein grandioses

Förderprogramm zum Beispiel für die, deren Elternhäuser keine Startvorteile, sondern Nachteile darstellen? Macht die Rede von der verfassungsrechtlich garantierten prinzipiellen Chancengleichheit für jedermann überhaupt einen Sinn, wenn die soziale Realität ihr Hohn spricht?

Ein gerechtes Bildungssystem, das jedem die gleiche Chance gibt, nach seinen Möglichkeiten davon zu profitieren – an diesem Maßstab muss sich jede Schule und jedes Bildungssystem in Deutschland messen lassen. Hält es dem stand?

Klassenkampf in der Schule

> Manni ist geschickt und schlau,
> doch sein Vater ist beim Bau,
> deshalb geht er bis zur neunten Klasse nur.
> Monika ist öd und fad,
> doch Papi ist Regierungsrat,
> deshalb macht sie bald ihr Abitur.
>
> Grips-Theater 1975

Es war einmal ... eine Revolution!

Das Jahr 1964: Die Volksrepublik China wird Atommacht, der sowjetische Parteichef Nikita Chruschtschow verliert seine Ämter, die USA heben formal die Rassentrennung auf und beginnen den Vietnamkrieg. Jean-Paul Sartre lehnt den Nobelpreis ab; die Beatles stehen mit fünf Hits auf den ersten fünf Plätzen der US-Charts. In Deutschland formieren sich alte und neue Nazis zur NPD, die DDR führt den Zwangsumtausch ein, der Zebrastreifen hält in den bundesdeutschen Straßenverkehr Einzug. Willy Brandt wird Parteivorsitzender und Kanzlerkandidat der SPD. Und die Statistiken vermelden den geburtenstärksten Jahrgang der deutschen Nachkriegszeit.

Im selben Jahr publiziert der Philosoph und Pädagoge Georg Picht ein aufrüttelndes Buch: *Die deutsche Bildungskatastrophe*. Erstaunt über die Resonanz auf die Serie von Artikeln, die Picht in der Zeitung *Christ und Welt* geschrieben hatte, stellte er sie als Buch zusammen. Eigentlich war Picht davon ausgegangen, dass die Kritik eines Intellektuellen am deutschen Bildungssystem wie immer weitgehend ungehört verpuffte. Doch was nun geschah, war etwas in Deutschland bis heute Einmaliges: Ein Buch über Bildung löste tatsächlich eine Bildungsrevolution aus!

Pichts Aufschrei kam im genau richtigen Moment. Und er traf auf eine Situation, die mit der Humboldts im Jahr 1809 in mancher Hinsicht gut vergleichbar war. Ein altes Bildungssystem hatte sich überlebt, und ein neues schien so notwendig wie unmöglich. Die Probleme, die Picht in den sechziger Jahren anprangerte, waren der schlechte Zustand der Volksschulen, der gegenwärtige und zukünftige Lehrermangel, das Gymnasium als eine überlebte Bildungsanstalt und die veraltete Hochschulausbildung an insgesamt viel zu wenigen und zu kleinen Universitäten. Kurz und schlecht: Das deutsche Bildungssystem war den Anforderungen des zukünftigen Arbeitsmarktes einer modernen Export- und Dienstleistungsgesellschaft nicht mehr gewachsen.

Wie einst Humboldts Bildungsrevolution, so verfolgte auch Picht ein doppeltes Ziel. Einerseits wollte er das deutsche Bildungssystem, wie man heute sagen würde, zukunftsfähig machen für kommende Herausforderungen. Auf der anderen Seite ging es dem studierten Altphilologen und Philosophen um ein humanistisches Gerechtigkeitsideal. Mit der Glut eines Aufklärers schrieb Picht gegen die soziale Ungerechtigkeit zu Anfang der sechziger Jahre an. Denn »durch das Schulsystem werden schon die zehnjährigen Kinder – und zwar in der Regel definitiv – in Leistungsgruppen eingewiesen … Die so geschaffene Klassifizierung durch Bildungsqualitäten überlagert mehr und mehr die noch fortbestehende Klassenstruktur der bisherigen industriellen Gesellschaft.«[14]

Für Picht war es ein Skandal, dass das deutsche System aus Volksschule, Realschule und Gymnasium im zarten Kindesalter festlegte, was aus dem einen oder anderen später maximal einmal werden konnte – ein System, das 1964, im Jahr des Erscheinens von Pichts Buch, durch das »Hamburger Abkommen« auch noch zementiert wurde.

Das dreigliedrige Schulsystem – das es in dieser Weise nur in Deutschland und Österreich gibt – ist, so scheint es, eine heilige Kuh des deutschen Bildungsbürgers. Völlig vergeblich hatten sich die alliierten Westmächte nach dem Zweiten Weltkrieg darum bemüht, ein gerechteres und modernes System einzuführen. Nicht einmal ihre Minimalforderungen wurden erfüllt. Nämlich sechs statt vier Grundschuljahre einzuführen, um die Kinder in reiferem Alter zu trennen. Und zweitens das System so durchlässig zu machen, dass auch ein Mittelschüler noch den Weg aufs Gymnasium finden kann. In die gleiche Richtung zielte der Rahmenplan des Deutschen Ausschusses für das Erziehungs- und Bildungswesen von 1959, an dem Picht beteiligt war.

Doch das deutsche Bildungssystem blieb bis heute mehrheitlich bei seiner frühen Selektion. Dafür jedoch kam es auf allen anderen Sektoren zumindest zu einer halben Revolution. Mit einem Mal schien Ende der sechziger und zu Anfang der siebziger Jahre fast alles möglich, was vorher auf ewig unveränderbar schien. Die sozialliberale Koalition unter Willy Brandt erhöhte die Bildungsausgaben drastisch. Neue Schulen wurden gegründet, die Fachhochschule entstand, Universitäten wurden großzügig gebaut, das Lehrpersonal wurde gewaltig erhöht, das BAföG eingeführt und auch das dreigliedrige System wurde durchlässiger. Allein die Lieblingsidee der Sozialdemokratie, das dreigliedrige System bundesweit durch Gesamtschulen zu ersetzen, wie schon die Alliierten und später Picht es gefordert hatten, ließ sich gegen den Willen der CDU-geführten Bundesländer nicht durchsetzen.

Erfolgreich war die Explosion des Bildungssystems, weil selbst der Opposition klar war, dass sie aus wirtschaftlichen Gründen unvermeidbar war. Wer einen forschen Blick in Deutschlands Zukunft warf, wie Picht es getan hatte, der wusste, dass der Bedarf an hochqualifizierten Arbeitskräften von den Gymnasien und Universitäten nicht mehr befriedigt werden konnte. Zwar wurden nicht alle, aber zumindest weit mehr Kinder als bisher als Akademiker in der Zukunft gebraucht. Noch Mitte der sechziger Jahre kam gerade jedes siebzehnte Kind an einem Gymnasium aus einer Arbeiterfamilie. Angesichts der damaligen Klassenstärke zwei bis drei Kinder pro Klasse. Während das Bruttoinlandsprodukt seit Jahren rasant wuchs, stagnierte das Niveau von fünf bis sechs Prozent Arbeiterkindern am Gymnasium schon seit mehr als dreißig Jahren.

Da es ökonomisch gesehen so nicht weitergehen konnte – hochqualifizierte Ausländer standen nicht zur Verfügung –, bekamen auf einmal Stimmen Gehör, die, wie einstmals Humboldt, den Anspruch auf Bildung für alle zum Menschenrecht erklärten. Der berühmteste unter ihnen war der Soziologe Ralf Dahrendorf, der es als Sohn eines Volksschülers (und SPD-Politikers) zum *Baron of Clare Market in the City of Westminster* bringen sollte – benannt nach dem Parkplatz der London School of Economics. 1965, ein Jahr nach Picht, analysierte Dahrendorf: »Die deutsche höhere Schule bemüht sich in der Regel nicht um jeden Einzelnen, der zu ihr kommt. Sie nimmt die Kinder, wie sie sind – die einen ›begabt‹, die anderen ›unbegabt‹, die einen zu Hause schon auf sie präpariert, die anderen neu und fremd in ihr, die einen in ihrem Zentrum, die anderen an ihrem Rande –, und sie bevorzugt auf diese Weise die ohnehin Starken, während die Schwachen ... durch sie noch zusätzlich bestraft werden ... Man kann mit ziemlicher Sicherheit sagen, wer mühelos durch das deutsche Gymnasium gehen wird: der Sohn des Akademikers etwa, dessen Vater selbst ein humanistisches Gymnasium besucht hat, derjenige also, der im Grunde die Schule nicht braucht, um zu sich selbst zu kommen. Für ihn vervollständigt die Schule auf das eindringlichste die familiäre Welt; er macht es der Schule leicht – und sie entlohnt es ihm mit gleicher Münze.«[15]

Die sozialdemokratische Bildungsanstrengung wurde ein Erfolg. In keinem anderen europäischen Land hatten Kinder aus bildungsfernen Elternhäusern bessere Aufstiegschancen als in Deutschland von der Mitte der siebziger an bis tief in die achtziger Jahre. Viele aus der von Picht diagnostizierten »Begabungsreserve« der Arbeiterkinder nutzten ihre Chance zum Abitur und zum Studium, übrigens vorwiegend an den neu gegründeten Fachhochschulen. An den Rändern der Groß- und Mittelstädte schossen Einfamilienhaus-Siedlungen ins Kraut, bestückt mit Ingenieuren und Anwältinnen, Verwaltungsinspektoren und Lehrerinnen, deren Väter Stahlarbeiter, Bergleute und kleine Handwerker gewesen waren. Einer von ihnen ein gewisser Gerhard Schröder, der vaterlos aufgewachsene Sohn eines Hilfsarbeiters im Schaustellergewerbe, der von seiner Herkunft sagt: »Wir waren die Asozialen.« Als Rekrut aus Pichts Bildungsreserve holte der Volksschüler und Einzelhandelskaufmann erst die Mittlere Reife und dann das Abitur auf einem Kolleg nach. Er studierte Jura in Göttingen und wurde nach langer Studienzeit am Ende Jurist, Volljurist – und später Bundeskanzler. (Bekanntlich gemeinsam in einer Regierung mit dem ungarndeutschen Metzgerssohn und späteren Gelegenheitsarbeiter Joschka Fischer, der eindrucksvoll bestätigte, dass man, um Außenminister zu werden und anschließend Vorlesungen in Princeton zu halten, eigentlich gar kein Abitur brauchte.)

Der deutsche Weg seit Mitte der sechziger Jahre stellt keinen Sonderweg dar. Vergleichbare Bildungsinitiativen gab es in vielen Ländern Westeuropas. In nicht einmal zwanzig Jahren verwandelte sich erst Mittel- und Nordeuropa und anschließend auch Südeuropa von Gesellschaften mit kleiner Bildungselite in Gesellschaften, in denen Hochschul- und Fachhochschulabschlüsse etwas Selbstverständliches waren und sind. Und war in der Adenauer-Zeit der Volksschulabschluss noch der Normalfall, so überstieg schon in den siebziger Jahren die Zahl der Abiturienten die Zahl der Hauptschüler. Inzwischen liegt die Quote an Abiturienten in Deutschland fast bei der Hälfte eines jeden Jahrgangs. Die Mehrzahl von ihnen sind inzwischen Frauen – genau jenes Geschlecht, das in den sechziger Jahren nur geringe Chancen hatte, von den Eltern irgendwo auf ein Gymnasium geschickt zu werden.

Alte Kameraden

»Als ich Ahmed nach zehn Jahren wiedersehe, will er mir Drogen verkaufen. Wir treffen uns zufällig in einem großen Park, in dem es mehr Dealer gibt als Bäume. Er lehnt am Gitter des Fußballkäfigs, in dem wir früher oft spielten. Ich drehe gerade eine Jogging-Runde.

›Ey, brauchst du was zu rauchen?‹, fragt er.

›Nein, danke‹, keuche ich und bleibe stehen.

›Ich kann auch was Härteres besorgen!‹

›Ahmed, ich bin's, Patrick!‹

Ahmed spuckt auf den Kiesweg, schaut sich um, geht einen Schritt zurück hinter die Hecke.

Er flüstert: ›Du bis jetzt kein Bulle, oder?‹

›Sehe ich so aus?‹

›Ja, Alter!‹«

Patrick Bauer ist kein Bulle. Er ist Mitte zwanzig und Journalist. Die Wiederbegegnung mit seinem Klassenkameraden Ahmed aus der Grundschule stimmt ihn nachdenklich. Er nimmt sie zum Anlass, ein Buch zu schreiben darüber, was aus seinen Mitschülern aus Berlin-Kreuzberg geworden ist: *Die Parallelklasse. Ahmed, ich und die anderen – Die Lüge von der Chancengleichheit.*[16]

Wie konnte es passieren, dass Ahmed ein arbeitsloser Dealer wurde und Patrick ein erfolgreicher Journalist? Derselbe Ahmed, der für Patrick einst die Mathe-Hausaufgaben erledigte? Der listig ist und clever, charmant und witzig – warum lungert der heute im Park herum? Bei seiner Recherche entdeckt Patrick, dass alle Akademikerkinder seines Grundschuljahrgangs Abitur gemacht haben. Aber die Kinder der Migranten blieben außen vor. Die Schüler, so scheint es, folgten ihrem vom Schicksal bestimmten Weg wie Planeten ihren Umlaufbahnen. Nur dass das Schicksal nicht einfach determiniertes Schicksal ist. Es sind die sozialen, politischen und sozialpsychologischen Spielregeln unserer Gesellschaft.

Seit dem Jahr 1965 besteht in Deutschland Schulpflicht für die Kinder ausländischer Mitbürger. Aber Menschen wie Ahmed gehören heute nicht mehr zu Georg Pichts »Begabungsreserve«. Sie sind dunkelhaarige Gestalten, vor denen Menschen wie Thilo Sarrazin Angst haben. Und sie sind das Schwarzpulver in einer gesellschaftlichen Zeitbombe.

Pichts Bildungsreserve gibt es nicht mehr. Das politische Interesse an ihr, so scheint es, ist seit Mitte der neunziger Jahre erloschen. Seitdem läuft die Entwicklung, möglichst jedem eine Bildungschance zu geben, wieder rückwärts. Parallel dazu beginnt von dieser Zeit an in Deutschland das, was man das Auseinanderklaffen der Schere zwischen Arm und Reich nennt.

»In Deutschland haben in den letzten Jahren Einkommensungleichheit und Armut stärker zugenommen als in jedem anderen OECD-Land. Die Gründe hierfür liegen maßgeblich in der Entwicklung des Arbeitsmarkts. Auf der einen Seite hat seit 1995 die Spreizung der Löhne und Gehälter deutlich zugenommen, auf der anderen Seite ist auch die Zahl der Haushalte ohne jedes Erwerbseinkommen drastisch gestiegen … Gerade die steigende Kinderarmut aber hat gravierende Auswirkungen. Das Wohlergehen in der Kindheit beeinflusst maßgeblich den Erfolg im Erwachsenenleben …«[17]

Die Wirkung der Reformen der sechziger und siebziger Jahre ist heute verpufft. Die Bildungschancen sind in etwa erneut so ungleich verteilt wie in der Adenauer-Zeit, der Bildungserfolg in gleichem Maße wieder hauptsächlich abhängig vom Elternhaus. Nicht einmal ein Prozent aller Kinder aus Arbeiterfamilien schafft es später, in einer Firma leitender Angestellter zu werden. Dagegen schaffen leitende Angestellte es offensichtlich ohne allzu große Mühen, dass zwei Drittel ihrer Kinder eine vergleichbare berufliche Position erobern.[18]

Was sich allerdings im Vergleich zu den sechziger Jahren verändert hat, sind die Schulabschlüsse. War der Volksschulabschluss damals gesellschaftlich akzeptiert, weil er »normal« war, so bewegen sich Hauptschulabsolventen heute am Rand der Gesellschaft. Noch schlimmer bestellt ist es um diejenigen, die ohne Schul- oder Berufsschulabschluss dastehen. Außer Minijobs und anderen prekären Beschäftigungsverhältnissen hat die Gesellschaft ihnen nichts mehr anzubieten. Die formal Niedrigqualifizierten wandern damit von der gesellschaftlichen Mitte an den Rand. All dies führt dazu, »dass die Gruppe der ›Bildungsverlierer‹ heute so groß ist wie niemals zuvor«.[19]

Dass es einmal dazu kommen könnte, war Picht und seinen

Mitstreitern schon 1964 bewusst, als der »Deutsche Ausschuss für das Erziehungs- und Bildungswesen« warnte: »Wenn hier nicht bald Wirksames geschieht, dann wird die Volksschule eines Tages die ›Restschule‹ sein, die Schule derjenigen Jugendlichen, deren Lebenschancen sich auf ungelernte Arbeit beschränken.«[20] Es war den Vätern der sozialdemokratischen Bildungsinitiative also durchaus klar, dass die vielen neuen Aufstiegsmöglichkeiten, die sie schaffen wollten, zu einer Bildungsspirale führen und die unteren Abschlüsse Stück um Stück entwerten würden. Die »Chancenmehrung vieler« bewirkt, wie Bude schreibt, »die Chancenminderung weniger«.[21]

Heute ist die Hauptschule tatsächlich zur Restschule geworden. Das »Wirksame«, das nach Picht »dagegen geschehen« sollte, fand nicht statt. Die Hauptschule dient heute als Auffangbecken und Verwahrungsort für die rund 950 000 Schüler, die durch den Rost der Bildungsselektion gefallen sind. Ein großer Anteil davon sind Kinder aus Ausländerfamilien, die meisten davon türkischer Herkunft. Nur 15 Prozent aller deutschen Kinder besuchen eine Hauptschule.

Die Aussichten fürs spätere Leben sind finster. Mit einem Hauptschulabschluss hat man, anders als noch in den sechziger Jahren, nahezu keine Chance mehr auf einen befriedigenden Job oder gar einen sozialen Aufstieg. Für jede halbwegs interessante Lehre oder Tätigkeit wird mehr verlangt. Und wo ehedem Hauptschüler eingestellt wurden, profitiert heute ein breites Segment der deutschen Wirtschaft von kurzzeitig angeheuerten Arbeitskräften in prekären Beschäftigungsverhältnissen. Dieser Markt denkt gar nicht an Festeinstellungen, sondern er lebt von Minijobbern, oft genug subventioniert durch die Agentur für Arbeit, die damit die Arbeitslosenquote drückt.

Besonders ersprießlich sind solche Perspektiven nicht. Kein

Wunder also, dass Ahmed im Zweifelsfall lieber Drogen im Park verkauft, als sich in der Grünpflanzenabteilung des Baumarkts mit den leeren Versprechen einer Festanstellung abzufinden. Normalerweise lernt er schon in der Hauptschule, dass mit einem Abschluss am Ende doch nichts läuft. Die Motivation von Hauptschülern ist entsprechend gering. Wofür sich anstrengen, wenn das Ziel nahezu wertlos ist? Deutsche Hauptschulen sind heute oft genug gar keine Schulen, sondern Verwahrungsanstalten, in denen die sogenannten Bildungsarmen genau das bleiben – arm an Bildung. Dass »jeglicher Berufsausbildung eine allgemeine Menschenbildung vorangehen« soll, wie Humboldt es sich wünschte, klingt in Bezug auf die deutsche Hauptschulrealität wie blanker Hohn. Gebildet werden viele Kinder aus bildungsfernen Elternhäusern nicht in der Schule, sondern vor dem Bildschirm und auf der Straße.

Das Buch, in dem jedes Kind liest, ist das Leben seiner Eltern. Und die meisten Hauptschüler haben einen untrüglichen Instinkt dafür, dass ihre Lehrer sie mit der Aussicht auf ein gutes Leben durch einen Schulabschluss belügen. »In den Vorstellungen dieser Jugendlichen spielt Bildung keine oder doch nur eine untergeordnete Rolle. Es steht das schnelle Geld, das auf der Straße winkt, gegen den bescheidenen Erfolg, den die Schule verspricht.« Statt Humboldtscher Menschenbildung lockt viele Hauptschüler der »Traum von einem spektakulären Leben in der erweiterten Drogenökonomie, das ihrem Wunsch nach sozialer Größe entgegenkommt. Eine schöne Braut, ein großes Auto und ein Auftritt im Club sind mehr wert als die Aussicht auf eine Lehrstelle, wo man Kaffee holen muss, auf einen Bus, der zu spät kommt, und einen Samstagabend, wo man rumhängt.«[22] Und vorbildlich ist nicht das ordentliche Erledigen der Hausaufgaben, sondern das sind die Lebenswege von Rappern wie Sido, Bushido oder 50 Cent.

Was heute in der Hauptschule aufeinandertrifft, ist die Konkurrenz zweier völlig verschiedener Anerkennungskulturen. Ein wildes und gefährliches Leben, bei dem man ums Ganze spielt *(Get Rich Or Die Tryin')*, steht einer Institution Schule entgegen, deren ungeschriebene Verfassungspräambel nichts anderes besagt, als dass der Strebsamste es im Leben am weitesten bringen wird – eine Behauptung, die nicht einmal durch die Lebenswege von Gymnasiasten bestätigt wird. Aus diesem Widerspruch heraus ist es nicht verwunderlich, dass viele Hauptschüler, insbesondere junge Männer türkischer Abstammung, ihr Selbstwertgefühl nicht im Einklang mit, sondern gegen die Schule ausbilden. Und je größer die Frustrationserlebnisse sind, die die oft hilflosen Lehrer ihren Schülern beibringen, umso trotziger und explosiver etabliert sich deren Ehrbegriff und je kürzer wird die Zündschnur. Dass ein guter Unterricht unter solchen Bedingungen schwer, meist sogar unmöglich ist, versteht sich von selbst. Am Ende entlassen »die Schulen hierzulande einen relativ großen Anteil von Jugendlichen mit einer unzureichenden Grundbildung«, mehr als in den meisten anderen Industrienationen.[23] Und fast acht Prozent eines jeden Schülerjahrgangs verlässt die Schule ohne einen Abschluss. Doppelt so oft sind es ausländische Jugendliche, die meisten davon türkischstämmig. Bei den Ausbildungsabschlüssen bleiben sogar dreimal so viele Jugendliche aus Migrantenfamilien ohne Abschluss wie deutsche.

Wer die Verhältnisse an deutschen Hauptschulen studiert – wenige Ausnahmen bestätigen die Regel –, der sieht, dass diese Schulform heute nicht mehr sinnvoll ist. Sie eröffnet Schülern keine Berufsperspektiven mehr. Und so lässt sich denen, die ihren Fortbestand wünschen, wohl auch nicht unterstellen, dass diese Absicht gut gemeint sei. Hauptschulen sind keine Schulen im Sinne von Schule mehr, sondern Verwahrungsanstalten, in denen die Kinder aus bildungsfernen Elternhäusern bildungsfern bleiben. Und was Ahmed nach seinem gescheiterten Hauptschulabschluss aus Gründen sozialer Verteilungsgerechtigkeit als Hartz IV gezahlt wird, ist in Wahrheit nichts anderes als eine Entschädigungsleistung – eine Entschädigung für nicht gewährte Chancengleichheit!

Geschlossene Gesellschaft

Das Land, das UN-Sonderbotschafter Vernor Muñoz im Jahr 2006 bereiste, bestürzte ihn sehr. So abgeriegelt und rückständig hatte sich der costa-ricanische Jurist, Pädagoge und Philosoph die Verhältnisse nicht vorgestellt. Im März 2007 legte der UN-Sonderberichterstatter für das Recht auf Bildung dem UN-Menschenrechtsrat in Genf seinen besorgniserregenden Bericht vor. Viel zu früh trenne das Land seine Kinder und selektiere sie in verschiedene Schultypen, hieß es da. Besonders schwer hätten es dabei Kinder mit Behinderungen sowie jene mit Migrationshintergrund. Kurz und schlecht: Das Bildungssystem sei viel zu undurchlässig und sozial ungerecht.

Das Land, das Muñoz inspiziert hatte, war die Bundesrepublik Deutschland. Ein Land, in dem der Zugang zur Bildung jedem Menschen verfassungsrechtlich garantiert ist. Zudem darf bei uns nach Artikel 3, Absatz 3 des Grundgesetzes niemand »wegen seines Geschlechtes, seiner Abstammung, seiner Rasse, seiner Sprache, seiner Heimat und Herkunft, seines Glaubens, seiner religiösen oder politischen Anschauungen benachteiligt oder bevorzugt werden«. In Deutschland, so das allgemeine Credo aller Parteien, soll jedes Kind die gleichen Bildungschancen haben, egal welches Geschlecht oder welche ethnische Zugehörigkeit es hat oder aus welcher sozialen Schicht es stammt.

So weit die Idee. Die Realität in Deutschland ist jedoch nur deren Karikatur. Um zu sehen, wie es um die Bildungschancen in einem Land bestellt ist, untersuchen Bildungsforscher, wie viele Kinder ihren Platz in Kindergärten und Vorschulen finden, wie lange sie dort sind und wie lange sie anschließend in der Schule zusammenbleiben, bevor sie getrennt werden. Das Urteil über die Bundesrepublik fällt unisono vernichtend aus. Während die »Abhängigkeit des Bildungserfolgs vom sozioökonomischen Status der Eltern sowie von der ethnischen Zugehörigkeit in fast allen Ländern« der OECD in den letzten beiden Jahrzehnten gesunken ist, gehört Deutschland »zu den Ländern, in denen der Einfluss des sozioökonomischen Hintergrundes am größten ist«.[24]

Wie ist dies möglich? Wie konnte es passieren, dass ein Land, das Georg Pichts »Bildungskatastrophe« so erfolgreich verhindert und einen Neuanfang gemeistert hat, in den letzten beiden Jahrzehnten so abrutschen konnte? Nicht nur linke Bildungsforscher, auch der konservativ-liberale »Aktionsrat Bildung« stellt heute fest, dass es dem deutschen Bildungssystem offenbar nicht gelingt, »seinem Grundsatz gerecht zu werden, möglichst jedem Individuum eine Grundbildung zu gewähren bzw. es entsprechend seiner Kompetenzen unabhängig der sozialen oder ethnischen Herkunft zu fördern. Obwohl schon Mitte der sechziger Jahre die Benachteiligung bestimmter Personengruppen diskutiert wurde, besteht eine soziale Selektivität des deutschen Bildungssystems bis heute fort.«[25]

Die Gründe für den Abstieg des deutschen Bildungssystems von einem der chancenreichsten zu einem der chancenärmsten sind vielschichtig. Eine wichtige Rolle spielt die Veränderung des Arbeitsmarktes in Deutschland. Während sich die Bundesrepublik der sechziger Jahre einem neuen Arbeitsmarkt gegenübersah, für den möglichst viele Menschen gebraucht und ausgebildet werden sollten, zeigten die Zeichen der Zeit in den neunziger Jahren in eine ganz andere Richtung. Deutschland hatte nahezu vier Millionen Arbeitslose. Der technische Fortschritt führte dazu, dass viele einfache Arbeiten automatisiert wurden. Und was sich nicht automatisieren ließ, verlagerten die Firmen in Niedriglohnländer. Die Regierenden, insbesondere die der Schröder-Regierung, sahen sich im Würgegriff permanenter Erpressungen vonseiten der Industrie, die allenthalben mit Standortverlagerung drohte und mit Abwanderung. Bei *Sabine Christiansen* wetteiferten die Arbeitgeberfunktionäre Dieter Hundt und Hans-Olaf Henkel, dazu der Publizist Arnulf Baring und Guido Westerwelle mit ihren Forderungen nach Reformen. Gemeint waren Steuersenkungen für Wirtschaft, Banken und Besserverdienende, Privatisierungen der öffentlichen Hand, die Förderung von Eliten und die Senkung von Sozialausgaben.

Im Zuge dieser »neoliberalen« Reformen erschien die gesellschaftliche Entwicklung der Bundesrepublik nicht mehr als ein permanenter Fortschritt zu mehr Chancengleichheit und sozialer Gerechtigkeit. Vielmehr schien der soziale Impetus der Sozialarbeiterepoche ein historischer Ausnahmezustand zu sein, den sich Deutschland im Angesicht einer globalisierten Wirtschaftskonkurrenz nun »nicht mehr leisten« könne. Im Wind dieses Zeitgeistes, dem kaum einer eine starke Utopie entgegenzusetzen hatte oder als »Kriegsgewinnler« (wie bei Schröder, Wolfgang Clement oder Fischer) gar keine entgegensetzen wollte, erlitt die deutsche Sozialdemokratie einen Schiffbruch, von dem sie sich bis heute nicht erholt hat: Nicht Liberale oder Konservative, sondern Sozialdemokraten und Grüne müssen sich heute fragen lassen, warum unter ihrer Ägide die Schere zwischen Arm und Reich stärker auseinanderzuklaffen begann als je zuvor in Deutschland. Und das Bildungssystem wurde zu einem der ungerechtesten unter allen Industrienationen.

Will man diesen Prozess beurteilen, so treffen zwei verschiedene Meinungen schnell aufeinander. Viele Bildungspolitiker vertreten die Ansicht, dass die soziale Ungleichheit der Bildungschancen in Deutschland nicht gewollt sei. Bildungsverlierer sind demnach das Opfer veränderter Spielregeln in einer globalisierten Wirtschaft. Während die Anforderungen an Wissen, Abschlüssen, Fertigkeiten und Zertifikaten in der modernen Welt fortwährend ansteigen, wächst geradezu zwangsläufig der Anteil derer, die im Wettbewerb auf der Strecke bleiben – ein bedauerlicher Prozess, den das Bildungssystem letztendlich aber nicht verhindern könne. Denn wer auf alle Bildungsfernen Rücksicht nehme, so das Credo, der senke unweigerlich das Niveau und versündige sich an den Tüchtigen, die unsere Wirtschaft so dringend braucht.

Andere dagegen schütteln über eine solche Argumentation nur den Kopf. Wie sollte es möglich sein, dass das reichste Deutschland aller Zeiten, nämlich das der Gegenwart, heute weniger Geld in der Tasche haben soll, um jedem eine Chance zu geben, als in den viel ärmeren sechziger Jahren? 1970 betrug das Bruttoinlandsprodukt nach Daten der Weltbank in Deutschland umgerechnet etwa 250 Milliarden US-Dollar; 2012 waren es etwa 3,5 Billionen. Warum liegt bei solch glänzenden Verhältnissen der deutsche Bildungsetat deutlich unter dem Durchschnitt der anderen Industrieländer?

In solcher Lage ist es nicht verwunderlich, dass einige, wie der Journalist und Schriftsteller Bruno Preisendörfer, die Meinung vertreten, dass man schon bei der Bildungsexpansion der sechziger und siebziger Jahre nie wirklich ein Herz für die Kinder der Bildungsfernen gehabt hätte. »Es ging einfach darum, die Schleusen zu öffnen, solange es gesellschaftspolitisch sinnvoll und volkswirtschaftlich bedarfsgerecht war. Bei dieser Art von ›Öffnung‹ war das erneute Schließen schon immer mitgedacht.«[26] War die Bildungsrevolution der Sozialdemokratie nur eine ökonomische Anforderung, die man schneller begriffen hatte als die meisten Konservativen? Nach Ansicht von Preisendörfer hatte man demnach lediglich »ein Zeitfenster aufgestoßen, das der Sturmwind der Bildungskonkurrenz wieder zuwarf, als die Mittelschichten begriffen, dass studierende Unterschichtskinder das Reservoir an gut bezahlten Stellen für die eigenen verkleinerten. Dabei stammten Mitte der Achtziger gerade vier Prozent der an Universitäten Immatrikulierten aus Arbeiterfamilien.«[27]

Hat Preisendörfer recht, dann ist die soziale Benachteiligung von Kindern aus bildungsfernen Schichten in unserem Bildungssystem kein Manko, sondern politisch gewollt. »Die Reproduktion von Ungleichheit« wäre »kein Versehen des Bildungssystems, wie die Gutherzigen glauben und die Hinterlistigen wider besseres Wissen glauben machen, sondern ein wesentlicher Teil seiner Aufgabe«.[28] Die Mittelschichtler der Gesellschaft, darunter gerade jene, denen die sozialdemokratische Bildungsexpansion überhaupt erst eine Chance gegeben hatte dazuzugehören, achteten sorgsam darauf, dass sich die Schichten nicht durchmischten. Bildung für alle? Was den einen als ein kontinuierlicher Fortschritt unserer Demokratie zu mehr Gerechtigkeit erschien, war nach Preisendörfer nur eine historische Ausnahme von der Regel, die besagt, dass »im deutschen Bildungssystem Auslese nicht der Begabtenerkennung und -förderung dient, sondern als kontinuierlicher Benachteiligungsprozess organisiert ist«.[29]

Mit anderen Worten: Im Kapitalismus kann jeder reich werden, aber nicht alle! Das Gleiche, so scheint es, gilt auch für die Bildung. Ist sie nicht gerade deshalb beruflich so wertvoll, weil man sich durch sie von anderen, weniger qualifizierten *unterscheiden* kann? Aus solcher Perspektive wirken die vielfachen Appelle aus allen politischen Parteien, mehr für die flächendeckende Bildung in unserem Land zu tun, wie blanker Hohn. Warum, wenn doch jeder dafür ist, werden die Kinder aus den sozial schwachen Schichten in unserem Bildungssystem nicht besser aufgefangen und motiviert? Warum bezahlen wir Milliardenbeträge an Transferkosten für Bildungsverlierer? Warum lassen wir das, was in der Sprache der Wissenschaft so harmlos eine »Bedrohung durch ökonomische, kulturelle und soziale Desintegration« heißt, zu? Was ja nichts anderes bedeutet, als sich damit abzufinden, dass immer mehr in Deutschland lebende Menschen Drogen verkaufen, ziellos in der Stadt herumhängen, zu viel Alkohol trinken und zu Gewalttaten neigen? Und warum fordern wir verstärkte Polizeikontrollen und bauen lieber neue Gefängnisse, anstatt das Übel an der Wurzel anzufassen?

Wie lässt sich angesichts dieses Versagens in Abrede stellen, dass, wie Preisendörfer, der selbst aus einem Unterschichtshaushalt stammt, schreibt, »hinter den Ungerechtigkeiten handfeste Interessen stehen und dass es um die Verteidigung von Privilegien geht«? Denn »würden den Kindern der Bildungsfernen auch nur annähernd gleiche Chancen eingeräumt, hätte das für die Kinder der Akademiker derart dramatische Gerechtigkeitsfolgen (viele könnten nicht mehr studieren), dass von den bildungsnahen Schichten einfach nicht zu erwarten ist, zu mehr als zu Mitleid im Einzelfall bereit zu sein … In Zeiten, in denen eine verunsicherte Mittelschicht von Abstiegsängsten geplagt wird und um die Zukunft der Kinder fürchtet, fällt es den Bildungsnahen verständlicherweise schwer, statt Mitleid im Einzelfall Solidarität in der Breite aufzubringen. Chancengleichheit muss man sich leisten können, Gerechtigkeit ist ein Luxusartikel für fette Jahre.«[30]

Was an dieser Analyse ein wenig verwundert, ist die Vorstellung, die fetten Jahre wären vorbei, obgleich die Steuereinnahmen in Deutschland von Rekordhoch zu Rekordhoch eilen. Weit mehr als eine reale Bedrohungssituation treibt viele Mittelschichtler eine diffuse Angst vor der Zukunft und insbesondere der ihrer Kinder. Dass deren berufliche Perspektive die vermutlich beste seit Bestehen der Bundesrepublik ist – wie noch gezeigt wird –, hat sich bislang offensichtlich kaum herumgesprochen. Stattdessen wächst unter Bildungsbürgern und solchen, die sich dafür halten, das Ressentiment gegen die Unterschicht. Privatsender, die genüsslich die Faulheit und Abzock-Mentalität von Hartz-IV-Empfängern zelebrieren oder die Gewaltkultur türkischer Jugendlicher vorführen, bestätigen sie in diesem Bild.

Unterstützt werden die Vorurteile durch den gesellschaftlich weitverbreiteten (Aber)Glauben, Intelligenz und Begabung seien letztlich eine Sache der Vererbung. Nicht erst die Debatte um Thilo Sarrazins These, türkischstämmige Migranten seien genetisch dümmer und setzten deshalb zuhauf ebenso dumme Kinder in die Welt, zeigt, wie hartnäckig solche Gerüchte im Umlauf sind. Tatsächlich sind Intelligenz und Begabung ein so weites Feld, dass wir bis heute kaum verbindliche Aussagen darüber machen können, geschweige denn, wie und ob sie vererbt werden. Viel mehr wissen wir über die zahlreichen prägenden Einflüsse, denen Kinder vom Mutterleib an und in der frühkindlichen Entwicklungsphase ausgesetzt sind. Dass hier ganz entscheidende Weichen gestellt werden, welche Potenziale in einem Kind heranwachsen und reifen können, steht wissenschaftlich völlig außer Frage. Dagegen sind alle Überlegungen zur Vererbung von Intelligenz ziemlich kryptisch und dunkel und müssen uns in diesem Zusammenhang nicht näher beschäftigen. Denn wie fruchtbar der Same ist, ist eine ziemlich müßige Diskussion, wenn er auf einen unfruchtbaren Acker fällt. Und dass zu den unfruchtbaren Äckern nicht nur Elternhäuser zählen, sondern auch die meisten Hauptschulen, ist allen Bildungsexperten wohl bekannt und nicht ernsthaft umstritten.

Es ist leicht, jemanden zu verurteilen; schwerer, ihm Gerechtigkeit widerfahren zu lassen. Wer die mangelnde Arbeitsmoral oder das Fehlen von Tüchtigkeit bei vielen Kindern aus bildungsfernen Schichten anprangert, sollte nicht übersehen, um wie vieles schwerer sie es haben als die eigenen Kinder. Wer heute in Deutschland zur »Unterschicht« gehört – ein verbotenes Wort, das man um der Wahrheit willen unbedingt wieder verwenden und nicht durch Soziologendeutsch entübeln sollte –, hat es sogar schwerer als die Generation der sechziger und siebziger Jahre, sich daraus zu befreien. Die Unterschicht der alten Bundesrepublik war die Arbeiterklasse, der Malocher am Hochofen oder im Bergbau, der Busfahrer und der Tonnenentleerer der Müllabfuhr. All diese Berufsgruppen, so es sie noch gibt, gehören heute zur unteren Mittelschicht. Wer dagegen zur Unterschicht gezählt wird, ist meistens gerade kein Arbeiter, sondern arbeitslos. Als Langzeitarbeitsloser, Asylant oder Illegaler steht er außerhalb der Erwerbsgesellschaft. Arbeitsmoral, Optimismus und den Glauben ans eigene Fortkommen seinen Kindern mitzugeben, ist unter solchen Umständen nur selten zu erwarten.

Ein weiteres Problem betrifft ganz besonders die Kinder der Migranten. Um in unserem Bildungssystem erfolgreich zu sein, ist ein Kind aus einer türkischen Familie oft gezwungen, sich gegen das eigene Elternhaus zu wenden. Während das Mittelschichtskind seinen Eltern gefällt, wenn es in der Schule gut funktioniert, muss das türkische Kind sich entscheiden: Entspricht es den religiösen, moralischen und kulturellen Ansprüchen seiner Familie oder passt es sich den Werten und Spielregeln einer deutschen Schule an? Je besser türkischstämmige Kinder sich in der Schule anpassen, umso mehr entfremden sie sich dabei oftmals von ihren Elternhäusern. Verlieren werden sie dabei in jedem Fall: entweder ihre Herkunft oder ihre Zukunft – eine zermürbende Entscheidung, die keinem deutschen Mittelschichtskind abverlangt wird.

Die heilige Dreifaltigkeit

»Wir sind sehr enttäuscht«, erklärten am 18. Juli 2010 der Regierende Bürgermeister Ole von Beust (CDU) und seine grüne Bildungssenatorin Christa Goetsch. »Das Ergebnis ist bitter für alle, die ihre Hoffnungen in das längere gemeinsame Lernen gesetzt haben.«[31]

Mehr als zwei Jahre lang hatte der schwarz-grüne Senat in Hamburg an seiner Schulreform gearbeitet. Der eine Hauptpunkt war die Verlängerung der Grundschulzeit auf sechs Schuljahre, wie sie in vielen anderen europäischen Ländern üblich ist. Denn einerseits sind sich Erziehungswissenschaftler und Entwicklungspsychologen überall in der Welt darüber einig, dass sich die Begabung eines Schülers nicht abschließend beurteilen lässt, wenn er erst gerade zehn geworden ist. Und zum anderen gibt die verlängerte gemeinsame Lernzeit jenen Kindern eine größere Chance, die sonst bereits frühzeitig als minderbegabt auf die Hauptschule abgeschoben werden.

Der zweite Hauptpunkt war das Ende des dreigliedrigen Schulsystems in Hamburg. Hauptschulen und Realschulen sollten abgeschafft werden. Stattdessen konnten Eltern wählen, ihre Kinder auf ein Gymnasium oder auf eine der neu gegründeten Stadtteilschulen zu schicken, eine integrierte Gesamtschule.

Am Abend des 18. Juli 2010 stand fest, dass der erste Hauptpunkt der Reform gescheitert war. Eine Elterninitiative mit dem denkwürdigen Namen »Wir wollen lernen« hatte einen Volksentscheid zur Reform erzwungen. Ihr Argument: Verlängert man die Grundschulzeit in Form einer sechsjährigen Primarschule, so verlieren die Besseren in der Klasse zwei Jahre exklusive Gymnasialzeit, die niemand mehr aufholen könne. Am Ende verschlechtere sich das Abitur, und damit würden sich auch die Chancen der Kinder gegenüber der internationalen Konkurrenz reduzieren. Mehr als 276 000 Hamburger Bürgern erschien diese Einschätzung offensichtlich überzeugend. Sie stimmten gegen die verlängerte Grundschulzeit, nur rund 218 000 waren dafür. Das Projekt Primarschule war erledigt.

Das Besondere an der Hamburger Schulreform war, dass sich alle im Senat vertretenen Parteien ausnahmsweise einmal einig waren – aber die Bevölkerung war dagegen. Die Hamburger, so schien es, kannten in dieser Sache keine Parteien mehr, sondern nur noch die eigenen Kinder. Und bereits die vage Spekulation, dass sich die Primarschule nachteilig auf deren Bildungsweg auswirken könnte, reichte aus zum parteiübergreifenden Nein.

Wo es um die eigenen Kinder geht, hört die Solidarität auf. Schon auf dem Schulhof der Grundschule vergleichen manche Mami und mancher Papi mit bittersüßem Blick die Zensuren ihrer Sprösslinge mit denen der als versteckte Konkurrenz betrachteten Kameraden. Jenen Mittelschichtseltern, die in ihrer Freizeit Ratgeberbücher über Intelligenzförderung bei Kindern lesen, sich von chinesischen Tiger-Mamas einschüchtern lassen und allenthalben nach Höchstbegabungen ihrer Kleinen fahnden, ist das Schicksal von Kindern aus bildungsfernen Elternhäusern völlig egal. Ganz im Gegenteil: Es treibt sie die Angst, zu viele Kinder mit Migrationshintergrund wirkten sich nachteilig auf das Lernniveau aus und verhinderten so das *Coming out* der Begabungen ihres Nachwuchses. Soll denn das Wettrüsten mit Kursen und Nachhilfestunden am Nachmittag – oft schon im Grundschulalter – von einem gerechtigkeitsversessenen Bildungssystem konterkariert werden?

Tatsächlich hat all dies mehr mit Ängsten, Neurosen und Deformationen der sogenannten Leistungsgesellschaft zu tun als mit einer realen Situationseinschätzung. Der Wettbewerb, dem unsere Kinder später beruflich einmal ausgesetzt sein werden, ist, wie noch gezeigt wird, viel geringer als in der Generation ihrer Eltern. Und wer Kindern mit zusätzlichem Lern-Tuning den letzten Rest der Kindheit raubt, hat augenscheinlich nicht verstanden, auf welche Art von Qualifikationen es auf dem zukünftigen Arbeitsmarkt einmal ankommen wird.

Beim deutschen Bildungskrieg der Gegenwart, wie er am Beispiel des Hamburger Volksentscheids sichtbar wurde, geht man von einer Reihe falscher Annahmen und Unterstellungen aus. Schon ein kleiner Blick auf die Ergebnisse der PISA-Studien zeigt, dass die Sieger wie Finnland oder Schweden ein langes gemeinsames Lernen aller Kinder haben, das nach Ansicht der Elterninitiative »Wir wollen lernen« das Niveau unserer Gymnasiasten unheilvoll verschlechtern soll.

Kämpfe wie diese verbrauchen noch immer viel Energie, obwohl sie eigentlich der Vergangenheit angehören sollten. Privilegiensicherung, Elitedenken und Protektionismus sind letztlich Eigentore, denn sie gefährden den sozialen Frieden. Sie verbauen vielen jungen Menschen mit schlechten Startvoraussetzungen die Zukunft, die zum Vorteil *aller* eine Chance auf ein erfülltes Leben bekommen sollten. Ein lohnenderer Einsatz von Kraft und Engagement wäre der Kampf darum, das bestehende Schulsystem in jedermanns Interesse sozial gerechter *und* effizienter zu machen.

Dass die Bundesländer in Deutschland nach und nach das alte vierjährige Grundschulmodell abschaffen werden, steht wohl außer Frage. Strittig ist nur, wie lange es von Fall zu Fall und von Bundesland zu Bundesland dauert, bis man einsieht, dass das, was in Belgien und der Schweiz erst mit dem zwölften Lebensjahr entschieden wird, in den Niederlanden mit dreizehn, in Frankreich und Italien mit vierzehn, in Portugal und Griechenland mit fünfzehn und in Norwegen, Schweden, Dänemark, Finnland, Großbritannien und Spanien mit sechzehn, in Deutschland nicht als einzigem EU-Land neben Österreich im Alter von zehn Jahren festgelegt werden sollte: zu prognostizieren, wie weit es ein Kind einmal bringen wird, und es entsprechend einzusortieren.

Der Geist, der diese frühe Selektion erfand, stammt nicht aus unserer Zeit. Er reicht weit zurück in eine undemokratische Gesellschaftsordnung mit völlig anderen wirtschaftlichen Anforderungen. Und nur bei uns und in Österreich »glaubt man immer noch«, wie der Bildungsexperte Bude schreibt, »dass beim Übergang zur fünften Klasse festgestellt werden kann, welches Kind auf die Universität gehört, welches sich auf eine Facharbeiterexistenz vorbereiten soll und welches sich bestenfalls für die ›Jedermanns-‹ oder besser: ›Jederfrausarbeitsmärkte‹ der Randbelegschaften rüsten kann. Und danach soll sich eigentlich nichts mehr bewegen: Die Gymnasiasten bleiben unter sich, lernen Gedichte von Hölderlin kennen, dürfen sich Gedanken über das Unentscheidbarkeitstheorem von Gödel machen und sollen selbstständig ein Referat über das Schicksal chinesischer Wanderarbeiter erarbeiten; bei den Realschülern steht der Unterricht für die Arbeitswelt mit dem Ideal des Lernens am Material im Vordergrund, womit sie vielleicht noch eine fachgebundene Hochschulreife erreichen können; und die Hauptschüler sollen sich schon mal damit anfreunden, dass sie sich als Frisörin oder als Koch in Mindestlohnbereichen durchschlagen müssen.«[32]

Dass sich das dreigliedrige Schulsystem in Deutschland noch immer hält, hat im Wesentlichen zwei Gründe. Zum einen verhindert der Bildungsföderalismus eine allumfassende Reform unseres vormodernen Schulsystems. Die Empfindlichkeiten in Bayern sind andere als in Brandenburg oder Bremen. Dabei lässt sich vermuten, dass es sich mit der Beseitigung des dreigliedrigen Systems nicht anders verhält als vor einigen Jahren mit der Einführung des Rauchverbots in der Gastronomie. Erst konnte es sich keiner vorstellen, dass das gegen den enormen Widerstand vieler Menschen je in Deutschland gelingen könnte. Und heute, wenige Jahre später, kann sich kaum einer mehr vorstellen, dass es früher üblich war, in einem schicken Restaurant vom Nebentisch zugequalmt zu werden.

Der zweite Grund für den Fortbestand der Dreigliedrigkeit ist gewichtiger und wurde schon einmal angesprochen. Für eine optimale Gesamt- oder Gemeinschaftsschule müssen nämlich Voraussetzungen bereits erfüllt sein, die man durch dieses Schulsystem überhaupt erst etablieren möchte. Das starre dreigliedrige System führt braven Bürgern eindringlich vor, von welchem Zuschnitt viele Kinder auf der Hauptschule als Restschule sind. Und mit solchen Rabauken möchte man das eigene Kind verständlicherweise nicht in einer Klasse sehen. Soll denn der eigene Sprössling um des hehren Prinzips der Chancengerechtigkeit auf dem Schulhof Prügel einstecken und mit Fäkalsprache nach Hause kommen? Je weniger die Kinder der

Bildungsfernen bislang in Gesamtschulen integriert wurden, umso besser blühte bislang das dissoziale Milieu. Und umso mehr desintegrierte Kinder und Jugendliche es gibt, umso stärker zeigt sich der Widerstand der Eltern, ihre Kinder länger als die erzwungenen vier Jahre Grundschulzeit mit »denen« in eine Schule zu schicken.

Zwar bestätigen »alle vorliegenden Untersuchungen«, so Quenzel und Hurrelmann, dass durch das dreigliedrige System »das Ziel einer möglichst geringen Ungleichheit von Bildungsergebnissen nach sozialer Herkunft nicht erreicht werden kann«[33] – aber aus den genannten Gründen hält es sich gleichwohl hartnäckig. Zur Not flüchtet sich der Bildungsbürger zur Verteidigung des Gymnasiums in die Vorstellung, dass eben nicht alle Kinder begabt seien. Warum sollen Leistungsunterschiede, die so augenfällig seien, künstlich vertuscht und nicht durch verschiedene Schultypen sinnfällig gemacht werden?

Dieses Argument, so verbreitet es ist, lässt sich erstaunlich leicht entkräften. Man muss sich nur vor Augen führen, wie frappierend der Zusammenhang ist zwischen der Vielzahl an Begabungen und der Verteilung des Volkseinkommens. Gesellschaften, die eine kleine Elite hatten oder haben, wittern fast nirgendwo Begabungen. Wie viele begabte oder gar hochbegabte Kinder wurden im Deutschen Kaiserreich gesichtet oder gefördert? Doch je wohlhabender die Deutschen wurden, umso mehr Begabungen tauchten auf einmal auf! Heute, im reichsten Deutschland aller Zeiten, sind nahezu alle Kinder ambitionierter Mittelschichtseltern mindestens begabt, wenn nicht gar (oft gut versteckt) hochbegabt ...

Talente und Begabungen können gar nicht linear vererbt werden! Denn wenn es so wäre, würden sie ja nicht direkt proportional zu Einkommen und Wohlstand anwachsen. Die schlichte

Wahrheit dagegen ist: Je weniger in einer Gesellschaft durch die Maschen rutschen, umso größer die Anzahl von gesichteten Talenten. Millionen indischer Kinder fallen in der Weltökonomie heute als brillante Mathematiker auf – aber warum erst heute und nicht schon vor fünfzig oder hundert Jahren? Eine musikalische oder mathematische *Sonderbegabung* mag möglicherweise genetische Ursachen haben; ein wacher Geist, eine unbändige Neugier und eine hohe Lernbereitschaft wohl nicht.

Rette sich wer kann!

Dass das Schulsystem, wie es gegenwärtig in vielen Bundesländern noch immer Normalität ist, so nicht bestehen bleiben kann, ist klar. Und dass es im internationalen Vergleich schlechte Zensuren erhält, ist auch nicht verwunderlich. Besonders dringlich und vertrackt wird die Situation zusätzlich durch den rasanten Siegeszug von Privatschulen in den letzten Jahren. Es gibt in unserem Land inzwischen mehr als 5000 Schulen in privater Trägerschaft gegenüber rund 37 000 öffentlichen Schulen. Fast eine Million Schüler besuchen eine Privatschule, rund zehn Millionen eine öffentliche Schule. Den höchsten Anteil an Privatschulen haben Sachsen und Bayern, den geringsten hat Schleswig-Holstein. Allein in den letzten zehn Jahren ist die Zahl der Privatschulen um über 40 Prozent gestiegen.

Der Begriff »Schule in freier Trägerschaft« zwingt dabei höchst unterschiedliche private Schulen und Schultypen unter ein Wort. Die Palette reicht von relativ günstigen kirchlichen Schulen und Waldorfschulen bis zu privaten Eliteschulen mit einem monatlichen Kostenbeitrag von 2000 bis 3000 Euro pro Kind. Und wer es ganz exklusiv möchte, der gönnt sich das Lyceum Alpinum in Zuoz in der Schweiz; mit 70 000 bis 80 000 Franken im Jahr ist man dabei.

Wer es sich leisten kann, der sichert seinem Nachwuchs einen Platz an der Sonne, den er mit absoluter Sicherheit mit keinem Schmuddelkind teilen muss. Der Riss geht quer durch die Mittelschicht. Während die untere und mittlere Mittelschicht den Schulbesuch ihrer Kinder in einer der teuren privaten Schulen nicht finanzieren kann oder sich zumindest mühsam vom Munde absparen muss, schicken immer mehr Angehörige der oberen Mittelschicht ihren Nachwuchs auf sogenannte Eliteschulen oder Internate. Die Motive dafür sind bekannt. Für die Kinder ist nur das Beste gut genug, zumal Millionen von Mittelschichtlern in diesem Land glauben, dass sich der Wettbewerb um hervorragende Ausbildungen und Arbeitsplätze in der Zukunft dramatisch verschärfen wird. Nachrichten über ständig erhöhte Zulassungsbeschränkungen an Elite- und Exzellenzuniversitäten schüren zusätzlich die Angst, die Kinder könnten sich ihre gesamte zukünftige berufliche Karriere schon allein durch den Besuch eines mittelmäßigen Gymnasiums vorzeitig versauen.

So beginnt die panische Umsicht oft schon bei der Auswahl der Grundschule. Wohnt man ungünstig, in der Nähe einer Sozialsiedlung, so überlegen Mami und Papi ängstlich hin und her, wie sie das Sprengelprinzip umgehen können, wonach jedes Schulkind in die nächstgelegene Grundschule eingeschult werden sollte. Dieser pädagogische Grundsatz stammt aus den Tagen der Weimarer Republik. Doch die Idee, den Kindern lange Fahrten zu ersparen und kurzen Beinen nur kurze Wege zuzumuten, leuchtet wettbewerbsorientierten Eltern heute immer weniger ein. Denn in der Tat ist das Leistungsniveau deutscher Grundschulen enorm unterschiedlich. Kein Wunder, dass bildungsbewusste Eltern ihre Kinder da einschulen, wo auch andere bildungsbewusste Eltern ihre Kinder hinschicken. Und das Niveau der Schule in der Nähe der Sozialsiedlungen sinkt und sinkt tiefer.

Wer einmal Informationsveranstaltungen an Tagen der offenen Tür in Grundschulen und Gymnasien beigewohnt hat, der weiß ein Lied davon zu singen, mit welch detaillierten Fragen Eltern die zukünftige Schulerziehung ihrer Kinder auswählen und überwachen. Privatschulen haben hier oft die besseren Karten. Und während Schulen in freier Trägerschaft, die um ihre Schüler konkurrieren, sich alle Mühe geben, das Schulklima und den Schulunterricht so optimal wie möglich zu gestalten, sickert oft nur ein Bruchteil dessen in öffentliche Schulen durch oder scheitert an den Kosten.

In solcher Lage stellt sich die Frage, ob das Prinzip der öffentlichen Bildung überhaupt noch erhalten bleibt, wenn die Zahl der Eltern rasant ansteigt, die ihm nicht mehr vertrauen. Vor allem das Ergebnis der ersten PISA-Studie, die Deutschlands Schulen 2001 ein ziemlich schlechtes Zeugnis ausstellte, trieb bildungsbewusste Eltern dazu, dem öffentlichen Schulsystem den Rücken zu kehren. Seit PISA ist die Zahl der Kinder im Grundschulalter, die auf eine Privatschule gehen um 74 Prozent gestiegen. Denn nicht nur in Deutschland, sondern in allen europäischen Ländern, mit Ausnahme von Finnland, schnitten Schulen in privater Trägerschaft bei PISA minimal besser ab als öffentliche Schulen – allerdings deutlich besser bei der Lesekompetenz.

Der starke Eindruck dieses Befunds schwächt sich allerdings sofort ab, wenn man die soziologische Seite betrachtet. Welche Kinder gehen denn in Deutschland und in anderen Industrieländern auf Privatschulen? Im Regelfall sind es die Kinder der Bildungsbürger mit mindestens durchschnittlichem Einkommen. Nur vier Prozent aller Privatschüler in Deutschland kommen aus einer Familie mit Migrationshintergrund. Wenn am Ende jene

Schulen besser abschneiden, deren Klientel sich in weit überdurchschnittlichem Maß aus den Kindern bildungsbeflissener Elternhäuser zusammensetzt, darf man sich über bessere Testergebnisse natürlich nicht wundern.

Dabei ist die Tatsache, dass Privatschulen in erster Linie Kinder des Bildungsbürgertums aufnehmen, im Grundsatz verfassungswidrig. Der Journalist Alex Rühle schrieb dazu in der *Süddeutschen Zeitung:* »Im Grundgesetz, Artikel 7, Abs. 4, steht, dass ›das Recht zur Errichtung von privaten Schulen gewährleistet‹ wird, aber nur, solange ›eine Sonderung der Schüler nach den Besitzverhältnissen der Eltern nicht gefördert wird‹. Gut so! Dieselben Minister protegieren aber ein System, das selbst nichts anderes tut, als ›die Schüler nach den Besitzverhältnissen der Eltern‹ zu sondern. Man muss keine Studien aus dem Keller holen, um zu belegen, wie skandalös eng schulische Leistungen und soziale Herkunft in Deutschland zusammenhängen. Der Numerus clausus vererbt sich hierzulande genauso wie das Fünferzeugnis.«[34]

Dies ist umso bedauerlicher, als dass das Grundgesetz Privatschulen nur unter der Bedingung zulässt, dass sie die Unzulänglichkeiten des öffentlichen Systems ausgleichen. Gemeint sind aber nicht deren pädagogische Unzulänglichkeiten, die es massenhaft gibt, sondern »Defizite im Angebot an Ganztagsschulen, Förderschulen oder bilingualem Unterricht«. Zudem sind auch Schulen in privater Trägerschaft zum allergrößten Teil durch Steuergelder finanziert. So fördert der Steuerzahler die Gehälter der Lehrkräfte an freien Schulen mit etwa 70 bis 80 Prozent eines Lehrergehalts an einer öffentlichen Schule. Die Aufwendungen sind allerdings eine Sache der Bundesländer. Während freie Grundschulen in Nordrhein-Westfalen zu 75 Prozent gefördert werden, bekommen sie in Baden-Württemberg nur etwa ein Drittel ihrer Kosten bezuschusst.

Die soziale Ungerechtigkeit, die durch das sich ständig ausweitende Netz an Privatschulen zusätzlich befeuert wird, ist freilich kein Argument gegen deren Qualität. Tatsächlich sind die Vorteile von Schulen in privater Trägerschaft nicht von der Hand zu weisen. Die Lehrer sind im Schnitt motivierter, das Lernklima besser, die pädagogischen Konzepte mutiger und innovativer. Von den vielen guten Privatschulen, die es in Deutschland gibt, zu lernen, könnte auch für öffentliche Schulen heißen: siegen lernen! Als Labor- und Brutstätten für bessere und nachhaltige Bildung stellen die besten unter den Privatschulen schon heute Blaupausen dafür dar, wie man das öffentliche Schulsystem transformieren könnte und müsste. Kurzum: Wenn Privatschulen im direkten Vergleich oft die besseren Schulen sind mit zufriedeneren Schülern und Eltern, so muss sich das öffentliche Schulsystem fragen lassen: Warum macht ihr es nicht genauso?

Diese Frage führt direkt in das Dilemma unserer heutigen öffentlichen Schulen mit deren fast flächendeckender Rückständigkeit. Dabei muss man die gegenwärtige Tendenz zur Flucht aus den öffentlichen Schulen nur einmal hochrechnen, um zu verstehen, was auf dem Spiel steht. Sollte sich der Massenexodus ins gelobte Land der Privatschulen in gleichem Tempo weiter fortsetzen, werden öffentliche Schulen vielleicht in zwanzig Jahren in der Minderheit sein. Das öffentliche Schulsystem wird zum Ressort der Minderbemittelten und Minderbetuchten mit weiterem Leistungseinbruch, so wie jetzt schon die meisten öffentlichen Schulen in den USA. Spätestens dann werden alle Eltern, die auch nur einen Funken Hoffnung in die Zukunft ihrer Kinder setzen, gezwungen sein, ihre Kinder aus dem öffentlichen System zu nehmen beziehungsweise gar nicht erst damit in Berührung zu bringen.

Lassen sich Privatschulen derzeit noch guten Gewissens als Ergänzung oder willkommene Alternative rechtfertigen, die den öffentlichen Schulen zeigen, wie man es besser macht, wird ihre Überpopulation das öffentliche System eines Tages komplett aushöhlen und entwerten. Eine solche »Pädagogik, die wie ein Produkt über den Markt verteilt wird, führt zur Schwächung der Schwachen und zur Stärkung der Starken«[35] und zerstört damit vollends den verfassungsrechtlich garantierten Grundsatz von der Chancengleichheit.

Das Paradox, in dem Eltern heute ihre Entscheidung über die richtige Schule für ihre Kinder fällen, lautet: Will ich das Beste für mein Kind – oder will ich das Beste für die Gesellschaft, in der mein Kind später leben wird? Dabei ist am Ende die zweite Option die Voraussetzung für die erste! Man sollte sich, nur um den Ernst der Lage zu vergegenwärtigen, einmal vorstellen, was Georg Picht wohl sagen würde, wenn er sich dieses Schauspiel ansehen müsste. Als Picht vor dreißig Jahren starb, war von dieser Tendenz und Bedrohung noch nichts in Sicht: dass das öffentliche Schulsystem derart verrosten würde, dass, von wenigen leuchtenden Ausnahmen abgesehen, es einer normalen Mittelschichtsfamilie eigentlich nicht mehr bedenkenlos empfohlen werden kann, ihr Kind auf eine öffentliche Schule zu schicken! Und dass in der Folge der Bildungsmarkt nach und nach dem Staat aus der Hand und einer Vielzahl kundenorientierter Privatanbieter überlassen wurde und wird. Dass also, mit einem Wort, die öffentliche Hand in ihrer bildungspolitischen Aufgabe auf der ganzen Linie gescheitert ist, weil sie die soziale Spaltung in Deutschland immer weiter forciert hat. Und das nur, weil sie es einfach nicht geschafft hat, ihre Schulen auf die Höhe der Zeit zu bringen …

PISA, G8
und andere Dummheiten

Die messbare Seite der Welt ist nicht die Welt;
sie ist die messbare Seite der Welt.
Martin Seel

»*Humboldt ist tot!*«

»Allgemein in der menschlichen Natur liegt der Trieb nach Erkenntnis. Das zeigt sich schon in der Freude an der sinnlichen Wahrnehmung, die auch abgesehen von Nutzen und Bedürfnis um ihrer selbst willen geschätzt wird …« Mit diesem schönen ersten Satz beginnt Aristoteles die Einleitung zu seiner *Metaphysik*. Und was im vierten Jahrhundert vor Christus galt, gilt auch noch heute: Menschen streben von Natur aus nach Wissen. Und sie tun dies nicht nur deshalb, um von diesem Wissen einen praktischen Nutzen zu haben. Wissen zu erwerben liegt in der Natur des Menschen; sich zu vermarkten nicht.

Wer all sein Wissen und seine Fähigkeiten einzig und allein deshalb erwirbt, um später einen geldwerten Vorteil davon zu haben, ist ein sehr armer, in seinen natürlichen Fähigkeiten reduzierter Mensch. Ein Mensch ohne inneren Reichtum. Schon der Gedanke, dass Wissen und Erkenntnis zu erlangen, einer zusätzlichen äußeren Belohnung in Form eines Lobes, einer Note, eines Zertifikats, einer Karriere oder eines hohen Gehalts bedarf, widerspricht unserer Natur. Kinder lernen auch dann laufen, wenn man sie nicht dafür belohnt. Das Gleiche gilt für den Erwerb der Muttersprache und sehr vieles andere mehr. Für Aristoteles ist das Lernen aus Spaß am Lernen das, was den Menschen von allen anderen Tieren unterscheidet. Es ist das, was es ausmacht, ein Mensch zu sein.

Genau hieran hatte Wilhelm von Humboldt angeknüpft, als er nur die Allgemeinbildung als wahre Menschenbildung anerkannte. Alle Fachausbildung sollte ihr nachrangig folgen. Umso größer war der Aufschrei, als der damalige »Zukunftsminister« Jürgen Rüttgers im Jahr 1997 mit dem Slogan zitiert wurde: »Humboldt ist tot!« Zwar hatte er diesen Satz auf der Jahresversammlung der Hochschulrektoren und -präsidenten nicht wörtlich gesagt, aber der tatsächliche Wortlaut: »Die Humboldt-Universität ist tot!« meinte im Kern definitiv dasselbe: Weg mit der Bildung, die in die Breite geht, hin zu einer Bildung, die stromlinienförmig auf ein zukünftiges Berufsprofil zugeschnitten ist. In seiner Reform des Hochschulrahmengesetzes versuchte Rüttgers die Regelstudienzeiten vieler Fächer zu verkürzen. Er propagierte einheitliche akademische Grade und verschulte Studiengänge nach dem angelsächsischen Prinzip von Bachelor- und Master-Abschlüssen. Und er forderte, Forschung und Lehre an Deutschlands Universitäten nach angelsächsischem Vorbild stärker zu evaluieren. Wo früher von Bildung und Wissen die Rede gewesen war, hielten nun neue Begriffe Einzug: Effizienz und Kompetenz.

Mit seinem Furor, das deutsche Bildungssystem zu optimieren, stand Rüttgers nicht allein auf dem Schulhof. 1994 hatte die Bertelsmann Stiftung das CHE ins Leben gerufen, das Centrum für Hochschulentwicklung in Gütersloh. Als Ideengeber und Berater wirkte es äußerst einflussreich im Hintergrund, wenn es darum ging, deutsche Hochschulen daraufhin zu überprüfen und umzubauen, ob das, was an ihnen gelehrt und gelernt wurde, ökonomisch sinnvoll und effizient war.

Vieles von dem, was seit den neunziger Jahren an deutschen

Hochschulen kritisiert wurde, ließ sich und lässt sich auch heute noch zu Recht anprangern. Deutschlands Massenuniversitäten waren und sind bis heute – von einigen schönen Ausnahmen abgesehen – in vielen Bereichen überholt und ineffektiv. Feste Programmpunkte wie etwa eine »Vorlesung«, in der tatsächlich ein Text vom Blatt abgelesen wird, sind definitiv nicht mehr zeitgemäß. Etwas überspitzt gesagt: Vorlesungen stammen aus dem Mittelalter, als nur ein Einziger ein Buch besaß und die Zuhörer nicht lesen konnten. Für überkommene Rituale wie die Vorlesung lässt sich nicht einmal Humboldt als Kronzeuge gewinnen. Was der große Reformer von ihnen hielt, notierte er 1788 anlässlich einer Vorlesung an der Uni Marburg. Über den Professor, der sie hielt, heißt es: »Sein Vortrag misfiel mir gänzlich. Ein singender, immer abgeschnittener, ganz aufs Nachschreiben eingerichteter Ton, platte undeutsche und lächerliche Ausdrükke z.B. ein artiges ›Scriptum‹, steife professormässige Scherze … Citate ohne aufhören nach Seite und Paragraph in so ungeheurer Menge, dass kein Student weder Geld genug haben kann, sich alle die Bücher anzuschaffen, noch Zeit genug, sie zu lesen, endlich durchgehens ein ekelhaft eitler, affektirter Ton.«[36] Nicht wenige Studenten könnten auch heute, im Jahr 2013, auf diese Weise über manche Vorlesung klagen.

Die Vorlesung ist nur ein Beispiel unter vielen. Nicht zu reden von der Art und Weise, wie Universitäten ihr Lehrpersonal aussuchen: ein Filz von Günstlingswirtschaft und Protektion. Ein freier Markt, der diesen Namen tatsächlich verdiente, existiert für den wissenschaftlichen Nachwuchs nicht. Und über die zukünftigen Professoren einer Universität bestimmen zumeist nicht die Studenten, sondern andere Professoren mit dem allseits bekannten und betrauerten Problem, dass Mittelmaß stets nur Mittelmaß in seiner Nähe duldet. Mehr als Mut und Innovation, Kreativität und Originalität belohnt das System Anpassung, Spezialisierung, Unauffälligkeit und ungeheuren Fleiß.

Doch all diese Defizite, unter denen Hunderttausende Studenten an deutschen Universitäten noch immer leiden, interessierten die Reformer der neunziger Jahre, wenn überhaupt, nur am Rande. Die Freund-Feind-Linien verlaufen stattdessen an einer vollkommen anderen Front. Während die Anwälte des Status quo unter dem Schlagwort »Humboldt« nahezu alle bestehenden Zustände und Missstände zu rechtfertigen suchten, drängten und drängen die Reformer auf ein Bildungssystem, das sich, wie gesagt, an der Frage seiner Verwertbarkeit für die gegenwärtige und zukünftige Wirtschaft orientieren soll.

Es ist nicht ganz leicht zu sagen, woher der Wahn kam und kommt, der dazu führte, das Primat des Politischen zu opfern und gute Politik mit dem gleichzusetzen, was die Lobbys großer Konzerne, Banken und Verbände als Interesse »der Wirtschaft« ausgaben. In Wahrheit ist diese »Wirtschaft« natürlich ein Phantom, denn die Interessen eines Eisenwarenhändlers müssen nicht die gleichen sein wie die seiner Versicherung. Und die Interessen der Deutschen Bank nicht die gleichen wie die einer Bäckerei oder eines mittelständischen Papierherstellers. Die wohlverstandenen Interessen der Deutschen Bank müssen noch nicht einmal die sein, die ihre Vorstandsvorsitzenden, interessiert an kurzfristigen Quartalszahlen und ebensolchen Boni, als solche propagieren.

Wie dem auch sei, mit dem Zusammenbruch des Staatskapitalismus in den sogenannten sozialistischen Staaten des Ostblocks zog ein neuer Geist in die westeuropäische Politik ein: das Messen von jedem und allem am ökonomischen Maßstab. Oder mit einem Bonmot von Norbert Blüm gesagt: »Im Sozialismus wird die Wirtschaft vergesellschaftet und im Kapitalismus die Gesellschaft verwirtschaftet.« Seitdem gibt es nicht mehr Kinder und Jugendliche in der Schule, sondern »Humankapital«, das dort angelegt ist. Und um damit konkurrenzfähiger zu sein, bedarf es seit den neunziger Jahren einer »Qualitätsoffensive« auf dem »Bildungsmarkt«.

Flankiert wird dieses Primat der Wirtschaft von einem enormen Beschleunigungswahn, dem wie einem Kult gehuldigt wird. Wirtschaftliche Effizienz zeigt sich vor allem daran, dass etwas schneller mehr wird. Wie Hartmut Rosa, Professor für Soziologie an der Friedrich-Schiller-Universität Jena, eindrucksvoll gezeigt hat, produziert die Beschleunigung der Moderne keinen Zeitgewinn, sondern eine permanente Zeitnot.[37] Gerade jene Techniken wie Internet oder Handy, die den Menschen »freier« machen sollen, weil sie die Vielzahl der Kommunikationsmöglichkeiten erhöhen, lassen ihn zugleich unfrei werden. Es existieren in der westlichen wie in der fernöstlichen Welt vermutlich mehr Menschen, die eher bereit wären, auf ihr Wahlrecht zu verzichten, als auf ihr Smartphone. Der durch die digitale Technik ausgelöste Wahn ist die permanente Angst, etwas zu verpassen, den Anschluss zu verlieren, nicht mehr *up to date* zu sein. All das ergibt ein digitales Hamsterrad, in dem der Hamster nie ausruhen und nie zufrieden bleiben kann, sondern sich unausgesetzt weiterdrehen muss.

Eine unmittelbare Folge der Beschleunigung ist der Jugendwahn vieler Konzerne. Da junge Menschen im Schnitt aufgeschlossener sind, neugieriger und wandlungsfähiger, wünscht sich die Industrie seit den neunziger Jahren viele besonders junge Mitarbeiter. Sie sind billiger, belastbarer, unabhängiger, flexibler und leichter zu prägen als ältere Arbeitskräfte. Kein Wunder also, dass Wirtschaftsvertreter und Lobbyisten seit etwa zwanzig Jahren einen enormen Druck auf die Politik ausüben, den

Durchlauf durch Schule und Universität schneller zu gestalten. Aus altmodischen Boilern sollen moderne Durchlauferhitzer werden.

Man kann Betriebswirtschaftlern nicht vorwerfen, dass sie wie Betriebswirtschaftler denken. Aber man kann Politikern vorwerfen, dass sie falsch denken, wenn sie nur wie Betriebswirtschaftler denken. Wer sich wie der ehemalige Ministerpräsident Wolfgang Clement als »Geschäftsführer der NRW-AG« sieht, verrät einen erschreckenden Minderwertigkeitskomplex der Politik gegenüber der Ökonomie. Denn langfristige wirtschaftliche Interessen eines Landes sind zumeist etwas ganz anderes als kurzzeitige Trends, Quartalszahlen und Marktforschungsergebnisse. Der Trend von heute ist der kalte Kaffee von morgen. Und die ökonomischen Maximen der Gegenwart sind schon in wenigen Jahren kaum noch nachvollziehbar.

Umso erstaunlicher ist es, dass unser Bildungssystem seit den Neunzigern nach genau jenen halb verstandenen und flüchtigen Bedürfnissen von Konzernen umgebaut worden ist. Was die Wirtschaft in Zukunft brauchen soll und was nicht, ist nichts anderes als eine Hochrechnung des gegenwärtigen Zeitgeistes in die Zukunft. Vom »Weltmarkt« ist hier die Rede und von der »Wettbewerbsfähigkeit« unserer Kinder – ein seltsames Phantasma. Denn 99 Prozent unserer Kinder konkurrieren auf gar keinem Weltmarkt miteinander. Wer in der Stadtverwaltung arbeitet, sieht sich genauso wenig einem chinesischen Konkurrenzdruck ausgesetzt wie ein Physiklehrer. Kein hochgedrillter Inder bedroht unsere Bäckerlehrlinge oder unsere Philosophieprofessoren. Kein deutscher Rechtsanwalt kapituliert vor der ostasiatischen Konkurrenz, und kein Steuerberater, Tischler, Journalist, Elektriker, Meteorologe, Sparkassen-Angestellter, Pfarrer oder Kommissar muss sich darum Sorgen machen. Globalisiert ist nur der desolate Billiglohnsektor mit seinen Spargelstechern, Bauarbeitern und dem schlecht bezahlten Servicepersonal.

Die flächendeckende Durchmusterung unserer Schulen und Universitäten unter dem Gesichtspunkt der internationalen Wettbewerbsfähigkeit basierte damit von Anfang an auf einer falschen Hypothese. Und doch wird unser Bildungssystem nahezu ausschließlich nach diesem Maßstab evaluiert, in Rankings *gerated* und auf Effizienz getrimmt. »Die gesamte Performanz des Bildungssystems hat sich in den letzten zehn Jahren gewandelt«, so Bude. »Überall ist von ›Exzellenz‹ die Rede, die man braucht, um sich auf der Welt gegen neue Konkurrenten durchsetzen zu können. Die Erhaltung der Konkurrenzfähigkeit ist das unausgesprochene Erziehungsziel aller zur Förderung der Exzellenz ergriffenen Maßnahmen im Bildungssystem.«[38]

Unter dem unrealistischen Bedrohungsszenario des Weltmarkts, das man für alle unsere Kinder entworfen hat, ist Humboldt tatsächlich tot. Auf dem imaginären globalen Markt zählt Bildung um ihrer selbst willen gar nichts. Seit der Bologna-Erklärung von 1999, als man sich europaweit auf eine strikte Verschulung von Universitätsstudien einigte und diese nach und nach auch umsetzte, ist aus dem Studium ein auf Effizienz getrimmtes »Schein«-Studium geworden, in dem unsere Studenten verlernt haben, was es im guten Sinne heißt zu studieren. Doch nicht selbstbewusste und umsichtig gebildete Menschen sollen sich in Zukunft den Weg zu den Fleischtöpfen der Gesellschaft sichern, sondern clevere, hochgezüchtete Spezialisten mit einem ganzen Portfolio an Abschlüssen und Zertifikaten. Was ein solches Szenario der Herrschaft von derart anämisch gedrillten und überzüchteten Effizienz-Technokraten für das Leben und Zusammenleben in unserer zukünftigen Gesellschaft bedeuten könnte, möchte man sich lieber gar nicht erst vorstellen …

Die falsch vermessene Schule

Falls es richtig ist, dass, wie Georg Kerschensteiner meinte, Bildung das ist, was übrig bleibt, wenn man alles Gelernte wieder vergessen hat – dann ist Bildung nicht messbar! Messen kann man grundsätzlich nur Quantitäten, aber nie Qualität. Und dass Quantität durch keine Formel exakt in Qualität umgerechnet werden kann, weiß jeder, der sich einmal mit empirischer Forschung beschäftigt hat.

Umso befremdlicher ist es, dass in den letzten zwanzig Jahren eine gewaltige, selbst für den Fachmann inzwischen unüberschaubare Flut an Messungen die Schulen in allen Industrieländern der Welt durchspült hat: diverse OECD-Studien wie PISA, PISA-E, PISA-International-Plus oder PISA-Elternstudie, dann TIMSS, PIRLS/IGLU, IGLU-E, die CIVIC Education Study und die DESI-Studie, um nur einige zu nennen. Tausende von Menschen verdienen ihr Geld damit, Schülerleistungen zu evaluieren. Eine ganze multinationale Testindustrie ist entstanden. Und ungezählte Millionenbeträge verschwanden und verschwinden in diese Industrie. Ob all dieser schlagzeilenträchtige Aufwand unsere Schulen besser gemacht hat, ist dabei völlig unklar. Der Einfluss der Statistiker auf die Lebensqualität unserer Schüler ist schwer abzuschätzen, aber sicher zu befürchten.

Die berühmteste aller Untersuchungen zum schulischen Leistungsvermögen unserer Kinder ist ohne Zweifel die PISA-Studie (Programme for International Student Assessment). Aus der Taufe gehoben wurde sie von der OECD, der Organisation für wirtschaftliche Zusammenarbeit und Entwicklung, mit ihren vierunddreißig Mitgliedstaaten. Ihr Ziel ist es, die Ökonomie in allen beteiligten Ländern zu optimieren, die Wirtschaftsbeziehungen untereinander zu erleichtern sowie allgemeine Standards und Richtlinien zu erarbeiten. Nichts anderes ist die Funktion von PISA. Das erklärte Anliegen der seit dem Jahr 2000 turnusmäßig durchgeführten Studie ist es, die Schulleistungen der Mitgliedstaaten zu messen, zu bewerten und Verbesserungen auszulösen, die den Volkswirtschaften zugutekommen sollen.

So weit jedenfalls die Idee. Doch lässt sich ein so gewaltiges Ziel erreichen? Kann man Schulleistungen messen? Und wenn ja, kann man sie so messen, dass man sie über alle sozialen, politischen und psychologischen Begleitumstände hinweg sinnvoll vergleichen kann? Und wenn ja, weiß man, welche optimierten Schulleistungen einer Volkswirtschaft künftig nützen werden und welche nicht? An konkreten Beispielen gefragt: Führt eine verbesserte durchschnittliche Rechenfähigkeit der Bevölkerung am Ende zur Steigerung des Bruttoinlandsprodukts? Trägt es zur Lebensqualität in Deutschland bei, wenn die Physikkenntnisse im Durchschnitt besser werden? Und gibt es überhaupt einen direkten Zusammenhang zwischen standardisierten schulischen Testergebnissen und dem Wohlstand und Wohlbefinden einer Nation?

Sollten sich diese Fragen bejahen lassen, so wäre die PISA-Studie eine interessante Diskussionsgrundlage. Nicht etwa, weil sie den Bildungsstand unserer Kinder misst, wohl aber, weil sie, zumindest eingeschränkt, von ökonomischer Aussagekraft wäre. Muss man die Fragen hingegen guten Gewissens verneinen, dann wäre PISA wohl allenfalls eine Fußnote oder Randnotiz wert.

Hauptverantwortlich für die Entwicklung von PISA ist der deutsche Physiker und Mathematiker Andreas Schleicher. Von 1995 an bereitete er die Untersuchungen vor und konzipierte federführend das Projekt. Geprägt von der Erfahrung, dass der spätere Einser-Abiturient von seinen Lehrern als »ungeeignet für das Gymnasium« eingestuft worden war, tritt er vehement gegen die frühe Selektion in deutschen Schulen ein. Er kritisiert ebenfalls, dass in Deutschland stärker als in den meisten anderen OECD-Staaten der Bildungserfolg vom Elternhaus abhängt. Zudem wünscht sich Schleicher Schulen, die ihren Schülern beibringen, souveräner und selbstständiger mit ihrem Wissen umzugehen.

Motive wie diese mögen ihn darin bestärkt haben, gerade die deutschen Schulen einem möglichst exakten internationalen Vergleich auszusetzen. (Von den 180 000 Schülern in zweiunddreißig Staaten, die im Jahr 2000 im Rahmen von PISA getestet wurden, waren 50 000 allein in Deutschland zu Hause.) Bei ihrer Studie konzentrieren sich die Forscher auf die »alltags- und berufsrelevanten Kenntnisse und Fähigkeiten« Fünfzehnjähriger. Gemessen werden deren mathematische Kompetenz, die naturwissenschaftliche Grundbildung und die Lesekompetenz. Andere Fähigkeiten und Kenntnisse werden nicht ins Auge gefasst – vermutlich deshalb, weil die OECD unisono mit den Kultusministern der Ansicht ist, dass der nationale Wohlstand nicht oder doch nur kaum davon abhängt, wie musikalisch, sportlich, historisch gebildet oder politisch informiert eine Bevölkerung ist.

Dass sie sich dabei selbst in einem wichtigen Punkt widersprechen, scheint die Verantwortlichen der Studie nicht zu stören. Denn offizielles Ansinnen von PISA ist es, »über die Messung von Schulwissen hinauszugehen und die Fähigkeit zu erfassen, bereichsspezifisches Wissen und bereichsspezifische Fertigkeiten zur Bewältigung von authentischen Problemen einzusetzen«. Die »authentischen Probleme«, vor denen Fünfzehnjährige in Europa heute stehen, haben jedoch eher selten etwas mit Rechenkompetenz oder Grundwissen in Chemie zu tun, sondern vermutlich weit mehr mit sozialer Kompetenz, mit Orientierungswissen und einem guten Selbstverhältnis. All dies aber bleibt bei PISA außen vor, obwohl es laut OECD auf »das Wissen, die Fähigkeiten, die Kompetenzen« ankommen soll, »die relevant sind für persönliches, soziales und ökonomisches Wohlergehen«.

Angesichts solch schwieriger Voraussetzungen verblüfft, mit welch bombastischem Aufwand an Geld und Personal die PISA-Studien betrieben werden – von den internationalen und nationalen Regierungsvertretern einschließlich der involvierten Kultusminister, die das Projekt steuern, über das Expertengremium mit seinen Unterausschüssen, die es wissenschaftlich begleiten, bis zu jenem Konsortium an Unternehmen, das die Tests auf kommerzieller Basis auswertet. Flankiert und ergänzt wird die Studie inzwischen auch durch mehrere Spezialstudien sowohl der OECD wie auch der einzelnen Länder. Gerade in Deutschland folgte der ersten PISA-Studie eine ganze Testlawine mit neuen Studien und Zusatzschwerpunkten.

Was in Folge von PISA über das Schulsystem hereinbrach, sorgte und sorgt nicht nur bei vielen Eltern und Lehrern für Kopfschütteln. Späteren Generationen wird vermutlich nicht mehr erklärbar sein, was man in den Zeiten der ersten PISA-Tests eigentlich herausfinden wollte – dass man durch eine zweistündige »kognitive« Testsitzung, gefolgt von einer knapp einstündigen Fragebogensitzung, ergründen wollte, wie gut oder schlecht es um das Bildungssystem bestellt ist. Dass man den Kenntnisstand von Schülern anhand von einer Momentaufnahme ermitteln wollte. Dass man Bildung messen wollte, indem man den Schülern zwei Minuten Zeit pro Aufgabe ließ. Dass man glaubte, deren Fähigkeiten mithilfe von Multiple Choice und Richtig/Falsch erfassen zu können.

Wie ungebildet muss man eigentlich sein, um sich so einen Bildungstest auszudenken? Kein Wunder, dass die Kritik der pädagogischen Fachwelt an den Studien inzwischen viele Bände füllt. Besonders Mathematik-Didaktiker bemängeln die mathematischen Aufgaben, die nur Resultate messen, aber keine Lösungswege bewerten. Ein tieferes Verständnis mathematischen Denkens, das PISA eigentlich messen möchte, ist für den Test gar nicht nötig und wird auch gar nicht erfasst.

Was die PISA-Studien dagegen in besonderem Maße messen, ist Nervenstärke und Test-Intelligenz. Wer genau kapiert, worauf es beim Test ankommt, und unbedingt ein gutes Ergebnis erzielen will, hat große Vorteile gegenüber jenen, die gelernt haben, individueller oder einfach langsamer zu arbeiten. Gar nicht zu reden von all jenen Fünfzehnjährigen, die getestet wurden, obwohl sie der Test im Grunde gar nicht interessierte, und die sich nicht sonderlich dabei angestrengt haben. Kulturelle Erfahrungen legen nahe, dass diese Klientel in Deutschland zum Beispiel deutlich höher ist als in Japan oder Südkorea. Und vielleicht hätte man bei der Ausarbeitung der Tests auch einmal daran denken können, dass fünfzehn ein heikles Alter für einen Schulleistungstest ist. Während in Deutschland fast alle Fünfzehnjährigen in die Schule gehen, ist es in der Türkei zum Beispiel nur noch jeder zweite. Ein deutscher Hauptschüler fällt damit statistisch ins Gewicht, in der Türkei dagegen gibt es nur acht Pflichtschuljahre. Folglich werden nur Schüler, die freiwillig eine weiterführende Stufe gewählt haben, vom Test erfasst. Dass andere Länder zudem vorzeitig ihre Bilanzen gefälscht haben, indem sie Legastheniker oder Schüler mit Rechenschwäche vom Test ausgeschlossen haben, macht die Sache nicht unbedingt objektiver.

Gewiss lässt sich sagen, dass das eigentliche Ziel von PISA durchaus ehrenwert war. An den positiven Motiven von Schleicher und seinen Kollegen besteht kein Zweifel. Und man kann, wenn man will, die PISA-Studien auch dafür loben, dass sie das deutsche Bildungssystem aus dem Dornröschenschlaf gerissen und eine große Diskussion entfacht haben. Aber an diesem Punkt endet bereits das Positive. Auf die guten Absichten der Transparenz und der Abkehr vom Bröckchenwissen folgten nicht nur falsche Konsequenzen, sondern es entwickelte sich zudem ein schwerer szientistischer Aberglaube. Tatsächlich aber lässt sich Bildung weder messen noch normieren. Und das Ergebnis, wo Deutschland in der Welt innerhalb eines solchen Bildungsrankings steht, ist ungefähr so aussagekräftig wie die Frage nach dem prozentualen Ballbesitz einer Fußballmannschaft, den man heute so gern misst – und der bekanntlich rein gar nichts darüber aussagt, wer am Ende gewinnt. Schon die Vorstellung, dass es bei Bildung um »Deutschland« gehe und nicht um das Lebensschicksal eines jeden Kindes, das bei uns eine Schule besucht, hat etwas ausgesprochen Schräges.

Mögen die PISA-Studien den Massenmedien weiterhin als Aufreger dienen und Argumente in Talkshows bekräftigen oder widerlegen – was von PISA langfristig bleibt, wird einmal die Erinnerung an eine Zeit sein, die dem Messbarkeitswahn unterlag. Während die digitale Technik heute Zahlen in Hülle und Fülle auswirft und alles quantifizierbar erscheinen lässt, sind viele Menschen ganz offensichtlich noch nicht in der Lage, mit diesem Material adäquat umzugehen. Wie anders lässt sich erklären, wie häufig Unsinn ermittelt und wie viel mathematisch-statistische Intelligenz darauf verwendet wird, mehr oder weniger aussagelose Daten an die Öffentlichkeit zu bringen. Wer, wie der Autor dieses Textes, fünf Jahre als wissenschaftlicher Mitarbeiter in der empirischen universitären Pädagogik verbracht hat, wird, wenn er redlich ist, dem Wert von statistisch erfassten Leistungsstudien keine allzu hohe Bedeutung beimessen.

Das Ärgerliche daran ist nur, dass man, solange die PISA-Studien von der Politik und der Wirtschaft für aussagekräftig gehalten werden, gezwungen ist, sich damit zu beschäftigen. Eine der wichtigsten sozialpsychologischen Erkenntnisse lautet: »Wenn Menschen eine Situation für real halten, dann ist diese in ihren Folgen real.«[39] Und ganz offensichtlich nehmen hinreichend viele Verantwortliche in der Bildungspolitik einen Test, der vorgibt, nach einem festgelegten Schema die Leistungen in wenigen Fächern messen zu können, für den entscheidenden Indikator dafür, wo Deutschlands Schulen heute stehen.

Die Risiken und Nebenwirkungen von PISA sind folglich nicht zu unterschätzen. Wer die OECD-Studien ernst nimmt, sorgt sich seitdem um die Akkumulation von »Humankapital« in Deutschland, das sich augenscheinlich nicht hinreichend verzinst. Das deutsche Schulsystem, so lautet die Anforderung, muss, wie erwähnt, seitdem vor allem eines: effizienter werden. Wilhelm von Humboldts zeitlose Weisheit, dass Bildung dann am effizientesten ist, wenn sie nicht unter Effizienz-Gesichtspunkten vorangetrieben wird, zählt dabei nicht mehr. Unter dem Diktat der Messbarkeit löst sich die ganzheitliche Bildung der Persönlichkeit auf in einen Fächer erlernter und beherrschter Kompetenzen.

Der Kern des Problems ist leicht benannt. Im Gegensatz zu früheren Zeiten messen wir heute die Schul- und Schülerleistungen, weil es technisch möglich ist. Dabei produzieren wir nicht einfach nur Daten, die unser Wissen über unsere Schulen vergrößern, sondern wir verändern zugleich die Zielsetzung unserer Bildungspolitik. Relevant wird nun vor allem das, was man glaubt, messen zu können. Dass die sogenannten MINT-Fächer (Mathematik, Informatik, Naturwissenschaften, Technik) dermaßen im Fokus der Bildungspolitik stehen, liegt nicht nur an deren beruflicher Verwertungsmöglichkeit. Ein anderer wichtiger Grund ist, dass man davon überzeugt ist, die Leistungen in diesen Fächern am besten messen zu können. Die Messbarkeit verändert damit das System im Hinblick auf die durch Messbarkeits-Parameter relevanten Faktoren. Sie vernachlässigt dabei vollständig das definitiv Nicht-Messbare, frei nach dem Motto: »Was ich mit meinem Netz nicht fangen kann, ist kein Fisch!« Wie smart unsere Schüler sind, wie geschmeidig sie denken und kombinieren, wie sinnlich oder musisch sie die Welt erfassen, wie kreativ sie mit ihren Kenntnissen umgehen können, welche Transferleistungen sie erbringen und nicht zuletzt wie glücklich sie ihre zehn, zwölf oder dreizehn enorm prägenden Lebensjahre in der Schule verbringen – all das bleibt völlig außen vor!

Wir vermessen die kleinen Kunstwerke, von denen jedes Kind eines ist, nicht nach ihrem ästhetischen Wert, sondern nach ihrer Größe, ihrem Gewicht und der Anzahl der in ihnen verwendeten Farben. Eine Eigendynamik, die unser Schulwesen heute stärker vor sich hertreibt und umbaut als alles andere, das für das reale Schülerleben unserer Kinder wichtig ist. Wie die Messung der Quoten bei Fernsehsendungen, deren unheilvolle Auswirkung allgemein bekannt ist, führt auch das Messen von Schülerleistungen nicht zu einer Vielfalt, sondern es zielt mittelfristig auf eine Monokultur der MINT-Fächer hin. Musische und gesellschaftswissenschaftliche Fächer werden dadurch ebenso marginalisiert wie Herzensbildung, Lebensklugheit, Selbstbewusstsein, Persönlichkeit, Selbstkritik usw. Humboldts Werte – sie bleiben bei PISA auf der Strecke.

Das Bedauerliche daran ist, dass die Evaluationsbürokratie in ihrer unheilvollen Wirkung auf die Politik nicht nur Idealisten und Althumanisten zur Verzweiflung bringt. Sie schadet, wie noch zu zeigen sein wird, überdies dem Wirtschaftsstandort Deutschland. Dass Deutschlands hochrangige Ingenieurskunst der chinesischen trotz dürftiger Mathematikleistungen unserer

Schüler immer noch weit überlegen ist, liegt an dem gesellschaftlichen und kulturellen Umfeld, in dem sie seit fast zwei Jahrhunderten gedeiht. Nicht schlichte Sachkenntnis, sondern eine Haltung zum Leben, ein Drang zur eigenständigen Idee und nicht zuletzt eine Unternehmenskultur begünstigen diese Leistungen. Mit anderen Worten: Um ein guter Ingenieur und Erfinder zu sein, muss man nicht nur wissen, wie es geht, man braucht auch die Persönlichkeit dazu, etwas eigenständig entwickeln und umsetzen zu wollen.

In den PISA-Tests und ebenso bei den meisten anderen Untersuchungen kommen Faktoren wie diese nicht vor. Folglich sagen die Testergebnisse so gut wie gar nichts über das menschliche Leben und Zusammenleben aus. Und sie verraten auch nichts über die Potenziale, die in einer Schule entfaltet oder zerstört werden, nichts über eine Haltung und Würde, die bestätigt oder demontiert werden. All diese Dinge aber werden im späteren Leben einmal entscheidend dafür sein, ob ein Mensch »etwas wird« oder nicht. Insofern zielt es komplett ins Leere, wenn Mecklenburg-Vorpommerns Bildungsminister Mathias Brodkorb meine Forderung nach einer Bildungsrevolution in seiner Polemik als »leichtfertigen Unfug« brandmarkt, weil sie »empirisch schlecht untermauert« sei. Sein Lob gilt dabei den bayerischen Schulen, weil man dort »regelmäßig hauptberufliche Lautsprecher ignoriert und einfach nicht jeden pädagogischen Modekram mitmacht. Eine solche stoische Ignoranz hat nämlich auch ihre erheblichen Vorzüge: Ob Reformen oder Revolutionen – beides lohnt sich nur, wenn der Transformationsaufwand kleiner als der sich langfristig einstellende zusätzliche Nutzen ist. Es muss eben, wenn es sinnvoll sein soll, mehr herauskommen, als man reingesteckt hat.«[40]

Unklar an dieser Argumentation ist, woher man bereits vorher wissen will, dass etwas sich nicht lohnen wird, ohne den Versuch zu wagen. Der »pädagogische Modekram« jedenfalls, um den es hier geht, ist eine Schule, die sich von dem modischen Diktat der Evaluationsbürokratie befreit. Schule hat, wie der Hirnforscher Gerhard Roth schreibt, »einen umfassenden Bildungsauftrag ..., der sich auf die Förderung der kognitiven, psychischen und psychosozialen Fähigkeiten der Schülerinnen und Schüler bezieht ... Die nach dem PISA-Schock häufig zu hörende Feststellung, die Schulkinder (besonders im Norden und Osten Deutschlands) ›wüssten zu wenig‹, wird oft massiv von der Forderung begleitet, man müsse sowohl den Umfang des Unterrichtsstoffes als auch den Leistungsdruck erhöhen. Dies widerspricht aber den aktuellen wissenschaftlichen Erkenntnissen über die Bedingungen erfolgreichen Lehrens und Lernens. Der Grundsatz ›weniger ist oft mehr‹ trifft auch hier in dem Sinne zu, dass ein Stoff begrenzten Umfangs, systematisch aufbereitet, vermittelt bzw. angeeignet und überprüft, einen wesentlich höheren Behaltensgrad besitzt als ein immer umfangreicherer Stoff, der mit Hochdruck durch den kognitiv-emotionalen ›Flaschenhals‹ des Schülers durchgepresst werden soll.«[41]

Auch Gerhard de Haan, Professor für Zukunfts- und Bildungsforschung an der FU Berlin, stellt fest, dass sich »die Entwicklung der Anforderungen an die Bildung zusehends weg von Messbarkeiten« bewegt. »Das an Berufsschulen und Universitäten erworbene Fachwissen werde für den beruflichen Erfolg immer weniger wichtig. Laut verlässlichen Erhebungen stehe es im deutschen Arbeitsmarkt als Kriterium heute noch an vierter Stelle. Wichtiger seien die personellen Fähigkeiten im Umgang mit heterogenen Gruppen, die Fähigkeit zur Selbstentwicklung (im Alltag Teamfähigkeit und Lernbereitschaft genannt) sowie die Fremdsprachenkenntnisse.«[42]

Genau jene für das Leben und den Beruf relevanten Fähigkeiten aber werden kaum oder gar nicht gemessen, zumal sie ja im Grunde auch nicht messbar sind. Dabei wirken sich gerade die nicht-kognitiven Fähigkeiten in hohem Maße darauf aus, welchen Gebrauch wir von unseren kognitiven Fähigkeiten machen. Nach Ansicht des renommierten österreichischen Verhaltensökonomen Ernst Fehr von der Universität Zürich erreicht man mit der unmittelbaren Förderung des Kognitiven in Form von Schulwissen nicht mehr viel. Entscheidender sei die frühkindliche Bildung, in der ein Kind lernt, sich selbst zu motivieren und zu disziplinieren.[43] Wichtiger als das Eintrichtern von Wissensstoff ist die Zeit, die man damit verbringt, mit sich selbst umgehen zu lernen und seine Persönlichkeit entsprechend reifen zu lassen. Doch genau diese Zeit wollen die PISA-Reformer und ihre Effizienz-Strategen unseren Kindern nicht mehr lassen ...

G8 – das geklaute Schuljahr

»Liebe Marie, erinnerst Du Dich noch an den Tag, an dem wir das letzte Mal im Kino waren? An diesen Tierfilm, den Du so gerne sehen wolltest? Wie hieß der bloß noch? Ich glaube, *Tiger, Bären und Vulkane,* aber sicher bin ich mir nicht. Denn unser Ausflug liegt schon ein paar Monate zurück. Wir sind alle zusammen mit dem Auto in die Stadt gefahren: Mama, Henri, Du und ich. Es war Sonntag – und wir beide saßen mit Karteikarten auf der Rückbank und haben gelernt. *Wie viel ist 17^2? Wie viel 5^6? Wie viel 2^8?* Auf dem Weg nach Hause dann noch mal: *$2^7= 128$, $18^2= 324$, $5^6= 15625$.* Und noch mal. Und zur Sicherheit gleich noch mal. Wir hätten so viel Sinnvolleres tun können auf unserem Heimweg! Den Bildern der Bären nachhängen und

Bonbons lutschen zum Beispiel. In dem Zauber verweilen, den jeder kennt, der aus dem Kinodunkel ins Licht tritt – als laufe man erwachend durch einen Traum. Aber noch nicht mal an einem Sonntag ist es mir gelungen, Dich das Kind sein zu lassen, das Du sein solltest mit zehn Jahren.«[44]

Mit dieser wehmütigen Klage beginnt der Journalist Hennig Sußebach den offenen Brief an seine Tochter Marie. Und er schreibt seine Zeilen auch für die anderen 275 000 Fünftklässler, die in Deutschland ein G8-Gymnasium besuchen – eine Schule, in der das dreizehnte Schuljahr abgeschafft worden ist.

Mehr als dreihundert Jahre haben die Aufklärer, die Pädagogen, Philanthropen und Humanisten, die Politiker und Sozialreformer dafür gekämpft, dass Kinder und Jugendliche so lange wie möglich in staatlicher Obhut lernen dürfen. Und dann das: Im Jahr 1993 einigten sich die Finanzminister der deutschen Bundesländer darauf, die Schulzeit für Gymnasiasten von neun auf acht Schuljahre zu verkürzen – das zweite Mal in der jüngeren deutschen Geschichte. Zuvor hatten nur die Nationalsozialisten es gewagt, das dreizehnte Schuljahr zu streichen, um der Wehrmacht möglichst junge Offiziere zuzuführen. Auch dieses Mal ging es um ein Begehren, das mit der Bildung der Schüler unmittelbar nichts zu tun hatte. Wirtschaftsvertreter forderten jüngere Abiturienten. Je jünger, umso unkritischer und prägbarer würde der Nachwuchs sein. Und je länger unsere Kinder später im Berufsleben stehen, umso mehr Geld fließt in die strapazierte Rentenkasse. Zudem freuten sich die Finanzminister über das gesparte Geld in den Bildungsetats – etwa 5000 Euro pro Schüler und gestrichenem Schuljahr.

Vorausgegangen war ein Modellversuch in Baden-Württemberg unter optimalen Bedingungen. Gute Schüler aus bildungsbürgerlichen Elternhäusern waren von hoch motivierten Lehrern in sehr kleinen Klassen unterrichtet worden – und siehe da, sie schafften es auch in acht gymnasialen Jahren zum Abitur. Doch was nach der Empfehlung der Finanzminister über Deutschlands Schüler hereinbrach, hatte mit diesem Modellversuch kaum etwas gemein. Kultusminister wie Annette Schavan in Baden-Württemberg, Jürgen Schreier im Saarland, Monika Hohlmeier in Bayern und Karin Wolff in Hessen trieben die Entwicklung zur Turbo-Schule voran. Ein Wetteifern setzte ein, wer sich mithilfe der G8-Schule auf dem Bildungssektor als besonders forsch und taff präsentieren konnte. Inzwischen ist das achtjährige Gymnasium in allen Bundesländern – mit Ausnahme von Rheinland-Pfalz – eingeführt. In einigen Ländern gibt es dabei die Wahl, ob man sein Kind auf eine Turbo-Schule schickt, in anderen bestehen nur noch G8-Gymnasien.

Wie bildungsfern diese Reform gedacht war, zeigt sich daran, dass man zwar die Schulzeit verkürzte, aber zugleich jede Gelegenheit ausließ, einmal neu darüber nachzudenken, was unsere Kinder in diesen acht Jahren Gymnasium denn nun lernen sollten oder nicht. Zu keinem Zeitpunkt hatten die G8-Verfechter damit das Wohl der Kinder im Auge. Denn obwohl den Gymnasiasten nach der Reform nun ein Jahr Lernzeit fehlt, bleibt das Pensum, das in der Schule abgearbeitet werden soll, nahezu das gleiche. Kinder, die heute eine Turbo-Schule besuchen, haben während ihrer Gymnasialzeit 1200 Schulstunden mehr als die Kinder zuvor. 1200 Stunden, die noch vor wenigen Jahren Freizeit waren. Mehr als vierzig Stunden die Woche verbringt ein G8-Kind heute in der Schule, von den vielen Stunden Hausaufgaben, die noch dazukommen, gar nicht zu reden.

Hat sich auch nur ein einziger Reformer des G8-Wahns einmal Gedanken darüber gemacht, was es für die Psyche eines ganz normalen Kindes bedeutet, wenn man es jeden Tag zwei bis drei

Stunden mehr büffeln lässt? Welche unglaubliche Schieflage darin besteht zu glauben, dass Schulstoff tatsächlich wichtiger für das künftige Wohl von Kindern sein soll als die Entwicklung von Sozialverhalten, Umgangsformen, Fantasie und Lebensfreude?

Verlässliche Zahlen, die in Bürokratendeutsch belegen, was sich in deutschen Schulen und Elternhäusern, bei Jugendlichen und in Kinderpsychen abspielt, gibt es nicht. Nach Ansicht von Kurt A. Heller, emeritierter Professor für Psychologie an der Universität München und Vater des baden-württembergischen Modellversuchs, sind etwa zwei Drittel der deutschen Schüler an den G8-Gymnasien überfordert.[45] In Schleswig-Holstein soll sich der Anteil der Schüler, die nach der sechsten Klasse die Gymnasien verlassen müssen, verdreifacht haben. In Bayern sind nach der Einführung von G8 31 Prozent der Schüler auf der Strecke geblieben. Vor G8 waren es 22 Prozent.[46]

Ähnlich wie bei PISA, so stellt sich auch bei der verkürzten Gymnasialzeit die Frage: Wie hatte es bloß dazu kommen können? Wie war es möglich, dass in so kurzer Zeit unser Bildungssystem dem Maßstab der ökonomischen Nützlichkeit und Beschleunigung ausgeliefert wurde? Und all das, ohne Kinderpsychologen zu Rate zu ziehen und mit Soziologen und Sozialpsychologen zu reden, die sich Gedanken darüber hätten machen können, die persönlichen und gesellschaftlichen Folgen abzuschätzen. »Ein Viertel aller Gymnasiastinnen klagt regelmäßig über Kopfweh, das hat die Krankenkasse DAK herausgefunden«, schreibt Sußebach weiter im Brief an seine Tochter. »Kinder sagen ihre Teilnahme an Geburtstagsfeiern ab. Sie treten aus Sportvereinen und Chören aus. In Schleswig-Holstein, unserem Bundesland, sind die Teilnehmerzahlen bei ›Jugend forscht‹ eingebrochen, dabei wollte Deutschland doch möglichst schnell möglichst viele möglichst junge Ingenieure. In Baden-Württemberg hat sich die Zahl der Fünft- und Sechstklässler, die nachmittags in Nachhilfe-Instituten nachsitzen, fast verdreifacht. Sie haben plötzlich das Gefühl, nicht gut genug zu sein – obwohl sie gar nicht schlechter geworden sind! Drei Milliarden Euro investieren nervöse Eltern jedes Jahr in die Nachhilfe, 20 Prozent von ihnen mehr als 200 Euro im Monat. Das sind 2400 Euro im Jahr ... Das macht den Reichen nichts aus, aber den Armen umso mehr. In Internetforen werden ›Pillen fürs Abi‹ empfohlen: *Ampakin* – eigentlich für alte Leute mit Alzheimer – für mehr Gehirnleistung. *Fluoxetin* – eigentlich gegen Depressionen – für mehr Leistungsbereitschaft. *Metoprolol* – eigentlich gegen Bluthochdruck – für weniger Prüfungsangst. Und an Deinem Gymnasium hat eine ›Wirtschaftspsychologin‹ uns Eltern vor einigen Tagen erklärt, woran wir bei Euch einen *Burn-out* erkennen. Das bedeutet, dass manche Kinder jetzt schon ausgebrannt sind – wie überarbeitete Erwachsene.«[47]

In einem Gespräch mit der Grünen-Politikerin Renate Künast über die Zeit der Rot-Grünen-Bundesregierung (1998–2005) erklärte sie mir, ich könne mir wahrscheinlich gar nicht vorstellen, was für ein Klima damals im Kabinett geherrscht hätte. Dass man, zum Beispiel, auf fahrlässige und hochgefährliche Art dem Bankensektor unfassbare Freiheiten eingeräumt hatte, sei nur durch dieses Klima zu erklären, das sie heute selbst kaum noch nachvollziehen könne. So ähnlich muss man sich wahrscheinlich auch die Reformen des Bildungssystems in Deutschland vorstellen und mit ihnen das Konzept, das Leben unserer Kinder von der Grundschule an unter dem Gesichtspunkt ökonomischer Effizienz zu betrachten – etwas, das man zuvor in dieser Rigorosität noch nie gemacht hatte. Seit Gründung der Bundesrepublik hatte niemand je solche Fragen an unsere Schulen gestellt. Wozu auch? Man hatte keine Zeitnot. Und man akzeptierte gesellschaftlich, dass es viele Bereiche gibt, die nicht an kurzfristiger ökonomischer Effizienz gemessen werden dürfen: Familien zum Beispiel, Freundschaften, die Justiz, die Bahn und selbstverständlich ebenso unsere Schulen.

Dass wir vieles davon heute einem ökonomischen Diktat unterwerfen, ist nicht den Sachzwängen geschuldet oder den Verhältnissen. Es ist von Menschen gewollt und gemacht. Erklärbar aus einem »Klima« heraus, einer Mentalität. Es sind Prioritäten, die Menschen in ihrem Denken und Handeln gesetzt haben und von denen sie andere überzeugen konnten. Dabei sind selbst viele hochrangige Vertreter der Wirtschaft, denen die Turbo-Schule nutzen sollte, gegenwärtig keine besonderen Fans dieser Beschleunigung mehr. Jugendliche, die mit siebzehn Jahren Abitur machen und nach einem Schnelldurchgangsstudium ihren Bachelor-Abschluss mit zwanzig in der Tasche haben, sind für keine einzige Management-Position ernsthaft zu gebrauchen. In ihrem Lebenslauf ist alles weggelassen, was ein Leben erst rund und komplex macht. Die Ausbildung hat die Bildung ersetzt. Zur Persönlichkeit jedoch kann man sich nicht ausbilden, nur bilden.

Wie aber sollen unsere Schulen unter solchen Vorzeichen noch leisten, was wir von ihnen erwarten? Zumal sie sich überdies mit all den vielen Problemen herumschlagen müssen, die der bislang verpasste Strukturwandel ihnen eingebrockt hat …

Das Dilemma unserer Schulen

> Und dann müssen wir noch Schulen einführen,
> um die Kinder aus dem Weg zu schaffen:
> der eigentliche Zweck von Schulen.
>
> *Karl Popper*

Hurra! Hurra!

Wir haben ein Ritual. Wenn mein neunjähriger Sohn Oskar in der Woche morgens aufstehen muss, dann wecke ich ihn mit den immer gleichen Worten: »Oskar, du darfst heute in die Schule gehen …!« Und er murmelt noch schlaftrunken und nachtmüde: »Hurra! Hurra!« Zynismus ist etwas, das man nicht lernen muss.

Warum freut Oskar sich nicht auf die Schule? Wie so viele andere ist er ein neugieriges, ungemein wissbegieriges Kind. Er liebt es, Ratespiele zu machen im Stil von *Wer wird Millionär?* Und er löchert mich mit Fragen nach allen Details, wenn ich ihm eine Geschichte erzähle über eine frühere Fußballweltmeisterschaft, über das Jagdverhalten von Zigarrenhaien, über die Freund-Feind-Linien im Ersten Weltkrieg oder einfach einen Schwank aus meiner Jugend.

Aber in die Schule geht Oskar nicht besonders gern. Manchmal denke ich, dass ich auch gar kein Kind haben möchte, das gern in *diese* Schule geht, in die er geht. Dabei ist es noch nicht einmal eine besonders schlechte Grundschule. Es ist eine ganz gewöhnliche deutsche Grundschule, in der eine Lehrerin allein vor einer Klasse steht, Arbeitsblätter ausgefüllt werden, damit

Kinder grammatikalische Regeln und das Wichtigste über die Römer lernen, und man Tests schreibt, um Noten dafür zu bekommen. Dass eine solche Schule Kinder nicht zu Begeisterungsstürmen veranlasst, braucht nicht zu verwundern. Im Grunde ist ihre Begeisterung auch nicht gefragt, sondern ihr Funktionieren. Und wer die Vorgaben am genauesten erfüllt, wird am höchsten gelobt.

Was ich gern hätte, wäre ein Kind, das voll Freude in eine ganz *andere* Schule geht. Eine Schule, die ein Lern-Abenteuer ist, die die Neugier entzündet, die Potenziale entfaltet und den Sinn dafür schärft, wie unendlich spannend die Welt ist. Doch wenn Oskar an die Schule denkt, auf die er geht, denkt er an Langeweile und an mühseliges Stillsitzen. Für ihn ist die Schule ein Ort, an dem ein Pensum abgearbeitet wird und an dem er als Person gar nicht richtig vorkommt. Dass sein Vater ein Buch ausgerechnet über die Schule schreibt, will ihm nicht in den Kopf. So ein langweiliges Thema!

Oskars Verdruss über die Schule ist kein Einzelfall. Es gibt ihn hunderttausendfach bei Schülern, Eltern und auch bei Lehrern. Nach einer Umfrage des Forsa-Instituts im Auftrag des *stern* bemängeln zwei von drei Deutschen unser Schulsystem. Einen genaueren Aufschluss über diese umfassende Unzufriedenheit erlangt man durch die Studie »Eltern unter Druck« der Konrad-Adenauer-Stiftung. Danach sind die Belange der Schule vor allem in der sogenannten bürgerlichen Mitte »zum beherrschenden Thema des Familienlebens geworden. Das staatliche Schulsystem wird als mangelhaft und wenig zukunftsfähig erlebt.« Und eine Mehrheit der Befragten erklärte sich sogar dazu bereit, »Schulgebühren zu bezahlen, wenn ihr Kind dadurch besseren Unterricht und bessere Lehrer hätte«.[48]

Das Dilemma unserer Schulen besteht darin, dass sie ihre

selbst gestellten Aufgaben nicht erfüllen: die Persönlichkeit unserer Kinder zur Entfaltung zu bringen und sie für vielfältige weitere Lebenswege vorzubereiten. Dabei lässt sich abendfüllend darüber streiten, ob die Schulen diesen Anspruch je erfüllt haben oder nicht. Vom Mittelalter bis zum 19. Jahrhundert konnte von solchen Zielen allerdings ohnehin noch nicht die Rede sein.

Vieles von dem, was unsere Schulen heute als institutionalisierte Lernfabriken erscheinen lässt, ist eine Erfindung des 20. Jahrhunderts. Zwar rekrutierte man die Schüler bereits im 19. Jahrhundert jahrgangsmäßig in Schulklassen, aber den permanenten Zyklus von Klassenarbeiten gab es noch nicht, ebenso wenig die Bewertung von Schülerleistungen durch sechs Ziffern. Auch der Fünfundvierzig-Minuten-Takt der Unterrichtsschulstunden ist ein typisches Kind des frühen 20. Jahrhunderts. Die Dreiviertel-Unterrichtsstunde wurde 1911 vom Staatsminister August von Trott zu Solz (1855–1938) am preußischen Gymnasium eingeführt, unter anderem deshalb, um durch verkürzte Unterrichtszeit nicht ortsansässigen Gymnasiasten mehr Zeit zur An- und Abreise nach Hause zu geben. Inwieweit das akademische Viertel der Universitäten hierfür richtungsweisend war, ist ebenso umstritten wie die Herkunft des Dreiviertel-Stundentakts aus dem Klosterleben.

Mit individueller Förderung oder gar umfassender Potenzialentfaltung der Schüler hatte dieses System nie etwas zu tun. Ziel war nicht, jedes Kind sich nach seinen Möglichkeiten entwickeln zu lassen, wie Humboldt es sich erträumt hatte, sondern geradezu das Gegenteil. Das gesamte System hatte – nicht nur in Preußen – einen enormen Drang zur Uniformität. Schulen, wie das frühe 20. Jahrhundert sie für seine damaligen Bedürfnisse entwarf, waren gezielt gestaltete Lernfabriken. Nicht

Pädagogen oder Entwicklungspsychologen konstruierten den Prototyp der Lehranstalten, sondern Politiker und Ökonomen. Der Geist der Zeit war der Taylorismus, benannt nach dem US-amerikanischen Ökonomen Frederick Winslow Taylor (1856–1915). Was dieser sich unter dem wohlklingenden Wort *Scientific Management* ausgedacht hatte, war die völlige Normierung von Arbeitsabläufen in festgeschriebenen Prozessen. Nach Taylors Vorstellungen wurde in amerikanischen Fabriken genau festgelegt, wie, wo und wann ein Arbeiter eine Tätigkeit exakt auszuführen hatte. An die Stelle individueller Arbeit trat ein normierter Stundenplan für jedermann, innerhalb dessen die Arbeitsaufgaben zu erledigen waren. Dazu kamen permanente Leistungs- und Qualitätskontrollen. Humanität und demokratische Mitbestimmung, mithin eine »Unternehmenskultur«, waren diesem enorm erfolgreichen Modell des frühen 20. Jahrhunderts fremd. Die schönste und treffendste Karikatur des Taylorismus findet sich in Charlie Chaplins Film *Modern Times (Moderne Zeiten;* 1936). Doch alle humoristische Überspitzung verhinderte nicht den Siegeszug einer völlig verwalteten und durchgeplanten Arbeitswelt und damit zugleich auch den Siegeszug von Schulen, die die Kinder auf diese Welt vorbereiten sollten.

Das Prekäre am gegenwärtigen Dilemma unserer Schulen ist, dass heute gewiss kein Bildungsminister mehr den Taylorismus verteidigen würde. Gleichwohl aber halten unsere Kultus- und Bildungsminister unverdrossen an einer Organisationsstruktur fest, die den Geist des Taylorismus noch immer institutionell zementiert. Die Folge ist: Was Schule *sein soll* (ein Ort *individuellen* Lernens) und was Schule *ist* (eine Institution *uniformen* Lernens), passt in keinster Weise mehr zusammen. Der Inhalt quillt, für jedermann sichtbar und erfahrbar, aus dem Gehäuse.

Das Unbehagen in der Schulkultur

Dass aus diesem Jungen »nie in seinem Leben etwas Rechtes werden« würde, da war sich der Klassenlehrer sicher. Aufsässig und in mehreren Fächern desinteressiert, gab es für den Schüler am Münchner Luitpold-Gymnasium keine Zukunft. Notgedrungen verließ er die Schule ohne Abitur. Immerhin war auch ohne Gymnasialabschluss die Teilnahme an der Aufnahmeprüfung der Eidgenössischen Polytechnischen Hochschule (der späteren ETH) in Zürich möglich. Doch wiederum versemmelte es der Problemschüler. Trotz glänzender Prüfungsleistungen in Mathematik und Physik verwehrte ihm die Hochschule den Zugang. Zu schlecht waren die Leistungen in den anderen Fächern ausgefallen.[49]

Der Name des Schülers war Albert Einstein – eine von vielen großen Begabungen, die sich durch die Schule und das Bildungssystem quälten und erst in wiederholtem Anlauf oder gar keinen Erfolg hatten. Das Erdrosseln »der Freude, die heilige Neugier des Forschens«, ist das, was Einstein von der Schule in Erinnerung behielt. Unendlich ist die Liste der Namen berühmter Persönlichkeiten, die in der Schule schlecht waren, dort strauchelten oder sie zumindest verachteten. Robert Musil, Franz Kafka, Thomas Mann, Bertolt Brecht, Karl Popper, Rolf Hochhuth gehören aus der deutsch-österreichischen Zeitgeschichte dazu. International umfasst die Liste noch Namen wie Thomas Alva Edison, George Bernard Shaw oder Winston Churchill.

Dass Einstein und die verwaltete Schulwelt des Taylorismus nicht zusammenpassten, wird nicht überraschen. »Können Sie sich vorstellen, jemand hätte Einstein gesagt: ›Okay, räum mal dieses Relativitäts-Zeug weg, wir machen jetzt europäische Geschichte‹? Oder man hätte Michelangelo gesagt: ›Schluss jetzt mit der Himmelsmalerei, nun streich erst mal die Wände‹? Diese Art Kreativität abzuwürgen und Grenzen zu setzen, passiert zu jeder Zeit in konventionellen Schulen.«[50]

Kinder und Jugendliche nach ihren Begabungen individuell zu fördern und das konventionelle Schulsystem schließen sich aus. In der Praxis bedeutet dieser Widerspruch einen immer neuen Spagat des Lehrers. Nicht nur der Schüler, auch er selbst ist der Leidtragende eines Systems, das neben dem Unterrichtsplan und dem Klassenziel irgendwann zwar die Individualität von Schülern entdeckte, ihr aber systemimmanent nicht Rechnung tragen kann.

Dass die schönen offiziellen Worte über die Entfaltung der Schülerpersönlichkeit und das Erreichen eines vorgeschriebenen Klassenziels für alle nicht zusammenpassen, lernt jedes Kind in kürzester Zeit. Nicht persönliche Vorlieben und Begabungen bilden den Maßstab des Lernens in konventionellen Schulen, sondern Klassenziel und Klassendurchschnitt. Dass die Behauptung, man lerne in der Schule nicht für die Schule, sondern für das Leben, unter solchen Vorzeichen völliger Quatsch ist, ist auch klar. Denn um die speziellen Lebensbedürfnisse des einzelnen Schülers geht es nun wirklich nicht. Der einzige echte Orientierungspunkt des Tayloristischen Schulsystems ist das Erreichen jenes zuvor festgeschriebenen Klassenziels in einer ebenso exakt vorherbestimmten Zeit innerhalb eines genau gleichen Unterrichts für alle.

Die Folge ist allgemein bekannt. Die am höchsten bewertete Tugend im konventionellen deutschen Schulsystem ist Konformität. Selbstverständlich gibt es in unseren Schulen zahlreiche Lehrer, die auf ihrer eigenen Werteskala Kreativität, Begeisterungsfähigkeit und frisches, unkonventionelles Denken höher einschätzen als Anpassungsleistungen. Doch das Schulsystem, wie wir es noch mehrheitlich vorfinden, erlaubt diese Eigenschaften nur in einem abgesteckten Rahmen von Fächern, Dreiviertelstunden-Takten und Klassenarbeiten, sodass ihre Entfaltung kaum möglich ist. Gar nicht zu reden übrigens vom noch schlimmeren französischen Schulsystem, das jede Schülerleistung nach einer zuvor angefertigten Schablone von sechzig Punkten bewertet; was bedeutet, dass jede eigenständige Idee, auf die der Lehrer nicht von selbst gekommen ist, unweigerlich mit Punkteabzug bestraft wird. Wird zum Beispiel beim Malen eines Bildes die Fläche des Papiers nicht gänzlich ausgenutzt, führt das zu einem Abstrich von zehn Punkten, weil es so festgelegt wurde. Ein hochkarätiger Künstler wie der US-Amerikaner Cy Twombly, der oft nur wenige Kritzeleien auf große Papierflächen gemalt hat, wäre an diesem sogenannten Kunstunterricht auf ganzer Fläche gescheitert, weil er es nicht schaffte, den Raum vorschriftsmäßig zu nutzen ...

Ein hohes Maß an Kreativität und Eigensinn, sosehr es von einzelnen Lehrern geschätzt werden mag, ist weitgehend systeminkompatibel mit unseren Schulen. Wo kämen wir hin, könnte ein entrüsteter Lehrer fragen, wenn wir der Kreativität und dem Eigensinn eines jeden Schülers folgen und diese fördern würden? Wie könnte man auf diese Weise den Stoff bewältigen, wie das Klassenziel erreichen? Man käme also nirgends hin, insofern man das alte System beibehält. Nur die Konformen ermöglichen und garantieren dem Lehrer, dass er seinen Unterricht vorschriftsmäßig abhalten kann. Ob man den Kindern und Jugendlichen dabei einen Gefallen tut, dass man ihre Angepasstheit belohnt, darf allerdings bezweifelt werden. Was für die Schule gut ist, ist oft eben gerade nicht gut fürs Leben. Wie viele angepasste Schüler mit hervorragenden Noten haben im Berufsleben später weniger Erfolg als mancher Schulversager oder Schulrebell? Wer frühzeitig verlernt hat, den eigenen Weg zu gehen, wird ihn später oft nicht mehr finden. Der CDU-

Parteirebell Heiner Geißler erzählt dazu gern seinen Lieblingswitz: Ein Mathematiklehrer trifft viele Jahre später einen seiner Schüler auf der Straße. Der junge Mann ist edel gekleidet und trägt eine teure Uhr. Sehr sichtbar hat er es zu etwas gebracht; er ist Millionär geworden. Der Lehrer ist verwundert. War der Schüler nicht immer in Mathe eine totale Niete? »Ich habe mein Geld mit Kartons verdient«, erklärt der Schüler. »Ich kaufe sie für einen Euro und verkaufe sie für fünf Euro weiter. Und von den 50 Prozent Gewinn kann ich prima leben!«

Dass die Schule ihrem Anspruch an die Entwicklung der individuellen Schülerpersönlichkeiten nicht gerecht wird, wäre vielleicht verzeihlich, insofern sie zumindest ihr anderes Ziel erreichen würde: eine möglichst umfassende Grundbildung für alle. Doch auch dieses Klassenziel des Schulsystems wird verfehlt. Bewertete man die konventionellen deutschen Schulen nach den eigenen Prämissen, so müssten die meisten von ihnen sitzen bleiben. Nach Ansicht von Andreas Gruschka, Professor für Erziehungswissenschaft an der Johann Wolfgang Goethe-Universität in Frankfurt am Main, erreichen sie nur ein Minimum der gewünschten Leistung: »Man stelle sich die Produktion von ähnlich wertvollen Gütern wie Bildung vor, bei der lediglich 20 Prozent den eigentlich angezielten Qualitätsstandard erreichen! Sieht man einmal von der Grundschule ab, so leistet keine der Schulformen auch nur annähernd das, was von ihnen erwartet werden muss. Die Hauptschulen produzieren in erschreckendem Umfang die inzwischen als ›Risikogruppe‹ ausgezeichneten Schüler der PISA-Ergebnisse. Die beherrscht nach der Sekundarstufe erschreckend oft nicht einmal das ›Rechnen auf Grundschulniveau‹ und fällt fachlich wie motivational als zukünftige Facharbeitergruppe aus. Den Gesamtschulen mangelt es durchschnittlich an der Leistungsfähigkeit, die man von einem integrierten System verlangen muss. Und auch die Gymnasien liefern nicht genügend Spitze in der Breite.«[51]

Angesichts dieser Diagnose steht fest, dass es mit Schönheitsoperationen an unserem Schulsystem nicht getan ist. Vielmehr ist es vergleichbar mit einem krebskranken Patienten, der einer umfangreichen Therapie bedarf. Wahrscheinlich wären wir in Deutschland damit längst weiter fortgeschritten, wenn im vergangenen Jahrzehnt nicht die weitgehend kontraproduktiven PISA-Studien einen völlig hohlen Alarmismus ausgelöst hätten. Denn die Reformen in der Folge von PISA erhöhten vor allem den Quantitätsdruck auf die deutschen Schüler – in der pädagogisch wirren Annahme, mehr Stoff in kürzerer Zeit zu bewältigen, bedeute unweigerlich besser zu werden. Dass etwas zu verstehen ganz im Gegenteil bedeutet, möglichst viel Zeit zu haben, um nachdenken zu können, hatten die G8-Freunde dabei offensichtlich noch nie gehört. Wie aber sollen Bildungspolitiker eine sinnvolle Reform des Verstehens in der Schule durchführen, wenn sie Verstehen nicht verstehen?

Gefüllte Fässer

Betrachtet man die im Zuge von PISA und G8 in Deutschland durchgeführten Veränderungen in unseren Schulen, so ist man geneigt zu glauben, die Kultus- und Bildungsminister hielten es mit Dietrich Schwanitz und meinten, Bildung sei »alles, was man wissen muss«. Also in erster Linie eine Fülle von angelerntem und auswendig gelerntem Stoff.

Bei einer Bahnfahrt saß ich vor einiger Zeit einem Schüler gegenüber, der sich auf seine Abiturprüfung in Biologie vorbereitete. Das Buch *Biologie für die Oberstufe,* in dem er las, hatte vierhundert eng bedruckte Seiten; zwei Drittel davon waren Prüfungsstoff. Wie viel Zeit ein Achtzehnjähriger braucht, um sich zweihundertsechzig Seiten Text genau einzuprägen, weiß ich nicht. Was ich dagegen zu wissen glaube, ist, dass er das in seinem späteren Leben, spätestens nach seinem Studium, nie mehr können oder tun muss. Und was noch wichtiger ist: Wie viel von dem, was er in wenigen Wochen sich eilig merkt, wird er in fünf oder zehn Jahren wissen? Mit anderen Worten: Wie viel bleibt als verstandenes, durchdachtes und abrufbares Wissen zurück und wird damit Teil seines Lebens?

Mit Bildung hat eine solche Lernerei jedenfalls so gut wie nichts zu tun. Vielmehr handelt es sich um einen Kurzzeitgedächtniswettbewerb ohne jeden echten Wert. Wer bisher womöglich die Ansicht vertrat, ich übertriebe mit meiner harschen Kritik an diesem System, muss sich nur einmal die Frage stellen, was er von den mehr als 10 000 Stunden, die er bis zum Abitur in die Schule gegangen ist, eigentlich behalten hat. Ein paar kleine Beispiele aus dem vergleichsweise leichten Stoff des siebten oder achten Schuljahrs mögen genügen: Wovon handelt das Ohm'sche Gesetz? Was ist die »Goldene Bulle«? Können Sie den Höhensatz in der Mathematik anwenden? Was misst man in Newton? Kann man Präpositionen steigern? Was ist Molmasse?

Vermutlich haben Sie diesen »Stoff« im Alter von ungefähr dreizehn Jahren einmal in der Schule durchgenommen. Und vielleicht wissen Sie auf eine oder zwei Fragen eine Antwort. Aber vielleicht auch nicht, und alles, was von diesem kleinen Abfragen bei Ihnen zurückbleibt, ist ein Schauder von schlechter Laune und diffusen, unangenehmen Erinnerungen. Vielleicht gehören Sie zu denen, die jetzt seufzen: »Physik habe ich noch nie gekonnt.« Oder: »Chemie hat mich noch nie interessiert!« Irgendwie haben viele von Ihnen dann aber trotzdem Abitur gemacht – und zwar ohne wirklich Relevantes in Physik oder Chemie verstanden und mitgenommen zu haben. Diese Schulbildung ist es, auf die unsere Kultus- und Bildungsminister aber stolz sind und die sie mehrheitlich nicht ändern wollen.

Die Wahrheit ist: Unsere Schulen bringen ein unglaublich dürftiges Resultat hervor! Von über 13 000 Unterrichtsstunden plus etwa 7000 Stunden Hausaufgaben, so schätzt der Psychologe Thomas Städtler, bleibt vielleicht ein Prozent des Stoffes im Gedächtnis: »Man mag darüber streiten, ob meine 1 Prozent-Hypothese zutrifft, wer Wissensfetzen, meist holprig formulierte einzelne Schlagwörter und weitgehend leere Phrasen als Wissen bezeichnen will, mag auch von 5 Prozent verbleibenden Stoffes ausgehen.«[52] Ein Blick auf viele Tests, die an Erwachsenen durchgeführt wurden, belegt Städtlers These von der geradezu sprachlos machenden Ineffizienz des schulischen Lernens. Danach versagten 90 Prozent aller Erwachsenen bereits bei elementarem Hauptschulstoff, wobei noch nicht einmal tiefes Verständnis, sondern nur oberflächliches Wissen abgefragt wurde. Ein Prozent Wissensstoff bleibt also mutmaßlich von allem Gelernten übrig! Und dafür quälen sich unsere Kinder und Jugendlichen jeden Tag sechs bis neun Stunden pro Wochentag in der Schule herum, fürchten sich vor Klassenarbeiten, leiden unter Stresssymptomen, sammeln Frust an, belasten das Familienklima und lernen oft vor allem eins: Wie man das Lernen hasst!

Was läuft hier so dermaßen schief, dass das ganze System als eine einzige absurde Veranstaltung erscheint? Eine Veranstaltung, die den Steuerzahler Milliarden kostet und gemessen am Aufwand offensichtlich gar keine Mühen wert ist und sich nicht lohnt? Das ineffizienteste Unternehmen der Welt! Die Antwort darauf wird bereits dem vorsokratischen Philosophen Heraklit von Ephesos zugeschrieben, wonach Lernen eben nicht darin besteht, Fässer zu füllen oder Schiffe zu beladen. Im gleichen Sinne schrieb der Renaissancegelehrte François Rabelais (ca. 1494–1553): »Kinder wollen nicht wie Fässer gefüllt, sondern wie Leuchten entzündet werden.« Ähnlich formuliert es heute der Freiburger Neurobiologe, Psychotherapeut und Psychiater Joachim Bauer: »Ein Kind ist kein Aktenordner, in den man Blatt für Blatt Wissensinhalte einheften kann ...«[53]

Der Begriff, der sich in den letzten Jahren für die Art eingebürgert hat, wie sich unsere Kinder an der Schule ihren Stoff aneignen, lautet: *Bulimie-Lernen*. Kurz vor der nächsten Klausur futtert man sich in Rekordzeit eine große Menge Wissen an, um es dann wieder auszuspucken und anschließend zu vergessen. Es ist dies die herkömmliche Weise, wie an deutschen Schulen der Bildungsauftrag erfüllt werden soll. Insbesondere nach der G8-Reform, die den Tayloristischen Akkord noch erhöht hat.

»Mein Kopf ist voll. Zu voll. Was denken sich eigentlich diejenigen, die über unser Schulleben bestimmen?«, klagte im Jahr 2011 die Schülerin Yakamoz Karakurt in der *Zeit*. Obwohl sie nur Bestnoten schrieb, war die Neuntklässlerin an einem Hamburger Gymnasium entsetzt über ihr Schulleben: »Jeder weiß, dass die Schule nicht das Leben ist. Mein Leben aber ist die Schule, was heißt, dass da etwas falsch gelaufen sein muss. Ich komme um 16 Uhr aus der Schule und gehe nicht vor 23 Uhr ins Bett. Und das liegt nicht daran, dass ich fernsehe, mich entspanne oder sogar Spaß habe ... Was bringt uns dieser Stress? Was haben unsere Eltern davon, dass wir ihre Rente in 30 Jahren sichern, aber heute schon kaputtgemacht werden? ... Wir sollen Maschinen sein, die funktionieren, und das mindestens 10 Stunden am Tag. Aber funktionieren heißt nicht gleich lernen. Lernen bedeutet nämlich vor allem eins: Erfahrungen sammeln. Was bringt es mir, wenn ich die chemische Formel von Cola kenne? Was bringt mir dieses unnötige Wissen? Es kann sein, dass es einige Leute interessant finden. Es kann aber nicht sein, dass ich 14 Fächer habe und von mir erwartet wird, in jedem davon eine super Leistung zu bringen. 37 Stunden in der Woche bin ich in der Schule und bringe sie danach auch noch für mehrere Stunden mit nach Hause. Denn in der Schule wird uns wegen der Verkürzung der Schulzeit meist nur noch Theorie beigebracht, damit wir die Übungen zu Hause machen dürfen ... Schüler, Eltern, Lehrer: Wir alle dürfen es nicht normal finden, wenn Kinder länger am Schreibtisch sitzen als arbeitende Eltern! Auf dem Gymnasium wird uns beigebracht, uns eine eigene Meinung zu bilden, aber nicht, wie wir sie äußern und damit etwas bewirken können ... Es mag für einige übertrieben klingen, aber die Schule nimmt mir gerade das Wichtigste, was ich besitze: meine Kindheit.«[54]

Unter solchen Vorzeichen mutet es zynisch und sarkastisch an, wenn die vormalige Bildungsministerin Annette Schavan noch im Januar 2013 das Turbo-Abitur mit den Worten verteidigte: »Ich bin überzeugt, das ist ein Freiheitsgewinn.«[55]

Um Kinder nicht zu braven Büroangestellten zu dressieren, die kritiklos Dienst nach Vorschrift machen, muss die Stoffhuberei an unseren Schulen drastisch verringert werden. Man muss sich nur einmal kurz überlegen, wie viel neues Wissen allein in den letzten drei Jahrzehnten zusätzlich an Schulstoff dazugekommen ist – man denke zum Beispiel allein an den Wissenszuwachs in der Genetik oder der Informatik –, um einzusehen, dass man den etablierten Stoff in unseren Lehrplänen an anderer Stelle kürzen muss, damit der Kessel nicht überkocht. Dabei geht es nicht nur um die Frage, den einen oder anderen langweilig gewordenen Klassiker der Literaturgeschichte im Deutschunterricht gegen einen spannenden Gegenwartsautor einzutauschen. Es gibt in unseren Lehrplänen zudem in Hülle und Fülle völlig überflüssigen Unterricht, der zu gar keiner weiterführenden Erkenntnis verleitet, sondern einzig zum Verdruss.

Bei einem Tag der offenen Tür an einem Kölner Gymnasium erklärte ein junger freundlicher Deutschlehrer den Fünftklässlern lehrplangemäß, dass sich bei zusammengesetzten Substantiven der Artikel stets nach dem letzten Substantiv richtet, weswegen es *die* Kohlmeise heißt und nicht *der* Kohlmeise. Der Unterricht war eine kleine Meisterleistung in Didaktik. Phase für Phase wurden die Kinder dazu gebracht, zusammengesetzte Substantive zu sezieren. Und als Ergebnis ihrer Anstrengung hatten sie am Ende die besagte Regel gelernt. Dass die Unterrichtsstunde, so korrekt sie ausgeführt war, völlig verschwendete Zeit war, steht auf einem anderen Blatt als dem Lehrplan. Kein einziges deutsches Kind auf dem Gymnasium im Alter von zehn oder elf Jahren sagt *der* Kohlmeise oder *die* Blumentopf. Das Kennen der Regel hinter einer Sache, mit der man ohnehin kein Problem hat, ist nicht nur überflüssig, sondern völlig langweilig. Nahezu die Hälfte des von vielen Kindern zu Recht als öde betrachteten Grammatikunterrichts könnte auf diese Weise gekürzt werden. Der Rest lässt sich durch praktische und phantasievolle Aufgaben, bei denen die Kinder selbst Texte schreiben, en passant erklären. Denn nicht einmal ein Schriftsteller muss genau wissen, was ein Konsekutivsatz ist, sodass er ihn bewusst als solchen einsetzt. Er reicht aus, dass er ihn schreibt.

Doch statt die Lehrpläne von solchen sinnlosen Lerninhalten zu befreien, lassen wir sie unangetastet und fügen noch immer mehr hinzu. Die Folge ist leicht beschrieben. Erstens wissen die meisten Erwachsenen schon wenige Jahre nach dem Abitur nicht mehr, was ein Konsekutivsatz ist – das Problem hat sich ihnen nie wieder gestellt. Und zweitens wächst von Jahrzehnt zu Jahrzehnt der innere Widerstand der Schüler gegen die veralteten Lernvorstellungen in den Lehrplänen. Kinder und Jugendliche haben nämlich in vielen (wenn auch nicht in allen) Dingen einen erstaunlich guten Instinkt dafür, was sie im Leben brauchen und was nicht. Im Zweifel sogar einen besseren als ihre Lehrer. Denn ein Erwachsener, der nahezu die Hälfte seines Lebens in der Schule verbringt, neigt leicht dazu, die Schule für das Leben zu halten – es ist ja auch tatsächlich *sein* Leben. Gleichwohl ist es nicht das Leben der anderen und zumeist nicht das zukünftige Leben der Schüler, es sei denn, sie werden selbst Lehrer. Was in der Schule relevant ist, muss nicht im Leben relevant sein. Vielmehr ist Schule ein sich selbst verstärkendes System, das sich in Bezug auf die wichtigsten Lehrinhalte seit Generationen selbst bestätigt.

Vor diesem Hintergrund erscheinen die bekannten Klagen vieler Lehrer, dass die »Schüler von heute« nicht mehr ausreichend motiviert, pausenlos abgelenkt, uninteressiert am Stoff und für nichts mehr zu begeistern seien, in einem anderen Licht. So richtig es ist, dass Unterrichten im Zeitalter einer permanenten Eventkultur für Kinder und Jugendliche nicht leichter geworden ist, so wenig lässt sich die veränderte Zeit den Kindern anlasten, die doch nur ihre Produkte sind. Und es befreit die Pädagogen und Didaktiker auch nicht aus der Pflicht, mithilfe externer Experten immer wieder neu darüber nachzudenken, was denn für unsere heutige Zeit nun Schulstoff sein sollte und was nicht mehr. Solange große Teile unserer Lehrpläne kind- und jugendlichenfern gestaltet sind, darf man sich über deren Desinteresse jedenfalls nicht wundern.

Wichtig wäre es, die Schulen bei alledem nicht zu überfordern.

Sie sind gewiss nicht die einzigen Bildungsträger für das spätere Leben. Man muss nicht alles in der Schule lernen, weil man gewisse Sachen ohnehin besser in der Freizeit lernt. Allerdings nur, sofern man Freizeit hat! Wie aus der Klage von Yakamoz Karakurt zu hören, frisst die Schule, insbesondere die G8-Schule, diese Freizeit weitgehend auf und damit eine ganze Welt alternativen Lernens. Wichtige Dinge wie Freunde zu finden, seine Umwelt näher zu entdecken, Feste zu organisieren, gemeinsam zu kochen, mit Geld umgehen zu lernen, sein Konsumverhalten zu trainieren oder eine Sportart intensiv zu betreiben bleiben dabei auf der Strecke. Und dies alles, um seine Zeit einem System zu opfern, das hochgradig ineffektiv und redundant ist und das sich trotz (oder gerade wegen?) aller Kritik weigert einzusehen, dass es ein Wissens- und Bildungsideal verficht, dem es nicht einmal im Ansatz Genüge leistet, wenn von alledem Gelernten und Auswendiggelernten am Ende ohnehin nur ein paar Krümel übrig bleiben.

Sieben und Sortieren

Wer das Niveau unserer Schulen heben will, muss die Stoffmenge reduzieren. Denn wer einiges gründlich verstanden hat, weiß mehr als der, der vieles gedanklich nur gestreift und wieder vergessen hat. In diesem Sinne forderte schon der große Philosoph und Pädagoge Johann Amos Comenius vor über vierhundert Jahren: »Lehrer, lehrt weniger, damit eure Schüler mehr lernen können.«[56] Diesen Zusammenhang zwischen Stofffülle und Niveau gilt es zu begreifen, wenn mal wieder die Schlachten zwischen jenen besserverdienenden Bildungsbürgern geschlagen werden, denen unsere Schulen nicht anspruchsvoll genug sind, und jenen linksorientierten Sozialutopisten, denen das Wort »Elite« unweigerlich einen Schauder über den Rücken laufen lässt. Wie auch immer man unsere Schulen besser machen will, mit der gegenwärtigen Stoffmasse, im Durchlauferhitzer heiß gemacht und dann weggeschüttet, wird es jedenfalls nicht möglich sein.

Da der eigentliche Sinn, warum unsere Kinder und Jugendlichen solche Stoffmengen bearbeiten müssen, nichts mit Bildung zu tun haben kann, die man so ja nicht erreicht, muss es einen anderen Sinn dafür geben. Und dieser andere Sinn ist schnell gefunden. Der wahre Grund, warum unsere Gymnasien eine solche Stofffülle auffalten und unsere Kinder und Jugendlichen bis in den frühen Abend vom Leben fernhalten, ist: Je mehr Stoff zu bewältigen ist, umso stärker trennt sich die Spreu vom Weizen. Denn da die Funktion nicht in Bildung bestehen kann, die Muße und Intensität braucht statt Eile und Fülle, scheint sie darin zu liegen, unsere Kinder zu selektieren: Wer darf einmal Jura studieren, und wer sitzt bei Aldi hinter der Kasse?

Schulabschlüsse dienen dazu, Gräben zu ziehen, in vielen Fällen sogar endgültige Gräben. Und nicht wenige Eltern, zumindest diejenigen, deren Kinder gute Chancen auf dem Gymnasium haben, finden das auch völlig in Ordnung so. Ihnen scheint es bereits als Vorzeichen eines drohenden Untergangs, dass die Quote an Abiturienten in Deutschland auf über 40 Prozent gestiegen ist. Wo kämen wir denn hin, wenn bald jeder in Deutschland Abitur macht? Die eigenen Kinder könnten auf diese Weise schnell ihre privilegierte Stellung im Kampf um die besten Jobs verlieren. Und warum sollte man das wollen oder gar unterstützen? Soll der Nachwuchs sinnlose Materialschlachten in der Schule schlagen – Hauptsache, es dient der sozialen Distinktion.

Der Denkfehler hinter solchen Ängsten und Überlegungen ist

nicht schwer zu finden. Denn die Konkurrenz, die allerorten befürchtet wird, gibt es gar nicht. Im Vergleich zur Generation ihrer Eltern sind die Kinder, die heute in die Schule gehen, die privilegiertesten, die es in Deutschland je gab. Angesichts des eklatanten Kindermangels in den letzten zwanzig Jahren hat sich die Lage gegenüber den vorhergehenden Jahrzehnten völlig entspannt. Und Exklusion ist genau das Gegenteil von dem, was unsere Gesellschaft benötigt. Als eine Nation, deren Wohlstand nicht auf Rohstoffen, sondern auf Know-how basiert, brauchen wir in Zukunft jedes Gehirn, das wir haben. Gemessen an diesen Herausforderungen können wir uns das Filtersystem, so wie wir es in Deutschland vorfinden, definitiv nicht mehr leisten: Wir sieben viel zu viele aus, die wir in unserer Wirtschaft später in guten Berufen nicht entbehren können. Und wir züchten zugleich ein gewaltiges Potenzial an unzufriedenen und ausgeschlossenen Menschen heran, denen wir eine echte Chance auf ein erfülltes Leben verweigern.

In solcher Lage mutet es geradezu grotesk an, wenn Gymnasialdirektoren sich auch noch etwas darauf einbilden, dass bei ihnen viele Schüler die Schule vorzeitig wieder verlassen müssen. Nichts Bizarreres, als darin einen Qualitätsnachweis zu sehen – es könnte ja in gleichem Maße ein Indiz für schlechte Lehrer sein, die es nicht schaffen, viele Schüler zu erreichen, denen es nicht gelingt, sich zureichend um sie zu kümmern. Das Gleiche gilt für den Stolz bayerischer Kultusminister über die vermeintliche Qualität des Abiturs im Freistaat – weil es eben viele nicht schaffen. Bei den beiden ersten G8-Jahrgängen, die in den Jahren 2011 und 2012 in Bayern Abitur machten, scheiterten zehn Prozent bei der schriftlichen Prüfung – dreimal so viel wie in den Jahren zuvor.

Damit der Selektionsmechanismus auch greift, ist das Schulsystem, wie wir es in Deutschland mehrheitlich vorfinden, auf Fehler programmiert. Es soll gar nicht perfekt sein! Kinder und Jugendliche sollen kein optimales, auf ihre Persönlichkeit abgestimmtes Coaching vorfinden. Sie sollen sich nicht bilden, indem sie das Gelernte freudig in ihre Biografie aufnehmen. »Klassenarbeiten«, schreibt Sußebach seiner Tochter Marie, »sollen nicht nur helfen herauszufinden, welcher Schüler wo Schwächen hat – um dafür zu sorgen, dass es beim nächsten Mal besser klappt. Nein: Sie sollen auch helfen, die Schwächsten zu finden und auszusortieren. Deine Lehrerin hat nicht gesagt, es gehe ihr darum, alles zu tun, ›damit‹ Kinder Schritt halten können. Sondern zu prüfen, ›ob‹ … Diese Lehrerin spricht wie die Jurypräsidentin einer gigantischen Castingshow – in der nicht Werbeverträge vergeben werden, sondern Lebenschancen. Und zwar nur an die Passgenauen.«[57]

Das konventionelle Schulsystem besitzt eine eingebaute Ineffizienz, etwas Unzulängliches, das die sogenannten guten Schüler von den sogenannten schlechten Schülern trennen soll. Unsere Schulen leben systematisch mit einem eingebauten Teilversagen und sind völlig darauf ausgerichtet. Was wäre eine Eins oder eine Zwei auf dem Zeugnis wert, wenn alle solche Noten hätten?

Die Folge des Sortiersystems ist eine soziale Selektion, die sich Deutschland eigentlich schon lange nicht mehr leisten kann. Man muss nur einmal daran denken, welch ausgesprochen dumme Idee es ist, ein Kind in der Schule sitzen bleiben zu lassen. Dabei waren die Motive, die preußische Bildungspolitiker zu Anfang des 19. Jahrhunderts dazu bewegten, das Sitzenbleiben zu erfinden, keine üblen gewesen.[58] 1837 wurden in Preußen Jahrgangsklassen verbindlich, was bedeutete, dass man als Schüler von nun an nicht in verschiedenen Fächern in viel höhere oder tiefere Klassen gehen konnte (was auch einige

Vorteile gehabt hatte). Mit dem Jahrgangsklassensystem, verbunden mit einem Kanon an festen Pflichtfächern, wurden die Schulen formal und inhaltlich aneinander angepasst – und das Sitzenbleiben wurde als Verfehlen des Jahrgangsklassenziels eingeführt. Die ganze Aktion zielte dabei auf Übersicht und Chancengleichheit. Außerdem nahm sie dem Adel die Möglichkeit, den eigenen Nachwuchs nach ständischen Spezialinteressen zu bilden und anderes zu vernachlässigen. Versetzungen, so könnte man etwas überspitzt sagen, dienten tatsächlich einmal dazu zu demokratisieren.

Im Deutschland der Gegenwart gilt das Gegenteil. Sitzenbleiben ist heute, ähnlich wie das dreigliedrige Schulsystem, ein Instrument der sozialen Selektion. Dass Kinder aus gutbürgerlichen Elternhäusern das Jahrgangsklassenziel verfehlen, kommt zwar vor, ist aber vergleichsweise selten. Zumeist trifft es bei den 250 000 Schülern, die in Deutschland jedes Jahr nicht versetzt werden, die unteren Schichten der Gesellschaft. Und hier jene, bei denen Eltern ihren Kindern weder bei den Hausaufgaben helfen noch teuren Nachhilfeunterricht bezahlen können. Denn der beste Garant, dem Sitzenbleiben zu entgehen, sind aufmerksame Mütter, die die Leistungen ihrer Kinder überwachen und gegebenenfalls optimieren. Wo sie nicht bereitstehen, wird es zumeist schwierig. Auch ich selbst hätte die beiden ersten Jahre am Gymnasium wahrscheinlich nicht überstanden, wenn meine Mutter damals nicht entschieden mit Üben und Überwachen eingegriffen hätte. Ich hätte dann ebenso von der Schule abgehen müssen wie meine zwölf Mitschüler, die es nicht gepackt hatten und tatsächlich alle aus unteren Schichten stammten.

Zu den sozialen Gründen für »Lernschwächen« kommen psychische Lernschwächen, die ebenfalls nichts mit Talent oder Begabung zu tun haben. Für mich bedeutete der Wechsel aufs

Gymnasium damals eine schmerzhafte Umstellung aus der geborgenen Welt der Grundschule in eine als feindlich und herzlos empfundene Gymnasialwelt. Entsprechend brachen meine Leistungen ein. Vergleichbare oder andere psychische Probleme haben viele Kinder und Jugendliche.

Dass sich die Gefahr des Sitzenbleibens durch G8 noch einmal zusätzlich erhöht hat, macht die Sache nicht leichter. Wie Kurt Singer, ehemaliger Professor für Schulpädagogik und Pädagogische Psychologie an der Ludwig-Maximilians-Universität München, im Jahr 2009 feststellte, hat sich der »Anteil der Jugendlichen, die Nachhilfe in Anspruch nehmen ... deutlich erhöht. Fast jeder vierte Schüler nimmt Nachhilfe.« Und zwar nehmen neuerdings »nicht nur Gymnasiasten und Realschüler Nachhilfe, sondern auch ein Fünftel der Grundschüler. Sie werden für den Auslesedruck vorbereitet, um den Sprung aufs Gymnasium zu schaffen. In allen größeren Orten prangen Plakate: Schülerhilfe, Pannenhilfe, Soforthilfe, ambulante Unterrichtshilfe; es gibt Fitnesskurse zur Aufnahmeprüfung, für den Übertritt, für die Nachprüfung, den Probeunterricht, die Abschlussprüfung. Immer mehr Firmen werden gegründet, auch ein Kaffee-Discounter handelt mit dem Nachhilfeunterricht eines Bildungsunternehmens. Die Eltern zahlen 10 bis 40 Euro für die Stunde an Lernberater, Hausaufgabenbetreuer, Motivationstrainer, Dyskalkulietherapeuten, mobile Lernzentren, Legastheniestudios und so fort.«[59]

Je mehr Stoff ein Lehrer seinen Schülern vorsetzen muss, umso weniger kann er auf sie eingehen. Die logische Folge ist das Anwachsen der Arbeiten, die Schüler zu Hause erledigen müssen, an einem Ort, wo kein Lehrer bereitsteht. In diesem Sinne kalkuliert unser gymnasiales System die Arbeitsleistung der Eltern mit ein und selektiert dabei streng nach Haushalten, die diese

Leistung erbringen können oder eben nicht. Den größten Teil aller Nachhilfestunden in Deutschland verbringen unsere Kinder und Jugendlichen dabei mit Mathe-Lernen. 57 Prozent allen Nachhilfeunterrichts ist Mathe-Unterricht.[60] Kein anderes Fach und keine anderen Fachlehrer erhalten damit ein so schlechtes Zeugnis wie Mathematik und ihre Lehrer. Es ist das Schulfach, das in Deutschland am katastrophalsten dasteht, weil es unseren Mathe-Lehrern offensichtlich nicht gelingt, ohne massive Mithilfe von Eltern ihr Klassenziel zu erreichen. Ich komme auf dieses Problem zurück.

Erstaunlich, dass noch so viele Eltern diesen Umstand zu tolerieren scheinen, bei dem Lehrer ihre Arbeit auf sie abwälzen und Kinder ihrer wertvollen Freizeit beraubt werden. Denn im Grunde haben Schulaufgaben außerhalb der Schule gar nichts zu suchen! Und ein Lehrer, der seine Schüler zu Hause nachholen lässt, was er im Unterricht nicht geschafft hat, gehört ebenso wenig aufs Gymnasium wie ein Lehrer, bei dem besonders viele Kinder sitzen bleiben. Er gehört auf gar keine Schule. Man muss sich da unweigerlich die Frage stellen: Was macht er falsch? Wieso kann er nicht erklären und begeistern?

Dass es auch ohne Sitzenbleiben geht, zeigt ein Blick zu unseren europäischen Nachbarn. Länder wie Finnland kennen keine »Ehrenrunde« und kein »Kleben bleiben«. Desgleichen gilt für Schweden. Und in Dänemark und in Großbritannien ist eine Nichtversetzung zumindest unüblich. Anstelle des Aussortierens und Zurücksetzens tritt eine individuelle Förderung der Kinder in jenen Fächern, in denen größere Schwierigkeiten auftreten. Ein anderes Mittel, Sitzenbleiben überflüssig zu machen, sind kleinere Klassen und mehr Lehrer, die sich um lernschwache Kinder kümmern können. Dass man möglicherweise das gesamte System so umbauen kann, dass sich die Frage nach dem Sitzenbleiben ohnehin gar nicht mehr stellt, möchte ich im zweiten Teil des Buches zeigen.

Ein letztes, aber wichtiges Argument gegen das Sitzenbleiben ist, dass es die Sache oft nicht besser macht. Die Idee, ein ganzes Jahr zu wiederholen, nur weil man in zwei Fächern das Klassenziel verfehlt hat, ist ohnehin schon bizarr genug. Dazu kommt, dass Sitzenbleiben nur in ziemlich seltenen Fällen motiviert, weit häufiger führt es zur Demotivation. Wer sich selbst für einen schlechten Schüler hält oder halten muss, hat es schwer, ein guter zu werden. Gelangt man im Lehrplan zu jenem Stoff, an dem man im Vorjahr gescheitert ist, wiederholt sich oft das Versagen. Das Wiedererkennen von nicht bewältigtem Stoff löst im Regelfall keine Lernfreude aus, sondern Phobien. Und die Wahrscheinlichkeit, dass man ein zweites Mal daran Schiffbruch nimmt, ist überdurchschnittlich hoch.

Werten und Bewerten

Stellen wir uns mal vor, Sie arbeiten in einem ganz normalen Beruf, sagen wir als Angestellter auf dem Finanzamt. So etwa fünfzehn- bis zwanzigmal im halben Jahr nötigt Sie Ihr Vorgesetzter dazu, einen Test zu schreiben. Er überprüft Ihre Mathe-Kenntnisse, Ihre Computerfertigkeiten, Ihr Arbeitstempo und so weiter. Und wenn Sie mehrmals miserabel abschneiden, verlieren Sie Ihren Job. Das Gleiche kann man sich auch für andere Berufe vorstellen, nicht zuletzt für den Lehrerberuf. So alle zwei Wochen werden Sie als Lehrer von der Schulbehörde beurteilt, und Ihr Unterricht erhält eine Zensur. Bekommen Sie zu viele schlechte Noten, werden Sie als Lehrer entlassen und sind arbeitslos.

Was meinen Sie, was solche Tests und Leistungskontrollen aus

Ihrem Leben machen werden? Werden Sie diese für gut und richtig halten, froh darüber, dass Sie sich endlich richtig einschätzen lernen? Und werden Sie sich steigern und besseren Noten entgegenfiebern? Oder werden Sie diese permanenten Inspektionen und Überprüfungen für völlig unzumutbar halten und sich darüber empören?

Wahrscheinlich werden Sie Letzteres denken: dass man Ihnen das unbedingt ersparen sollte. Schließlich sind Sie doch kein Schüler mehr und befinden sich nicht in einer Ausbildung. Sie können, was Sie tun, und niemand braucht das ständig zu kontrollieren. Tatsächlich? Was meinen Sie, wie viele Menschen in Deutschland ihren Beruf ganz ausgezeichnet machen und keinerlei Verbesserungspotenzial mehr haben? Sind alle Lehrer ohne Fehl und Tadel? Gibt es in unseren Verwaltungen nicht Tausende von Menschen, die einen eher schwach motivierten Eindruck hinterlassen? Kennen Sie nicht zahlreiche Verkäufer, deren Kundenunfreundlichkeit eigentlich ein Entlassungsgrund sein müsste? Begegnen uns in unserem Berufsleben nicht bei Weitem mehr Menschen, die etwas mäßig oder durchschnittlich gut absolvieren, als dass sie durch herausragende Leistungen auffallen? Arbeiten ist kein Spitzensport, sondern ein Breitensport, den fast alle betreiben müssen, ob sie nun besonders begabt und geeignet sind oder nicht.

Verbesserungsbedarf besteht also in Hülle und Fülle. Trotzdem empfinden wir als Erwachsene ständige Leistungskontrollen als unzumutbar. Unseren Kindern hingegen, deren Psychen noch viel sensibler und verletzlicher sind als unsere, ist es offensichtlich zuzumuten. Und der einzige Grund, der den permanenten Turnus von Klassenarbeiten, Tests, Prüfungen und Noten, den wir über sie ergehen lassen, rechtfertigt, ist: dass es schon immer so war!

Das Prüfungssystem in unseren Schulen stammt aus einer Zeit, als man noch eine ganz andere Vorstellung von der Psyche von Kindern hatte als heute. Nämlich gar keine! Vor gut 150 Jahren betrachtete man Kinder nicht als Kinder, sondern eher wie kleine, unvollkommene Erwachsene. Kinderschutzgesetze gab es nicht, Kinderarbeit war völlig normal und Prügelstrafe das Natürlichste auf der Welt. Und als in der ersten Hälfte des 19. Jahrhunderts in den preußischen Schulen das dreistufige Notensystem eingeführt wurde (das sechsstufige folgte erst 1938), schickten englische Bergwerksbetreiber ungerührt Kleinkinder in enge Schächte und Stollen.

Dabei spielten Abschlüsse und Zeugnisnoten bis ins späte 19. Jahrhundert nur eine untergeordnete Rolle. Um einen qualifizierten Beruf auszuüben oder gar Karriere zu machen, gab es viele wichtigere Faktoren als Zeugnisse. Erst das Tayloristische Schulsystem des frühen 20. Jahrhunderts, die alles erfassende, verwaltende, ordnende und stigmatisierende Schulwelt, machte Schul- und Universitätsabschlüsse beziehungsweise deren Noten zu jenen Schlüsselkriterien für die Berufswelt, die sie heute sind.

Doch schon während der Zeit, als das Tayloristische Schulsystem seinen Siegeszug begann, gab es heftige Kritik am Evaluierungswahn und dessen Notensystem. »Ich meine«, schrieb die italienische Ärztin und Pädagogin Maria Montessori, »dass in der Erziehung eine Abrüstung dringend nötig ist.«[61] Da die Bewertung von Schülerleistungen durch Ziffern die Persönlichkeit eines Kindes nicht erfasse, sondern missachte, schaffte sie die Zensuren in ihrem Schulmodell völlig ab. Das Gleiche fordert heute Kurt Singer: »Zur Abrüstung in der Schule müssten die Waffen abgeschafft werden: Schüler nicht mehr sitzen lassen, sie nicht durch Noten ängstigen und verfrüht auslesen, achtsam mit ihnen umgehen. Die Kultusminister halten jedoch an den Waffen fest, mit denen Lehrer die Kinder verfolgen müssen.«[62]

Dass das gegenwärtige System den Erfordernissen an ein vernünftiges Monitoring von Schülerleistungen nicht gerecht wird, müssten im Grunde auch die Kultusminister wissen. Gleichwohl verteidigen die meisten von ihnen das überkommene Bewertungsmodell. »Die Kinder wollen doch selbst Zensuren haben«, rechtfertigte die ehemalige bayerische Kultusministerin Monika Hohlmeier im November 2011 in der Talkshow *Günther Jauch* die bestehende Praxis. Dass Kinder, die von ihren Elternhäusern her wissen, was Zensuren sind, und die von ihren Eltern erzieherisch darauf vorbereitet werden, schon mal die erwartete Schulnote vermissen, wenn sie ausbleibt, ist leicht vorzustellen. Doch welches Kind sollte auf die Idee kommen, eine fehlende Zensur zu betrauern, wenn es noch nie davon gehört hat? Dabei wäre allen Kindern ein Zensuren-freies Schulsystem, wenn es erst einmal einige Jahre flächendeckend praktiziert würde, völlig selbstverständlich. Vor vollendete Tatsachen gestellt, sind Menschen weitaus anpassungsfähiger, als sie es von sich selbst glauben.

Man muss nur einmal darüber nachdenken, welche entscheidenden Aspekte einer Schülerpersönlichkeit nicht von Zensuren erfasst werden, um zu sehen, worauf man sich im Schulnotensystem eigentlich verlässt. Denn wichtiger als der externe Maßstab des Klassendurchschnitts sollte der interne Maßstab des Kindes sein. Habe ich an Motivation zugelegt? Bin ich interessierter geworden? Habe ich eine kleine, für mich wichtige Hürde gemeistert? Habe ich gelernt, mit einem Misserfolg besser umzugehen? Habe ich neue Ideen entwickelt? Sind mir ein paar gute Einfälle gekommen? Leistungsnachweise wie Klausuren oder Prüfungen, die den Zeugniszensuren zugrunde liegen, sagen darüber nichts aus. Sie bieten allenfalls Momentaufnahmen und testen im Zweifelsfall die Testintelligenz eines Kindes – nämlich ob es im genau richtigen Augenblick darauf vorbereitet ist, was der Lehrer von ihm hören oder wissen will. Weil das Bild, das von einem Kind oder Jugendlichen durch Zensuren entsteht, seiner Persönlichkeit nur sehr unvollkommen Rechnung trägt, folgert Singer, dass Noten schädlich sind »für das Lernen und die Charakterentwicklung der Jugendlichen ... Zeugnisse müssten eigentlich, wie Zigaretten, mit einem Warnhinweis versehen werden: ›Die Kultusminister warnen: Noten gefährden die Entwicklung des Kindes.‹ Aber trotz Leistungsstudien, trotz hundert Jahren praktizierter Reformpädagogik an alternativen Schulen ignorieren Bildungspolitiker nach wie vor die gewonnenen pädagogischen Erkenntnisse. Leiden sie an einer Lernstörung?«[63]

Auf die von Singer vermutete Lernstörung vieler Bildungs- und Kultusminister und ihre möglichen Ursachen werde ich am Ende des Buches näher eingehen. Fakt ist, dass das Notensystem in Deutschland zwar vielfach kritisiert wird, von Eltern ebenso wie von Experten und auch von einigen Lehrern, dass es aber noch durchgehend Bestand hat. Dabei besteht das, was als Mangel hervorgehoben wird, nicht nur in der sozialen Selektion und dem psychischen Druck auf unsere Kinder. Es ist ebenso zu fragen, was unser Nachwuchs *implizit,* also als eine gefährliche Nebenfolge, durch das Notensystem lernt. Wer immerfort getestet wird, lernt ja nicht für sich, sondern im Hinblick auf die Tests. Wer sich clever anstellt, entwickelt dabei eine gewisse Systemintelligenz, immer genau das zu lernen und wiederzugeben, was tatsächlich getestet wird. Auf diese Weise werden unsere Kinder dazu trainiert, Kapitalisten ihrer selbst zu sein und Aufmerksamkeit nur auf das zu lenken, was sich auszahlt. Das, worin man nicht getestet wird, wird damit automatisch entwertet. Wozu soll es denn gut sein, das zu lernen?

Dass wir bei einem solchen Programm mal wieder völlig jenseits von Bildung sind, dürfte auch klar sein. Denn praktizierte Bildung setzt voraus, dass ich mich für etwas aus eigener Motivation interessiere und es mit anderem verknüpfe, um ebenjene Ideen und Wege zu finden, die gerade nicht vorgezeichnet sind. Stattdessen erzieht unser Schulsystem Kinder und Jugendliche dazu, so eng wie möglich auf den von Schulbüchern und Lehrern vorherbestimmten Wegen zu gehen. Diese Haltung setzt sich anschließend im durch die Bologna-Reform ebenso verengten Studium fort. Die häufigste Frage, die ich bei meinen Vorlesungen an der Universität Lüneburg höre, lautet entsprechend: »Kommt das in der Klausur dran?« Da Philosophie ihrem Charakter nach allerdings kein »Fach« ist, sondern eine Schule des Denkens, ist meine Antwort darauf stets gleich: »Woher soll ich das jetzt schon wissen?«

Bis heute ist mir nicht klar geworden, was die Notendurchschnitte in meinem Abiturjahrgang eigentlich gemessen haben. Intelligenz? Fleiß? Talent? Stressresistenz? Geschickte Kalkulationen? Konformität? Die Mühen des Elternhauses? Raffinesse? Vielleicht war es irgendein unauflösbares Knäuel aus alledem. Doch eines jedenfalls waren die Zensuren auf keinen Fall: aussagekräftig für das spätere Studium oder Berufsleben! Jedes Klassentreffen belehrt unmissverständlich darüber, dass das Leben die Karten oft völlig anders mischt als die Schule. Denn Zeugnisse geben zwar Auskunft über ein gewisses Maß an Intelligenz und Disziplin, aber sie benoten keine Originalität und keine Kreativität und erst recht keine der im Leben so wichtigen sozialen Faktoren wie Kollegialität, Humor, Führungsstärke, Selbstbewusstsein, Charme und Charakterstärke.

Damit hier keine Missverständnisse entstehen: Dass es sinnvoll ist, Schüler durch Belohnungen anzustacheln, ist keine Frage. Wettbewerb, Konkurrenz und Teamgeist sind entscheidende Motivationen für viele Kinder und Jugendliche. Darauf zu verzichten und eine völlig wettbewerbsfreie Kuschelpädagogik an die Stelle zu setzen, wäre unverantwortlich und eine schlechte Vorbereitung auf das spätere Leben. Auch dass Schülerleistungen durch ein Monitoring (einschließlich von Zeugnissen) erfasst werden sollten, wird nicht in Zweifel gezogen. Die Frage ist nur, woran das Monitoring sich orientiert: am normierten Klassendurchschnitt oder an den Entwicklungsfortschritten einer individuellen Schülerpersönlichkeit? Während Zensuren in erster Linie darüber Auskunft geben, wie ein Lehrer einen Schüler aus seiner subjektiven Perspektive (man denke hier vor allem an Fächer wie Geschichte, Sozialkunde, Politik, Religion, Philosophie etc.) *im Vergleich zu anderen* einschätzt, erfasst ein gutes Monitoring die *persönliche* Leistungskurve eines Kindes oder Jugendlichen auf diesem Gebiet.

Die Zumutung an Lehrer, jeden einzelnen Schüler in einen fortwährenden vergleichenden Bewertungszusammenhang zu stellen, ist ebenso untragbar wie die Zumutung an unsere Schüler, so etwas täglich über sich ergehen zu lassen. Das Menschenbild, das sich in diesem System widerspiegelt, passt schon lange nicht mehr in unsere hoch individualisierte Zeit. Ein hübsches Indiz dafür sind die von Jahr zu Jahr immer besseren Abiturnoten in fast ganz Deutschland. In gleichem Maße nämlich, wie die Zulassungsbeschränkungen von Universitäten ständig bessere Noten erfordern, werden diese von den Schulen auch erteilt – ein Spottlied auf die Mär einer objektiven Bewertung und Bewertbarkeit von Schülerleistungen durch Zensuren. Dieser Prozess wird sich in seiner bestechenden Logik durch nichts aufhalten lassen und die Noteninflation somit weiter anheizen. Dazu kommt: Seit unter Lehrern die Sensibilität dafür ausgeprägter geworden ist, was mit der Psyche eines Kindes geschieht, wenn es schlechte Noten erhält, vergeben mehr und mehr Lehrer seit etwa drei Jahrzehnten nur noch höchst selten und ungern richtig schlechte Zensuren, vor allem in den Nebenfächern. All dies sind untrügliche Anzeichen dafür, dass das alte Notensystem längst erodiert ist und zum Teil einzig der Form halber praktiziert wird – eine Form, deren Sinn sich überlebt hat.

Liegestühle auf der Titanic

An dieser Stelle wird es Zeit, auf einen wichtigen Einwand einzugehen, der dem einen oder anderen Leser vielleicht schon seit längerem im Hinterkopf sitzt: Sind unsere Schulen nicht längst viel besser geworden, als ich sie hier beschreibe? Hat denn der Autor dieses Buches nicht gesehen, wie viele Anstrengungen unsere Schulen, ihre Lehrer und Direktoren, die Didaktiker und Bildungspolitiker inzwischen unternommen haben, um die Qualität des Lernens voranzutreiben? Ist denn in Wahrheit nicht alles halb so schlimm?

Es gibt nicht nur private, sondern auch öffentliche Schulen, in denen inzwischen ein Fach wie »Lernen lernen« unterrichtet wird. Die Kinder lernen, sich ihre Aufgaben selbstständig einzuteilen, sie lernen wichtige Kniffe zum eigenen Forschen und Arbeiten. Orientierungslehrer kümmern sich mehr oder weniger liebevoll um den Nachwuchs und lassen ihn in der komplizierten Welt des Gymnasiums nicht allein. Einige Schulen bieten, zumindest in manchen Fächern, jahrgangsübergreifenden Unterricht an (oft mit mehreren Lehrern). Die Stundenzahl in den einzelnen Fächern wird oft klüger als früher berechnet, um optimales Lernen zu erleichtern. Seit sich die Schulen auf die moderne Arbeitswelt der Eltern eingestellt haben, in der auch die Mütter nachmittags häufig nicht zu Hause sind, fördert ein gewaltig explodiertes Programm an nachmittäglichen Kursen und AGs Spezialinteressen. Sie bieten Raum, die kindliche oder jugendliche Kreativität zu entfalten. Fächerübergreifende Projekte werden angeboten und turnusmäßig erneuert. Neben die externe Bewertung durch Schulnoten ist ein internes Monitoring getreten, bei dem Schüler lernen, sich auf Selbstkontrollbögen zu bewerten. Einige Schüler lassen sich zu Mediatoren ausbilden, um mit ihrer sozialen Kompetenz das Schulklima zu verbessern. An manchen Schulen werden Eltern geradezu liebevoll um ihre Mitarbeit gebeten und zu vielem befragt. Es existieren sogar Klassenzimmer, die nicht mehr den Muff von hundert Jahren Schule ausstrahlen oder als Teil des globalisierten Baumülls der sechziger und siebziger Jahre mit Klinkern und Neonröhren daherkommen, sondern richtig hübsch sind. Und mancherorts ist inzwischen sogar das Schulessen richtig schmackhaft ...

All das gibt es bereits, und es ist gut und richtig. Verbesserungen wie diese sind Vorboten jener Revolution, die unser Schulsystem in den nächsten Jahren verändern muss und wird. Aber es sind eben nur Vorboten, es ist noch nicht die Revolution selbst. Denn die meisten jener Schulen, die zum Beispiel »Lernen lernen« anbieten oder kreative AGs, sind gleichwohl G8-Schulen mit all deren typischen Problemen. Und der Gedanke, Kinder mit Selbstkontrollbögen auszustatten, ändert noch nichts an der Diktatur des etablierten Notensystems. Von sehr wenigen guten Schulen abgesehen, die bereits existieren, sind die meisten unserer Schulen darum bemüht, die neuen (manchmal recht alten neuen) Ideen an das überkommene System anzuflicken – wie eine Verlängerungsborte an eine zu kurze Kinderhose. Unter solchen Umständen bleiben viele neue Konzepte leider auch recht wirkungslos, weil der Geist, der ihnen innewohnt, bei allen Mühen oft nicht in die alten Flaschen passt. »Lernen lernen« ist seit Humboldts Tagen ein schönes Ziel für unsere Kinder. Die Frage ist nur, ob es eine ebenso gute Vorstellung ist, aus diesem hohen pädagogischen Ziel ein weiteres »Fach« zu machen (schlimmstenfalls noch mit einer Zensur), statt es wirkungsvoller in jeden Unterricht zu integrieren.

Statt eines Umbaus haben wir es gegenwärtig vor allem mit immer neuen kleinen Anbauten an ein marodes Gebäude zu tun. Ohne Zweifel hat die mal milde, mal harte Konkurrenz der Schulen, vor allem der Gymnasien, um die besten Schüler den Zwang zur Verbesserung aufkommen lassen. Und auch die sozialen Entwicklungen, die den Status von Kindern in der Gesellschaft stark veränderten, haben Spuren in den Köpfen der Verantwortlichen hinterlassen. Und vielleicht hat sogar der eine oder andere reformpädagogisch inspirierte Professor zu den genannten Verbesserungen beitragen können. Und doch hinken die Schulen bei alledem den zeitgemäßen Anforderungen an sie noch weit hinterher – spürbar im breiten Unmut der Schüler und ihrer Eltern.

Es ist ziemlich zwecklos, die Liegestühle an Deck umzustellen, während die *Titanic* gerade dabei ist zu sinken. Man muss sich nur einmal des Ernstes halber ein Spiel ausdenken: Gesetzt den Fall, es gäbe gar keine Schule und man müsste sie heute erst erfinden. Ein paar kluge Menschen aus verschiedenen Teilen der Gesellschaft setzten sich zusammen und dächten sich im Jahr 2013 etwas aus, das unseren Kindern dabei helfen soll, zu gut gebildeten Persönlichkeiten heranzureifen. Was käme wohl dabei heraus? Verfiele irgendjemand auf die Idee, die faszinierende

Welt des Wissens in Fächer zu unterteilen? Würde man Kindern im Fünfundvierzig-Minuten-Takt völlig zusammenhanglos vier, fünf oder sechs verschiedene Wissensgebiete pro Tag nahebringen? Würde man sich ein Zensurensystem mit sechs Ziffern ausdenken und Zeugnisse, die einzig und allein daraus bestehen? Würde man einen Lehrer vor fünfundzwanzig oder dreißig Schüler stellen? Wäre dieser Lehrer fest verbeamtet und damit praktisch unkündbar? Gäbe es ein dreigliedriges Schulsystem? Von Parteien ausgesuchte Bildungsminister? Müssten alle Gleichaltrigen in eine Jahrgangsstufe gehen?

Worauf auch immer es im Ganzen hinauslaufen würde, mit der Schule, wie wir sie allgemein kennen, hätte es wahrscheinlich nicht allzu viel zu tun. Etwas völlig Neues würde vermutlich entstehen. Etwas, das nicht zu wohlfeilen Witzen taugt über das Herumdoktern mit verschiedenen Bestuhlungsmustern in Reihen- oder U-Form. All diese Schönheitskosmetik aus der Sozialarbeiterepoche der Siebziger würde gleichsam niedlich wirken angesichts der gewaltigen Unterschiede des neuen Schulsystems im Vergleich zum alten.

Vieles in unserem Bildungssystem ist nur verständlich, wenn man seine Geschichte kennt, all die historischen Nöte und Notwendigkeiten, die es formten, einschließlich der vielen Zufälle, die dabei mitgewirkt haben. Und nicht wenig davon hat seinen Sinn heute verloren. Doch wenn diese Vermutung stimmt und das konventionelle Schulsystem in seinem tragenden Gebälk aus überholten Relikten und Ritualen früherer Epochen des Lernens und Lehrens besteht, warum wird es heute dann nicht radikal verändert?

Die Antwort, so scheint es, geben uns die Sozialpsychologen. Wer etwas in seinem Leben lange auf eine bestimmte Weise gemacht hat, ist normalerweise nur selten entzückt und beglückt, wenn man ihm sagt, dass das falsch ist. Verbesserungsvorschläge werden oft als Angriffe empfunden und bewertet. Und der erste Reflex darauf ist Verteidigung, selbst wenn man für die Umstände seines Tuns letztlich gar nicht verantwortlich war. Immerhin droht das In-Frage-Stellen einer langen Arbeits- oder Lebensleistung, die wir schon deshalb nicht kritisiert sehen wollen, weil sie ein irreversibler Teil unseres gelebten Lebens ist. Und am stärksten von dieser Bedrohung und Verunsicherung durch die Kritik am Schulsystem betroffen sind die Lehrer …

Lehrer als Beruf

Lionel Logue: ... Why should I waste my time listening?
King George VI: Because I have a right to be heard. I have a voice!
Lionel Logue: (pauses) Yes, you do.
The King's Speech

Das schwedische Experiment

»Als Stavros Louca die Treppe der JohannesSchule im schwedischen Malmö zum ersten Mal emporsteigt, knetet seine rechte Hand ein Taschentuch, als wolle sie es auspressen. Ein Verkehrsstau hat ihn aufgehalten, das hätte nicht passieren dürfen am ersten Tag der schwierigsten Aufgabe seines Lebens. Louca zwingt sich zu einem Lächeln, während er den Klassenraum der 9a betritt: ›Typisch griechisch, denkt ihr vermutlich, immer zu spät‹, sagt er den 20 Schülern, die nicht ahnen können, was mit ihnen in den nächsten Monaten geschehen wird. ›Aber glaubt mir: Ich verlange Besseres von mir, als unpünktlich zu sein. Und ich verlange Besseres von euch. Denn ich bin sehr, sehr, sehr, sehr nett – aber auch sehr fordernd.‹«

Dies ist der Erstkontakt in einem Experiment. Lehrergewerkschaften haben es bekämpft, Fachleute es als vermessen bespöttelt. Vielleicht, weil es so einfach ist: Die 9a der JohannesSchule ist, nach landesweiten Vergleichstests, eine der schlechtesten Klassen Schwedens. Nun werden alle Lehrer ausgetauscht gegen acht »Superlehrer« – Pädagogen, deren Schüler regelmäßig weit überdurchschnittliche Leistung bringen. Der Auftrag an die Lehrerstars lautet, die 9a zu einer der drei besten Klassen des Landes zu machen. Innerhalb von fünf Monaten. Und mit nichts als pädagogischem Geschick. Die Lehrer erhalten keinen Cent zusätzlich, keine besseren Arbeitsbedingungen. Im Gegenteil: Ein Fernsehteam dokumentiert ihren Erfolg. Oder ihr Scheitern.

»›Das kann nicht klappen‹, sagt einer der Schüler. Man hat ihn und die anderen 15- und 16-Jährigen eigentlich längst aufgegeben. Zu schlecht, zu faul, zu dumm. Eine der neuen Lehrerinnen eröffnet ihre erste Stunde mit der Bitte: ›Erzählt mal, worin ihr gut seid.‹ Schweigen. Eine Schülerin fragt: ›Darf ich auch sagen, was ich nicht kann?‹ Eine quälende Endlosigkeit verstreicht, bis alle Schüler zumindest eine Fähigkeit in sich entdecken. Stavros Louca aber, der aus Zypern stammende Mathematiklehrer, sagt: ›Gewinn ihre Herzen, und du kannst mit ihnen tanzen.‹«[64]

Mit diesem Intro beginnt Christoph Kucklick seinen lesenswerten Bericht über ein Experiment an der Malmöer Johannes skola im Jahr 2007. 1,2 Millionen Zuschauer verfolgten die Doku im Fernsehen – für schwedische Verhältnisse ein Straßenfeger. Am Ende steht die vormalige Katastrophenklasse als drittbeste Klasse des Landes da. Und die Mathe-Schüler von Stavros Louca sind sogar die besten unter allen schwedischen Klassen! Zwanzig Jugendliche, die fast schon aufgegeben waren und aufgegeben hatten, sehen zu Recht wieder in eine aussichtsreiche Zukunft.

Was das schwedische Experiment zu beweisen scheint, ist: Auf den Lehrer kommt es an! Während gute Lehrer auch aus vermeintlich schlechten Schülern das Beste herausholen, so verbauen schlechte Lehrer vielen Kindern die Zukunft oder vermiesen jemandem zumindest auf ewig das Interesse an bestimmten Wissensgebieten. Wer hat es nicht selbst erlebt, wie ein Lehrerwechsel ein ungeliebtes Fach mit schlechten Noten in ein gutes, spannendes Fach verwandelt hat und umgekehrt? Um wie viel fesselnder hätte der Sozialkundeunterricht sein können, wenn die Lehrerin nicht immer ihre langweiligen Folien aufgelegt hätte? Und wie viele Schüler erlebten nie, dass Physik eine faszinierende Wissenschaft ist, weil ein resignierter, müder und an Jugendlichen gänzlich uninteressierter Physiklehrer für die wenigen Cracks, die ihm folgen konnten, seine Formeln an die Tafel gekritzelt hat?

Natürlich gibt es auch in Deutschland sehr gute Lehrer. Aber leider sind es noch immer zu wenige. Wenn man die Pädagogen in unserem Land fragte, ob sie gute Lehrer seien, werden die meisten nach kurzem oder langem Zögern wohl antworten: »Ja!« Vermutlich deshalb, weil sie nicht so ganz wissen, was ein guter Lehrer eigentlich sein soll. Denn ein guter Lehrer ist noch lange nicht, wer mit dem Stoff durchkommt und dabei von guten Schülern gemocht wird. Das ist ein durchschnittlicher Lehrer. Ein guter Lehrer dagegen ist ein Lehrer, der neben den geforderten guten auch von den geförderten schlechten Schülern geachtet und geschätzt wird. Solche Lehrer gibt es leider nicht oft genug.

Welche Voraussetzungen aber muss ein guter Lehrer erfüllen? Es ist im Grunde ganz banal. Erstens: Es muss eine Person sein, die Kinder liebt. Und zweitens eine Persönlichkeit, der man gern zuhört. Diese beiden Kriterien stehen über allen anderen. Und das Bedauerliche daran ist: Beides kann man nicht lernen! Denn Lehrer ist kein Ausbildungsberuf für etwas, das prinzipiell jeder lernen kann, so wie etwa Versicherungsvertreter, Busfahrer, Bankangestellter, Politiker oder Notar. Vielmehr ist es ein künstlerischer Beruf, der ein besonderes Talent (wenn auch keine genetische Begabung!) voraussetzt: begeistern zu können, motivieren und befähigen! Gute Lehrer sind Artisten im Sozialen; sie sind Darstellungs- und Vermittlungskünstler. Und ein guter Unterricht ist ein Kunststück, das jeder Lehrer gemeinsam mit seinen Schülern versuchen sollte zu schaffen.

Die Idee, dass Lehrer Künstler sein sollen, ist nicht neu. Schon im Jahr 1911 erkannte der Bremer Reformpädagoge Fritz Gansberg (1871–1950): »Der gute Unterricht fordert vom Lehrer die höchste Entfaltung seiner Kräfte in der Darstellung der Stoffe, die er für sich schön und bedeutungsvoll hält; an seiner Schaffensfreude wird sich auch die der Schüler immer wieder entzünden. Der produktive Lehrer ist kein Tyrann, ist er gar ein Künstler, seine größere Freiheit für die Entfaltung der eigenen Regungen kann sich die Klasse wünschen.«[65]

Dem einen oder anderen Lehrer mag das zu idealistisch klingen, zu hochgestochen und zu esoterisch. Und auf wie viele meiner Lehrer hätte es zugetroffen, dass sie Darstellungs- und Vermittlungskünstler waren? Auf zwei oder drei vielleicht – von etwa dreißig Lehrern, die ich in der Schule hatte. Und ist dieser Künstler-Anspruch nicht auch aus ganz anderen Gründen wirklichkeitsfern? Wer die tagtäglichen Nöte und Notwendigkeiten eines Lehrers an einer Hauptschule in einem sozialen Problembezirk kennt, wird vermutlich nur den Kopf schütteln über den Unterricht als »Kunststück«. Geht es hier nicht einfach ums Überleben statt um Kunst? Muss man sich nicht glücklich schätzen, wenn wenigstens zwei oder drei der Jugendlichen ihre Hausaufgaben machen und es diesmal zu keiner Prügelei kam? Und nicht zuletzt: Was soll das Gerede von der Kunst, wirft man einmal einen realistischen Blick auf die heutige Schülergeneration? Sind die Schüler nicht längst medial übersättigt, von einer allgegenwärtigen infantilen und adoleszenten Eventkultur verdorben?

Doch all dies spricht nicht dagegen, den Beruf des Lehrers als einen künstlerischen Beruf zu denken. Auf keinen Fall ist es ein technischer oder administrativer Beruf, geschweige denn ein wissenschaftlicher. Gewiss: Die Darstellungs- und Vermittlungskunst steht an einer Hauptschule vor anderen Herausforderungen als an einem Gymnasium. Aber die Grundfähigkeiten, die ein Lehrer haben muss, sind doch die gleichen, und sie sind anspruchsvoller als je zuvor. Der alltägliche Bedarf an Außeralltäglichem in der Lebenswelt unserer Kinder ist heute viel höher als früher. Weil der Anspruch der Schüler, wem sie überhaupt zuhören und von wem sie etwas annehmen, immer größer geworden ist, benötigen Lehrer gegenwärtig völlig andere Fähigkeiten in der Unterrichtsgestaltung als vor fünfzig oder hundert Jahren. Der preußische Pauker mit seinem Zorn und seiner Prügelstrafe war der Repräsentant einer autoritären Obrigkeit. Wer sich für seinen Unterricht nicht interessierte, musste ihm zumindest aus Furcht lauschen. Der Lehrer von heute dagegen ist ein Künstler, der den Sog seines Unterrichts ohne jedes Drohmittel erzeugen muss, erst recht, wenn sich das etablierte Notensystem, wie zu erwarten, nach und nach auflösen wird.

Man denke bei den Fähigkeiten und Talenten, die man dafür braucht, an Lionel Logue (1880–1953), den Sprachlehrer des englischen Königs Georg VI. Die Geschichte ist vielen aus dem Oscar-gekrönten Film *The King's Speech* bekannt. Obwohl er keine hochkarätige Fachausbildung und keinen akademischen Grad aufweisen konnte, gelang es Logue als Einzigem, den König von seinem Stottern bei öffentlichen Ansprachen zu befreien. Dabei ging der ehemalige Brauer und Goldgräber nicht nach einer festgelegten Methode vor und orientierte sich auch nicht an einer Fachrichtung, sondern er brachte einfach viel Empathie und Geduld für seinen Klienten auf. Dabei verließ er sich neben seinem Humor auf seine Erfahrungen, die er mit traumatisierten Kriegsheimkehrern und im Schauspielunterricht gesammelt hatte. Auf diese Weise gelang es Logue, den König für seine Krönungsrede und seine Radioansprachen während des Zweiten Weltkriegs fit zu machen.

Die Pointe daran ist, dass Logue sein Training als allumfassend verstand: Es war therapeutisch, didaktisch, psychologisch geschickt und künstlerisch. Und all das muss ein guter Lehrer können. Nicht nur sollte er über viel Fachwissen verfügen, was selbstverständlich ist. In gleichem Maße wie er sich für sein Fach begeistert, sollte er sich für Kinder und Jugendliche begeistern mit Autorität, Unterhaltungstalent, Fingerspitzengefühl und viel Empathie. Lehrer, sagt Tina Seidel, Professorin für Unterrichts- und Hochschulforschung an der TU München, ist »der anspruchsvollste Beruf, den man wählen kann«.[66]

Dass man einen solchen Artisten, der so viel beherrschen muss, nicht in die Rolle eines Beamten pressen sollte, versteht sich dabei von selbst. Lehrer zu verbeamten ist ein Überbleibsel alten Preußentums, das in der Gegenwart seinen Sinn längst verloren hat. Deutschland im Jahr 2013 ist kein gefährdeter und von Umstürzen bedrohter Staat, der seine Lehrer auf Linientreue überprüfen und verpflichten muss. Der »Pauker« war das Rollenmodell des 19. Jahrhunderts. Zu ihm passte der Beamtenstatus. Ein guter Künstler hingegen möchte gar nicht Beamter werden. Vielmehr dürfte es ihm wichtig sein, leistungsbezogen bezahlt zu werden und seine schulische Karriere nicht dem toten Sozialismus einer Verwaltungslaufbahn zu überantworten. Wer verhindern will, dass zu viele den Lehrberuf ergreifen, die dafür nicht geeignet sind, sollte mögliche falsche Motivationen wie den Beamtenstatus aus dem System unbedingt entfernen.

Falsche Fronten

Der Lehrer als Vermittlungskünstler – wie viele der etwa 800 000 Lehrer in Deutschland werden einem solch hohen Anspruch gerecht? Die Antwort darauf sei dem Leser überlassen und seinem persönlichen Erfahrungsschatz als Schüler oder Schülerin oder als Elternteil eines Schülers oder einer Schülerin. Über die Qualität von Lehrern in Deutschland können viele mitreden; es ist einer der Berufe, den man aus eigener Erfahrung am besten kennt. Wenn auch zumeist nur von der einen Seite und nicht von der anderen.

Genau dies, so scheint es, führt häufig zur polarisierten Diskussion. Das Ansehen von Lehrern in der Öffentlichkeit ist seit Jahrzehnten stark abschüssig. Die Akzeptanz des Berufs in der Gesellschaft ist von »sehr hoch« und »respektabel« auf »verbohrt«, »unsympathisch« und »selbstgerecht« gesunken. Eine »Lehrerpartei« schimpfen die politischen Gegner gern die Grünen, um ein bestimmtes Klischee zu bedienen: selbstgefällig, wirklichkeitsfremd, rechthaberisch und faul. Und zu den Gebildetsten in der Bevölkerung zählen Lehrer nach allgemeiner Ansicht heute gewiss auch nicht mehr.

In solcher Lage ist die Irritation in der Lehrerschaft verständlicherweise groß. Viele fühlen sich zu Unrecht medial diffamiert und nicht wertgeschätzt, etwa wenn Kurt Singer die »moralische Professionalität von Lehrern« generell anzweifelt, weil sie bereitwillig dabei mitmachen, in einem ungerechten Schulsystem Kinder »vorschriftsmäßig zu kränken«.[67] Dabei haben viele Lehrer ihre eigene Kritik an der bestehenden Schulpraxis, allerdings fast jeder von ihnen eine andere! Werden Lehrer jedoch von außen kritisiert, von Politikern, Professoren oder Journalisten, so flüchten sie sich oft in eine Wagenburg mit der Fahne:

»Was versteht ihr schon davon!« Und: »Stellt ihr euch doch mal vor eine Klasse!«

Ein vielsagendes Beispiel dafür liefert der Aufschrei des Kölner Gymnasiallehrers und Lehrerausbilders Michael Felten. Sein erklärter Gegner ist das »öffentliche Dauergerede« und »Bildungsgerede« von Menschen, die keine Lehrer von Beruf sind: »Bildungsredakteure glauben Lehrern gute Ratschläge geben zu können, und die Kultusminister senden einen Reformimpuls nach dem anderen aus. Die Schulmeister vor Ort indes verdrehen angesichts nicht endender Innovationsrhetorik nur die Augen – und wichtige Expertenbefunde bleiben unbekannt.«[68]

Ganz offensichtlich hat Felten trotz allem Unbehagen an seinem Umfeld viel Glück, als Lehrer arbeiten zu dürfen. Hätte er einen Job in der Wirtschaft, so wären der Innovationsdruck und die ständig wechselnde Rhetorik seiner Vorgesetzten mit Sicherheit viel stärker als an seinem Kölner Gymnasium. Er wäre gezwungen, sich auf vieles einzulassen, das er unter Umständen für falsch hält. Er müsste flexibel und geschmeidig sein, ständig Neues lernen, und seine Leistungen würden von Kollegen und Vorgesetzten bewertet und nicht von ihm selbst, der er sich in seinem Büchlein aus vollen Krügen Eigenlob einschenkt.

Vieles von dem, was Felten zur Verteidigung von Lehrern einfällt, ist gleichwohl nicht falsch. Auf den menschlichen Faktor kommt es an, ohne Zweifel. Es liegt »an den handelnden Menschen«, ob Schule gut gelingt. Wer wollte das bestreiten? Lehrer brauchen eine natürliche Autorität. Aber ja doch. Und nicht zuletzt: Man sollte sich nicht alles gefallen lassen und auf die Barrikaden gehen! Alles richtig – doch wogegen? In der hoch getürmten Aufzählung des Bösen gerät Felten alles durcheinander: PISA, individualisiertes Lernen, moderner Deutschunterricht, schlechte Lehrerfortbildung, Selbstständigkeit von Schülern im

Unterricht, Lernmethoden, Reformen von Kultusministern im Allgemeinen und ahnungsloses Gerede von Schulkritikern. Am Ende sieht sich der »Schulmeister« einer Lawine der Klugscheißerei ausgesetzt und legitimiert damit das Arbeitsversagen seiner Zunft als konsequente Reaktion: »Kein Wunder, wenn auffällig viele Pädagogen vorzeitig verhärten, ihre Arbeit nur noch mit zynischem Unterton verrichten, womöglich gar resignieren und ins Burn-out geraten. Kein Wunder, dass es zu wenig engagierten Lehrernachwuchs gibt.«[69]

Glaubt man Felten, dann liegt es also an den Kritikern, dass Lehrer unter einem Burn-out leiden oder zynisch werden. Dass vielleicht viel zu oft die falschen Menschen den Gedanken haben, Lehrer zu werden, und anschließend mit dem Berufsalltag überfordert sind – darauf kommt Felten nicht. Auch nicht, dass das Schulsystem, wie es gegenwärtig ist – und nicht etwa die Kritik daran –, dazu führt, dass viele Menschen, die tolle Lehrer sein könnten, den Beruf nicht besonders attraktiv finden. Doch die einzige Motivation, die Felten für externe Kritiker an der Schule gelten lässt, ist »Selbstverliebtheit«.[70] Die Lehrer, ehrliche und tapfere Handwerker mit »solidem Erfahrungswissen« auf der einen Seite, und ihre Kritiker, selbstverliebte Stimmungsmacher auf der anderen Seite – so einfach markiert Felten seine Fronten und baut, frei nach Pippi Langstrumpf, darauf seine Welt, wie sie ihm gefällt. Gut und Böse, das ist ganz leicht zu verteilen: die in der Schule und die außerhalb. Und: früher besser, heute schlechter.

Vermutlich ist es dem beruflichen Alltag geschuldet, dass einige Lehrer, wie etwa Felten, dazu neigen, besonders empfindlich auf Kritik zu reagieren. Wer qua Profession fast immer in der Rolle des Überlegenen ist und nur gewöhnt darin, andere zu bewerten, verliert leicht das gesunde Gefühl dafür, selbst kritisiert werden zu dürfen. Ähnliche Symptome gibt es zum Beispiel bei Vorstandschefs, Bischöfen oder Intendanten.

Dabei steht der Lehrerberuf völlig zu Recht im Zentrum kritischer Begutachtung – nämlich weil das, was Lehrer tun, von entsprechend großem öffentlichem Interesse ist. Auch Politiker müssen damit leben, permanent (und oft unsachlich) kritisiert zu werden. Das Gleiche gilt für Spitzensportler wie Bundesliga-Fußballspieler, Trainer und andere Menschen, an denen die Öffentlichkeit größeren Anteil nimmt. Nicht aufgrund eines diffusen Hasses, sondern aufgrund ihrer Bedeutung für die Gesellschaft stehen Lehrer stärker im Fokus der Kritik als etwa Steuerberater, Archäologen, Dachdecker, Nachtportiers oder Germanistik-Professoren. Deshalb, und genau deshalb, dürfen Lehrer nicht nur von Nicht-Lehrern kritisiert und mit Ratschlägen versehen werden, sondern *müssen* es sogar.

Das Ziel einer solchen Kritik besteht ja nicht darin, einen Berufsstand zu diffamieren. (Es gibt ohne Zweifel gute wie schlechte Lehrer; und viele sind durchschnittlich gut, wie in allen anderen Berufen auch.) Im Gegenteil, es geht darum, Lehrern zu helfen, ihren Berufsalltag an die modernen Erfordernisse und Gegebenheiten anzupassen, ohne dass ihnen ständig Unmögliches abverlangt wird. Wie im vorhergehenden Kapitel gezeigt, sind auch die Lehrer Opfer eines Tayloristischen Systems, das im Grunde längst tot ist, aber noch immer künstlich beatmet wird. Wenn reformpädagogische Konzepte und Ideen zusätzlich hinzukommen, ist die Konfusion häufig perfekt und die Überforderung programmiert. Die verschiedenen Teile passen einfach nicht mehr zusammen. Doch statt sich auf die nie erfolgreiche Flucht ins Gestern einschwören zu lassen, wie Felten dies händeringend versucht, sollten Lehrer sich für das Neue öffnen. Viele Gruppen, Initiativen und Organisationen tun dies bereits, haben die Zeichen der Zeit längst erkannt. Sowenig jemand für »die Bildungskritiker« sprechen kann, so wenig darf jemand es sich anmaßen, für »die Lehrer« zu sprechen – auch kein Lehrer und kein Lehrerverband!

Insofern sprechen weder Felten noch Mecklenburg-Vorpommerns Bildungsminister Mathias Brodkorb für *die* Lehrerschaft, wenn sie sich als deren Anwälte aufspielen.[71] Was ihnen als »Lehrerbeschimpfung« erscheint, ist in Wahrheit eine Kritik der Rahmenbedingungen, unter denen unsere Lehrer ihren Unterricht machen müssen. Denn dass die Schule so oft Potenziale an Neugierde, Begeisterungsfähigkeit und Kreativität zerstört, liegt nicht an einem vermeintlichen Sadismus von Lehrern (obgleich der mitunter auftritt), sondern an einem kranken System. Und je lauter man die Lehrer im gegenwärtig bestehenden System verteidigt, umso enger zieht man ihnen die Handschellen an, die ihre Misere so belässt, wie sie sich darstellt.

Unter solchen Umständen verwundert es nicht, dass reformpädagogische Ideen und Konzepte oftmals nicht den gewünschten Erfolg in der Praxis bringen. Elemente wie »individualisiertes Lernen« oder »Gruppenarbeit« lassen sich nicht einfach an das alte Konzept anflicken. Schon gar nicht mit Lehrern, die darin schlecht oder gar nicht geschult und in Bezug auf diese Herausforderungen völlig falsch ausgebildet sind. Als zu meiner Schulzeit Mitte der siebziger Jahre junge Lehrer an mein konservatives Gymnasium kamen und »Gruppenarbeit« in den Unterricht einführten, endete dies zumeist in einem vorhersehbaren Fiasko. Niemand von uns Schülern war darin trainiert, sinnvoll im Team zu arbeiten. Und zum Schluss, wie sollte es anders sein, blieb alle Arbeit an einem einzigen, nämlich dem ängstlichsten und gehorsamsten Schüler hängen, der sich weniger als die anderen traute, ein leeres Blatt abzugeben. Etwas überspitzt ausgedrückt: Es gibt keinen richtigen Unterricht im falschen. Und am Ende erwiesen sich unter solchen Vorzeichen tatsächlich manche der alten Knochen an unserer Schule als die besseren Lehrer gegenüber den schnell resignierten und persönlich beleidigten Achtundsechziger-Junglehrern.

Die ganze Diskussion um die Schule greift ohnehin zu kurz, wenn man sie auf die alberne Suche nach der richtigen Methode reduziert. Es gibt keine richtige Methode für guten Unterricht, sondern nur ein hochkompliziertes Beziehungsgeflecht zwischen den Fähigkeiten des Lehrers und denen jedes einzelnen Schülers. Hier ist einmal das eine passend und ein anderes Mal das andere. Die Tatsache jedoch, dass guter Unterricht stets vom Lehrer und der Klasse abhängt, entlässt keinen Verantwortlichen aus der Frage, welche Rahmenbedingungen ein Gelingen des Unterrichts erleichtern können oder eben verhindern. Nichts Naiveres somit, als wenn der junge und hoffentlich noch lernfähige Mecklenburg-Vorpommersche Bildungsminister schreibt: »Was wir brauchen, sind also keine Revolutionen von Strukturen oder Systemen, was wir brauchen, ist seelische Beziehungsarbeit.«[72] Denn natürlich brauchen wir *sowohl* Revolutionen *als auch* Beziehungsarbeit, damit Letztere häufiger erfolgreich ist. Dass es auf die Lehrer ankommt, kann ja nicht heißen, dass man sie von nun an völlig in Ruhe lassen sollte! Soll man wirklich schlechte Lehrer weiterhin ungestört einen schlechten Unterricht machen lassen?

Lehrer werden

»Auch ich gehörte vor mehreren Jahrzehnten in meinem geisteswissenschaftlichen Studium zu diesen Menschen, und was wir damals im Bereich der Pädagogik gelernt haben, war für den späteren Lehrberuf nutzlos und von unseren Professoren auch gar nicht so intendiert. Heute wird von führenden Pädagogen und Didaktikern wie Ewald Terhart bescheinigt, dass die akademische pädagogische Ausbildung für die spätere Praxis der Schul- und Weiterbildung weitgehend wertlos ist.«[73]

Wer dies schreibt, ist kein selbstverliebter Kritiker, der sich aus der Sofaecke ein Urteil anmaßt, sondern Gerhard Roth, der langjährige Präsident der Studienstiftung des deutschen Volkes. Sein Urteil über die Lehrerausbildung in Deutschland ist vernichtend. Sie bringt weder einen praktischen Nutzen für den späteren Lehrer noch ist sie auf der Höhe der Zeit, weil »die Ergebnisse der Lehr- und Lernforschung in den Unterricht keinen großen Eingang gefunden haben«. In Hinblick auf den Zustand der Pädagogik und der Didaktik, durch die sich ein künftiger Lehrer durcharbeiten muss, solange er ihren Professoren »ausgesetzt« ist, spricht Roth sogar von einer »Bankrotterklärung«.[74]

Nutzen und Nachteil der pädagogischen und didaktischen Lehrerausbildung in Deutschland sind in der Tat umstritten. Schon bei seiner Einführung in Preußen in der ersten Hälfte des 19. Jahrhunderts ging es beim Referendariat nicht nur um Ausbildung, sondern auch um eine Gesinnungsprüfung im Rahmen vorgegebener Normen. Der zukünftige Lehrer sollte sich staatstreu an die bestehenden Grundsätze und Lehrmethoden der Schule anpassen. Grundsätzlich eigene und neue Ideen waren von Referendaren nicht erwünscht. So mancher heutige Lehramtsanwärter, der mit den vielen bunten Konzepten und modernen pädagogischen Einsichten der Lern- und Lehrforschung seinen Dienst in der Schule antritt, kann davon immer noch ein trauriges Lied singen. Wie soll er die Eigenmotivation der Schüler wecken, wenn diese darauf konditioniert sind, nach Punkten und Zensuren zu schielen? Wie soll er Freude und Begeisterung wecken, wenn die Kinder und Jugendlichen unter der Last viel zu vielen Wissensstoffs leiden? Wer soll sich auf Geschichte in der sechsten Stunde freuen, wenn man zuvor unter zwei Stunden Mathematik geächtet hat? Die Kluft zwischen pädagogischen, didaktischen und methodischen Einsichten der Erziehungswissenschaft und dem Schulalltag ist in der Tat groß und breit und offenbart in nuce den völligen Irrsinn des Referendariats, wie wir es bislang kennen.

Das eigentliche Ziel des Referendariats ist deshalb auch nicht das Umsetzen von tiefen pädagogischen Einsichten, sondern eine Art Stresstest. Wer behält gegenüber aufsässigen Schülern die Nerven und setzt sich gegen den Lärmpegel in der Klasse durch? Und wer hält bei all den Desillusionierungen am besten durch, ohne von Selbstzweifeln geschüttelt zu werden ob dieses ganzen seltsamen Theaters?

Tatsächlich ist das Referendariat in der Schule nur die Fortsetzung einer widersprüchlichen Welt, die einem bereits im Studium und später in den Kern- und Fachseminaren begegnet. Schon die Texte von Pädagogik- und Didaktik-Professoren widersprechen allen Regeln des Lernens durch Anschaulichkeit, Farbe, Witz und Spannung. Eine pädagogische Abhandlung über die Emotionsbedingtheit des Lernens, die so geschrieben ist, dass es überhaupt keinen Reiz hat, sie zu lesen, ist wirklich ein schlechter Witz! Pädagogik-Professoren, die schlechte Texte schreiben, sind wie Mathematiker, die nicht rechnen können. Ein untrügliches Indiz für eine Wissenschaft, die sich nicht einmal selbst traut.

Mitnichten ist diese Kritik eine Abrechnung mit den Kollegen der Pädagogischen Fakultät. Selbstverständlich wird in der Pädagogik an vielen Universitäten Wichtiges geleistet. Und es gibt hervorragende Vertreter dieses Fachs. Doch während ich dies schreibe, schweift der Blick über meinen Schreibtisch auf Türme von Lehrbüchern von Hochschulpädagogen, die allesamt offensichtlich Ausdrucksprobleme haben und deren Anschaulichkeit sich in ein paar klein gedruckten Tabellen und für den Lehrerberuf völlig überflüssigen Lehrgrafiken erschöpft. Wie viele pädagogische Abhandlungen gibt es darüber, wie schwer verständlich und emotional unbefriedigend der Nominalstil ist? Fremdwörter und Theorien werden wie gut verschlossene Gefäße, deren Inhalt vage bekannt ist, aufeinandergestapelt. Und jede zwischenmenschliche Regung eines Unterrichtstages gerät zu einer »Phase«, zu der passende »Methoden« definiert werden, und zwar je nach Maßgabe einer lerntheoretischen Didaktik, einer informationstheoretisch-kybernetischen Didaktik, einer bildungstheoretischen Didaktik, einer entwicklungslogischen Didaktik, einer kommunikativen Didaktik, einer konstruktivistischen Didaktik, einer subjektiven Didaktik oder einer evolutionären Didaktik etc. Geht es nach unseren Bildungs- und Kultusministern, dann muss man so etwas kennen und können, um ein guter Lehrer zu sein. Denn genau damit werden Referendare traktiert.

»Didaktik ist Mittel zum Zweck des Bildungsprozesses, nicht Selbstzweck. Wo sie auf die Bestimmung des Bildungssinns verzichtet, ist sie eigentlich überflüssig, sie schrumpft zur Methodik und mit ihr zum Modell effektivitätsorientierter Anpassung an gewünschte Verhaltensmerkmale«, warnt auch Andreas Gruschka.[75] Zu Deutsch: Bevor man sich einer Methode unterwirft, sollte man klären, welche Art von Bildung man anstrebt. Denn nicht *wie* man lernt, sondern *was* man lernt, sollte einem guten Lehrer wichtig sein. Zumal sich das Wie bei einem tollen Pädagogen leicht aus dem Was ergibt. Man denke nur an den Sprachlehrer Logue. Im Grunde nämlich lässt sich überhaupt nicht lehren, was ein guter Lehrer ist; man kann es nur im Zusammenspiel von Wissen und Tun erfahren.

All dies bezweifelt nicht, dass Lehrer didaktische Kniffe beherrschen und diese als Referendare auch einüben müssen. Aber die monströse Überfrachtung der Lehrerausbildung mit Theorie steht in keinem Verhältnis zu deren Wert in der Praxis. So wie unsere Betriebswirtschafter ein Studium absolvieren, von dem nicht einmal zehn Prozent des Aufgenommenen am Ende nützlich sind, weil sie als Manager im Betrieb alles neu lernen müssen, so verhält es sich auch mit unseren Lehramtsanwärtern. Auch hier ist ohne Zweifel eine Abrüstung dringend geboten, nicht zuletzt deshalb, um künftigen Lehrern mehr Zeit zu geben, sich in der psychologischen Situation des Klassenzimmers zu bewähren.

Die Vorbereitung darauf ist bekanntermaßen meist schlecht. »Wir Gymnasiallehrer haben nämlich, unter uns gesagt, nicht die geringste Ahnung von Kinder- und Jugendpsychologie und erst recht keine Ahnung vom Umgang mit schwierigen, verhaltensauffälligen Kindern, wir haben auch keine Ahnung von modernen Lerntheorien, und wir haben keine Vorstellung und keine Kenntnis von dem, wie eine gute Schule aussehen müsste. Das aber heißt: Wir verstehen nichts von Kindern, wir verstehen nichts vom Lernen und wir verstehen nichts von dem Betrieb, in dem wir arbeiten. Es fehlt uns also nahezu jede Grundlage – Basiskompetenz – für unsere Profession«, schreibt die Lehrerin Marga Bayerwaltes über ihre fünfundzwanzig Jahre am Gymnasium.[76] Dass die Sorgen an einer Hauptschule noch wesentlich größer sein dürften, ist leicht vorstellbar.

Vor solche Probleme gestellt, braucht der Referendar eine völlig andere Ausbildung als die bisherige. Und beim Unterricht in der Schule benötigt er keinen Seminarleiter, der gelegentliche Besuche abstattet, sondern einen versierten Coach, einen Logue, der ihm bei den acht bis siebzehn Wochenstunden eigenständigen Unterrichts zur Seite steht. Dass diese Funktion nicht automatisch durch den Betreuungslehrer abgedeckt wird, versteht sich von selbst. Denn Betreuungslehrer sind Lehrer, mit denen man Glück haben kann oder auch nicht. Im Zweifelsfall jedenfalls sind sie eher den Prinzipien ihrer eigenen Unterrichtsführung verpflichtet als den spezifischen Belangen des Referendars.

Um dem künstlerischen Anspruch des Lehrerberufs gerecht zu werden, sollte sich die Ausbildung von Lehrern nicht an der Universität orientieren, sondern eher an Kunsthochschulen. Bedingung für die Aufnahme des Referendariats wäre dabei ein Casting, das die besten Kandidaten herausfiltert und somit frühzeitig verhindert, dass jemand hier den falschen Beruf ergreift, wie es leider viel zu oft der Fall ist – zum Unglück der Kinder wie zum eigenen. Ob jemand Kinder liebt, ist nicht leicht herauszufinden, aber ein Praktikum in einem Kinderheim wäre vielleicht nicht die schlechteste Idee, um etwas darüber zu erfahren.

Was die Aufnahme an der Kunsthochschule für Lehrer betrifft, so wäre zum Beispiel ein Vortrag von dreißig Minuten denkbar, etwa zu einem Thema, das relevanten Schulstoff enthält. Im Publikum säßen die künftigen Coaches, deren »Meisterschüler« man werden möchte, sowie Kinder oder Jugendliche im passenden Alter zum Vortragsthema. Stellt sich heraus, dass viele dem Lehrer in spe gern zuhören und sich mitreißen lassen, ist die zweite Grundvoraussetzung erfüllt. Langweilt der Vortragende sein Publikum, so ist es für alle Beteiligten sicher besser, wenn er den Lehrerberuf gar nicht erst anstrebt.

Andere zu begeistern, kann man, wie gesagt, nicht lernen. Dabei bin ich mir durchaus bewusst, dass renommierte Bildungsforscher wie Jürgen Baumert, langjähriger Direktor am Max-Planck-Institut für Bildungsforschung in Berlin, das anders sehen. Für ihn muss ein guter Lehrer kein geborener Lehrer sein mit außergewöhnlichen Fähigkeiten. Eine professionelle Lehrerausbildung könne auch aus jemanden etwas machen, der keine Ausnahmeerscheinung in pädagogischer Hinsicht sei. Dass es mit Talent allein nicht getan ist, ist natürlich klar. Zu einem guten Fachwissen des Lehrers gibt es unstreitig keine Alternative, und selbstverständlich gehört eine pädagogische Ausbildung zu jedem Referendariat. Es fragt sich nur: Was für eine pädagogische Ausbildung? Eine wissenschaftliche oder eine künstlerische? Meiner Ansicht nach sollte der Schwerpunkt auf Letzterer liegen. Denn theoretisch viel über Didaktik und Methodik zu wissen, ohne diese kreativ und phantasievoll umsetzen zu können, demonstriert im Zweifel nur den großen Unterschied zwischen »Wissen, wie es geht« und »Können«.

Sinn der Lehrerausbildung aber kann nur das Können sein. Und die wichtigste Voraussetzung für Können in einem künstlerischen Beruf ist Talent, das man nicht lernen kann. Bezeichnenderweise jedoch wird die Talentfrage in der herkömmlichen Lehrerausbildung zu keinem Zeitpunkt gestellt. Jeder, der ein Staatsexamen in der Tasche hat, kann in Deutschland Lehrer werden. Talent wird nicht vorausgesetzt und nicht überprüft. Auch die Motivation spielt für den Lehrerberuf keine Rolle. Wie viele Hochschulabsolventen werden nur deshalb Lehrer, weil ihnen nichts Besseres eingefallen ist? Oder weil die Verbeamtung reizvoll erscheint? Oder weil man – gerade in den Naturwissenschaften – zu den schlechten seines Fachs auf der Universität gezählt hat und einem dann halt nur die Schule als Betätigungsfeld bleibt und nicht etwa ein Max-Planck-Institut? Es sind ebendiese Lehrer, die mit ihrer mangelnden pädagogischen Eignung das Ansehen eines ganzen Berufsstands in Verruf bringen, weil sie sich für etwas geeignet halten, von dem sie selbst keine hohe Meinung haben. Oder wie der Philosoph Theodor W. Adorno es einmal formuliert hat: »Hereinspielt jene schmähliche, nicht nur in Deutschland verbreitete Missachtung des Lehrerberufs, die dann wieder die Kandidaten dazu bewegt, allzu bescheidene Ansprüche an sich zu stellen. Viele haben in Wirklichkeit resigniert, ehe sie auch nur anfangen ...«[77]

Aber wer reflektiert schon immer so genau seine eigenen Motive bei der Berufswahl? Bezeichnenderweise wäre, nach Adorno, mancher angehende Lehrer bereits überfordert, »wenn man ihm zumuten wolle, dass er das Fragwürdige seines Beginnens im Augenblick jener Entscheidung über seine Zukunft durchschaute«.

Während Länder wie Finnland tatsächlich Castings veranstalten, bei denen in etwa so wenige Kandidaten durchkommen wie bei einer deutschen Schauspiel- oder Kunsthochschule, nehmen wir in Deutschland alle. Vielleicht ist das ein Grund dafür, dass bei uns jeder fünfte Schüler privaten Nachhilfeunterricht braucht, in Finnland dagegen nur jeder fünfzigste.[78] »Viele werden Lehrer aus Verlegenheit, weil sie nicht wissen, was sie tun sollen«, bestätigt dazu auch Norbert Seibert, Professor für Schulpädagogik an der Universität Passau. »Hinzu kommt dann ein Studium, das nicht ausreichend auf den Beruf vorbereitet. Und wenn man 30 Jahre etwas machen muss, was man nicht gelernt hat, ist man schnell ausgebrannt.«[79] Aus diesem Grund hat Seibert in Passau die ersten Eignungstests für Lehrer eingeführt, bestehend aus einer Woche mit schriftlichen und mündlichen Tests. Wie in einem Assessment-Center müssen sich die künftigen Lehrer bewähren, sich selbst präsentieren, ihre Körpersprache in die Waagschale legen, ihr Ausdrucksvermögen unter Beweis stellen, sich in Rollenspielen bewähren und ihre Empathiefähigkeit demonstrieren. Was in diesem wegweisenden Modell bedauerlicherweise fehlt, ist das Urteil von Kindern und Jugendlichen, um deren Wohl und Wehe es eigentlich gehen soll.

Lehrer zum frühestmöglichen Zeitpunkt auf ihre Eignung zu testen, ist nicht nur sinnvoll, sondern unvermeidlich. Und es ist schon bizarr, dass man in Deutschland bis zum Jahr 2009 warten musste, bis jemand den Mut und die Mittel gefunden hat, dies umzusetzen. Verbunden mit einer Ausbildung, die neben dem praktischen Schulunterricht die »Kunst des Lehrens« einstudiert an eigens dafür geschaffenen pädagogischen Kunsthochschulen, würde dies nicht nur die Qualität der Lehre verbessern – auch das Image des Lehrers als eines besonderen Berufs würde damit ganz entscheidend aufpoliert. Und nicht wenige talentierte Studenten, die aus gutem Grund vor einem Referendariat gegenwärtigen Zuschnitts zurückschrecken, könnten die Dinge anders sehen, wenn ihnen eine vielseitige Ausbildung auf einer pädagogischen Kunsthochschule mit tollen Kollegen und Kolleginnen in Aussicht stünde.

Diese Kunst des Lehrens sollte mitnichten auf eine elitäre Schülerschaft beschränkt sein. Gerade Kinder aus sozial schwachen Elternhäusern brauchen Vermittlungskünstler als Lehrer, die in der harten sozialen Realität bestehen und schwierige Kinder begeistern können. Deshalb ist es ein finsterer Scherz, dass man in Deutschland Gymnasiallehrer besser bezahlt als Hauptschullehrer. Ein angehender Studienrat, der es aufgrund seiner Referendariatsnoten nicht an ein Gymnasium schafft, ist gemäß dieser Skalierung gleichwohl noch gut genug, um an der Hauptschule zu unterrichten. Am Ende hängt »Pädagogen, die sich in Problembezirken in Problemschulen an Problemkinder wagen«, der Ruf an, »besonders schlecht zu sein ... So werden dort, wo Engagement besonders kostbar ist, diejenigen mit Verachtung gestraft, die es allen Widrigkeiten zum Trotz immer noch aufbringen«.[80] Wo professionelle Motivationstrainer gebraucht würden, tummeln sich nicht selten Lehrer, die resigniert mit einem Frustrationserlebnis ins Berufsleben starten. Dabei besteht ja nicht der geringste Zweifel daran, dass wir gerade im Umgang mit sogenannten Problemkindern die besten Lehrer benötigen.

Das Ziel des Umbaus besteht darin, für den Lehrerberuf jenen Respekt und jene Anerkennung zurückzugewinnen, die er aus nachvollziehbaren Gründen durch schwere Systemfehler verloren hat. Denn die Ausbildung von Lehrern, wie sie sich heute leider darstellt, wird den modernen Herausforderungen schon lange nicht mehr gerecht. Gefordert ist ein pädagogischer Expressionismus, der sich phantasievoll Alternativen ausdenkt und neue Wege erfindet – eine höchst spannende Angelegenheit. Zudem geht es um eine Praxis, die ungeeignete Lehrer erst gar nicht Lehrer werden lässt und somit verhindert, dass, wie gegenwärtig der Fall, mehr als die Hälfte aller Lehrer gesundheitlich stark unter Stress leidet. Ungefähr ein Viertel aller Lehrer in Deutschland, schätzt Klaus Hurrelmann, sind mit ihrem Beruf einfach überfordert.[81] Und nach einer Befragung der Leuphana Universität Lüneburg wollen gerade einmal 41 Prozent ihren Dienst bis zur gesetzlichen Pensionsgrenze ausüben.[82]

Müssen Lehrer lernen?

Einen Zustand wie den dargelegten kann man nicht ernsthaft verteidigen wollen. Denn die Frage, wer, wie und warum Lehrer wird, ist von viel zu elementarer Bedeutung für unsere Gesellschaft. Von ihr hängt das Schicksal von vielen Millionen Kindern und Jugendlichen ab, also mithin die Zukunft unseres Landes. Aus diesem Grund ist es wichtig, dass möglichst viele Menschen ihre Kräfte und ihre Fantasie dareinlegen, das bisher bestehende System zu verändern. Immerhin stehen auch viele andere bedeutende gesellschaftliche Systeme ständig auf dem Prüfstand und müssen sich der Zeit anpassen. Und wahrscheinlich nicht einmal der konservativste Vertreter der Lehrerschaft wird allen Ernstes glauben wollen, dass man vor ein bis zwei Jahrhunderten in Preußen bereits den Stein der Weisen gefunden hat und ein zeitlos großartiges Schulsystem erfand, das in seiner Struktur nichts mehr zu verbessern übrig lässt.

Zu den veralteten Strukturen gehören aber nicht nur Rohrstock, Prügelstrafe und Tintenfass, sondern ebenso die Vorstellung, dass Lehrer ihre Arbeit ohne jede ernsthafte Kontrolle allein verrichten sollen und müssen. »Normaler Klassenunterricht ist einer der einsamsten Berufe der Welt. Umgeben von einem Meer an Kindern, ist der Lehrer wie ein einsamer Fels in der Brandung ... Wenn ein Lehrer seine Arbeit macht (die Pausen ausgenommen), ist er ganz auf sich gestellt. Es gibt keine Unterstützung, niemand, mit dem er sich besprechen oder beraten kann, niemand, den er um Hilfe oder Bestätigung bitten könnte.«[83]

Lehrer gehören zu einer der am strengsten reglementierten und zugleich am schlechtesten kontrollierten Berufsgruppe. Daher ist es ihnen oft nur schwer möglich, ihre Leistung mit der von anderen Lehrern zu vergleichen. Sie selbst werden, wenn sie erst einmal im Beruf stehen, nie getestet und benotet. Man stellt ständig anderen Zeugnisse aus, aber bekommt nie selbst eines. Da braucht man schon einen sehr gefestigten und ausgeglichenen Charakter, damit so etwas keine Spuren in der Psyche hinterlässt.

Wie kann man Lehrer vor dieser Gefahr schützen? Eine schöne Möglichkeit besteht darin, Lehrer in regelmäßigen Abständen zusammenzubringen, um einen gruppendynamischen Austausch zu pflegen und sie dabei zugleich weiterzubilden. In diesem Sinne fordert Singer: »Es müsste sofort begonnen werden, in einem breit angelegten Fortbildungsprojekt alle Lehrer pädagogisch, psychologisch und didaktisch weiterzubilden. Das wäre für die Lernfähigkeit und die Bildung der Schüler wirksamer, als sie endlos zu testen, zu vergleichen, auszusondern, sie in Bildungsstandards einzuklemmen und unter Druck zu setzen. Lehrerinnen und Lehrer müssten darin unterstützt werden: Kinder *individuell* lernen zu lassen; ihnen zu ermöglichen, alles *selbst zu tun,* was sie tun können; interessant und *verstehbar* zu unterrichten; sich *konfliktbearbeitend* mit Jugendlichen einzulassen; mit Eltern demokratisch *zusammenzuarbeiten;* im Lehrerkollegium kooperativ *voneinander zu lernen* und die Schule gemeinsam zu gestalten; sich als Lehrer durch Selbsterfahrung, Supervision, pädagogische Gruppen wahrnehmungsfähig zu machen, um die Schüler besser zu verstehen und die eigenen Probleme nicht unreflektiert an den Schülern auszuleben.«[84]

Wie auch immer man sich ein solches Coaching vorstellen mag, es wird in der Zukunft wichtig sein, Lehrer nicht mehr in diesem Ausmaß allein zu lassen wie bisher. Bezeichnenderweise lehnt eine Mehrheit der Lehrer in Deutschland ein solches Coaching ab. Bereits regelmäßige Weiterbildungsveranstaltungen werden oft nicht mit Freude aufgenommen. Verwundern muss das nicht. Denn im Hinblick auf Teamfähigkeit und Zusammenarbeit mit Kollegen sind unsere Lehrer ja auch nie ausgebildet worden. Kein Wunder, dass sie jede Einmischung in ihren Unterricht und seine Methoden häufig als Übergriff auf ihre Person empfinden.

Eine weitere Idee wäre die eigenverantwortliche Weiterbildung von Lehrern etwa in Form eines turnusmäßigen Sabbaticals. Nicht zuletzt, um dem häufigen Ausbrennen von Lehrern und der beachtlichen Zahl an Frühpensionierungen etwas entgegenzusetzen. So etwa könnte man Lehrer alle vier Jahre für ein halbes Jahr von ihrem Beruf freistellen, damit sie diese Zeit für Weiterbildung und Lebenserfahrung nutzen. Ein solches Halbjahr stünde dann unter einer vom Lehrer selbst gestellten Frage oder einem privaten Forschungsvorhaben. Ein halbes Jahr nach Australien zu gehen, um mehr über das Leben der Aborigines zu erfahren; ein halbes Jahr an einem Buch über ein eigenes Interessensgebiet arbeiten, ein halbes Jahr in einem Holzhaus an einem Fjord leben und die Natur beobachten und dokumentieren usw. Die einzige Auflage bestünde darin, in dieser Zeit eine andere Bildungseinrichtung als die eigene zu besuchen und kennenzulernen. Und bei Wiedereintritt in die Schule denkt man sich ein Projekt aus, in dem man seine neuen Erfahrungen mit Schülern und Kollegen teilt.

Möglicherweise klingt ein solcher Vorschlag in den Ohren mancher Lehrer verlockender als der Begriff »Coaching«. Aber vielleicht sollte man sich von den lauten Stimmen von Lehrerverbänden über die Resistenz von Lehrern gegen die Weiterbildung auch nicht täuschen lassen. Der Wunsch nach einem Aufbrechen der bisherigen Lehre ist wahrscheinlich viel größer, als es nach außen oft scheint. Gerade unter jungen Lehrern bestehen vielfältige Änderungswünsche an der Lehrerausbildung wie an der Schulpraxis. Und die Anzahl der Schulleiter, die gern etwas Neues wagen wollen, wächst rasant. Bei einer PISA-Umfrage kam heraus, dass Deutschlands Schulleitungen es als das zweitgrößte Problem unserer Schulen ansehen, dass es im Kollegium so viel Widerstand gegen Veränderungen gibt.

(Das größte Problem war die Vernachlässigung individueller Schülerbedürfnisse.)[85]

Fest steht, dass unter den gegenwärtigen Bedingungen immer weniger junge Menschen den Wunsch haben, Lehrer werden zu wollen. Jeder zweite Lehrer an unseren Schulen ist älter als fünfzig und verlässt in zehn oder spätestens fünfzehn Jahren seinen Beruf. Besonders in Mathematik und den Naturwissenschaften ist der Lehrerberuf für viele unattraktiv geworden. Wenn hier nicht Grundlegendes geschieht, das es wieder spannender und erfüllender macht, ein Referendariat zu absolvieren und zu unterrichten, erodieren über kurz oder lang unsere Schulen.

Nach dieser Übersicht der Probleme, der Argumente und der Freund-Feind-Linien mit ihren mehr oder weniger bekannten Scharmützeln möchte ich nun, im zweiten Teil des Buches, versuchen, Perspektiven für ein anderes Schulsystem aufzuzeigen. Ein System, das unseren Kindern und ihren Lebensbedürfnissen besser entspricht und zugleich in Hinsicht auf ihre Bildung höheren Ansprüchen genügt als das alte, das auf viel Stoff und systematisches Vergessen programmiert ist. Das Erste, was es dabei zu klären gilt, ist die Frage, was für eine Vorstellung von Bildung wir für das 21. Jahrhundert überhaupt entwickeln können …

Die
Bildungsrevolution

Bildung im 21. Jahrhundert

> Wenn ich an die Zukunft dachte, träumte ich davon, eines Tages eine Schule zu gründen, in der junge Menschen lernen könnten, ohne sich zu langweilen; in der sie angeregt werden, Probleme aufzuwerfen und zu diskutieren; eine Schule, in der sie nicht gezwungen wären, unverlangte Antworten auf ungestellte Fragen zu hören; in der man nicht studierte, um Prüfungen zu bestehen, sondern um etwas zu lernen.
>
> *Karl Popper*

Prognosen und andere Irrtümer

Welchen Beruf werden unsere Kinder in zehn oder zwanzig Jahren ausüben? Was werden sie dafür können müssen? Welchen Stellenwert wird dieser Beruf in ihrem Leben haben? Wie viel Lebenszeit werden sie mit Arbeit verbringen und wie viel mit Freizeit? Und wie werden sie sich in einer Welt zurechtfinden, die um vieles anders sein wird als die unsere?

Geht es nach Cathy N. Davidson, Bildungsforscherin an der Duke University in Durham im US-amerikanischen Bundesstaat Carolina, dann werden 65 Prozent unserer Kinder in Berufen arbeiten, die es bislang noch gar nicht gibt. So wie Menschen, die in den sechziger und siebziger Jahre in die Schule gegangen sind, sich nicht entfernt hatten vorstellen können, dass man heute in der Gentechnik forscht, Schönheitschirurg oder Reproduktionsmediziner wird, Smartphones designed und mit Apps ausstattet, Werbung in sozialen Netzwerken implementiert, sich als Online-Journalist betätigt oder Schuhe im Internet versteigert.[86]

Vielleicht hätte man sich in den Sechzigern und Siebzigern eher vorstellen können, dass viele Menschen künftig einmal in der Raumfahrt arbeiten und Kolonien auf Mond und Mars bauen. Auch von riesigen Städten unter Wasser war Ende der Sechziger die Rede – so sollte die Zukunft aussehen! Und auch an Gegenutopien gab es keinen Mangel. Würde die Welt im Jahr 2013 nicht aus einer ganz anderen globalen Ordnung bestehen? Eine klassenlose Weltgesellschaft ohne Ausbeutung und Kriege? Welcher »progressive« Student hatte nicht darauf gehofft, seinen künftigen Job im Kampf um die Beendigung des Welthungers zu finden? Der Teil eines Millionenheeres zu sein von Friedensrichtern und Sozialarbeitern in Vietnam, Angola oder Biafra?

Doch der Fortschritt der Menschheit verläuft nicht entlang von Notwendigkeiten und Wichtigkeiten in der Welt. Er richtet sich auch nicht nach einer Rangfolge von Wünschenswertem. Und erst recht nicht besteht er aus einer kontinuierlichen Hochrechnung des gesellschaftlichen und technischen Status quo in die Zukunft. Nicht unwahrscheinlich, dass sich der Fortschritt unserer digitalen Technik einmal auf ähnliche Weise verlangsamt wie der technische Fortschritt im Maschinenbau. Die bahnbrechende Geschwindigkeit, mit der gleichsam aus dem Nichts in den Jahren 1900 bis 1920 völlig funktionsfähige und seriell produzierbare Autos und Flugzeuge entstanden, steht in keinem Verhältnis zu den minimalen Fortschritten in der Ingenieurskunst der Gegenwart. Und gewaltige Industrien wie die Kohle- und Stahlproduktion, auf der mehr als hundert Jahre Deutschlands Wohlstand basierte, schwinden heute dahin.

Der Motor des Fortschritts überall in der Welt sind ökonomische Verwertungsinteressen und Märkte. Sie sind der Grund dafür, dass gegenwärtig in Deutschland und anderswo mehr Menschen Arbeitsplätze haben, bei denen sie sich Computerspiele oder Werbung ausdenken, als dass sie als Agronomen, Lehrer, Ärzte oder Mediatoren in Schwarzafrika unterwegs sind, den Welthunger bekämpfen und ökologische Katastrophen verhindern. Und das wichtigste Ziel innerhalb dieser Verwertungsinteressen ist die Bequemlichkeit. Technik soll dazu dienen, das Leben bequemer zu machen. Ein Knopfdruck auf der Fernbedienung erspart heute den Fußweg hinaus in die Welt: Filme, Freunde, Fernsehen und das Weltwissen des Internets öffnen sich wie die Schatzhöhle den vierzig Räubern. Und auch das Fast Food dazu ist nur einen Knopfdruck entfernt und wird frei Haus geliefert: Pizza und Piazza auf dem Sofa, ganz ohne Mühen und Reisen – eine mit Milliardenaufwand vorangetriebene und beworbene Lebensvision. Und hunderttausend kluge und umtriebige Menschen erfinden immer neue kreative Lösungen, um faulen und trägen Menschen das Leben noch bequemer zu machen. Die Wirtschaft, meint dazu der Bildungsexperte Reinhard Kahl, braucht »kluge Produzenten und dämliche Konsumenten«.

Vielleicht wird diese Entwicklung so weitergehen, wie viele sogenannte Zukunftsforscher meinen. Unsere ganze Lebenswelt würde dann Teil einer *Cloud,* einer uns umhüllenden und einlullenden Hightech-Wolke werden. Aus dem iPad wird dann der iMirror, der iTable und die iWall. Unser Badezimmerspiegel, unser Küchentisch und die Kinderzimmertapete bekommen eine IP-Adresse. Statt mit dem Nachbarn, mit Freunden oder dem Bahnschaffner kommunizieren wir mit unseren Möbeln oder unserem ICE-Sitz. Und für alles das brauchen wir neue Geräte und Services und halten somit die Weltwirtschaft in Gang.[87]

Dass die Menschheit dadurch möglicherweise nicht viel glücklicher wird, ist eine andere Sache. Doch die technische Entwicklung, die unsere gesellschaftliche vor sich hertreibt, gilt als alternativlos. Und fast alle Zukunftsszenarien, die von Bildungsforschern und Bildungspolitikern für unsere Kinder entwickelt werden, handeln nicht von der Frage, *wozu* dieser Fortschritt gut ist. Die einzige Frage, die sie interessiert, ist, wie wir unsere Kinder auf diesem unhinterfragten Zukunftsmarkt sinnvoll platzieren können.

Vielleicht aber gibt es in der Zukunft auch hierzu eine Gegenbewegung. Und die Fragen nach dem Warum oder Wozu, die in den sechziger bis in die achtziger Jahre hinein völlig normal waren, werden wieder neu gestellt. Immerhin hat selbst das gegenwärtige Bildungssystem junge Menschen hervorgebracht – oder zumindest nicht verhindert –, die ihrem Tun einen Sinn beimessen wollen. Dieser Sinn ist, verglichen mit den Sinnstiftungsvisionen mancher ihrer Eltern, zwar oft weniger ein gesellschaftlicher Sinn, aber zumindest ein individueller. Entscheidend ist, dass er über den bloß wirtschaftlichen Erfolg hinausgeht. Dass ein sinnvolles Leben nicht einfach nur ein ökonomisch erfolgreiches Leben ist, gehört fest zum psychischen Inventar vieler Wohlstandskinder. Es mangelt ihnen auch nicht an Werten, wie manchmal unbedarft behauptet wird. Vielmehr drückt sie die Last zu vieler und zeitlich oft kaum miteinander zu vereinbarender Werte, die ihr Leben zuweilen hektisch, unerfüllt und unzufrieden macht.

Aus alldem folgt, dass man unsere Kinder nicht linear und stromlinienförmig auf eine zukünftige Berufswelt vorbereiten kann, wie das vielleicht noch in den fünfziger oder sechziger Jahren der Fall gewesen wäre. Vorboten davon waren schon in den Achtzigern zu spüren. So etwa warben an meinem Solinger Gymnasium während der Abiturzeit 1984 Ingenieure dafür, dass wir Schüler möglichst alle Ingenieure oder Atomphysiker werden sollten, weil Fachkräftemangel zu befürchten sei. Fünf

Jahre später war die Hälfte der frisch diplomierten Ingenieure aus meiner Jahrgangsstufe arbeitslos. Es gab eine Ingenieursschwemme. Noch im Jahr 1997 waren 16 Prozent aller Ingenieure in Deutschland ohne Job. Ähnliche Zyklen erlebten die in den achtziger Jahren heiß umworbenen Informatiker. Von dem, was einem Schüler blühte, der sich 1984 dazu entschloss, Atomphysiker zu werden, gar nicht zu reden. Der Bau des letzten Atomkraftwerks in Deutschland, für den die vielen Experten gebraucht werden sollten, begann im November 1982. Und das letzte Kraftwerk ging 1989 ans Netz.

Wirtschafts- und Arbeitsmarktprognosen sind auffallend schlechte Ratgeber für die Bildungspolitik. Insofern ist es wenig sinnvoll, dass Bildungspolitiker ihre Maßstäbe, ihre Überzeugungen und Grundwerte danach ausrichten. Zu dieser Fehlorientierung gehören auch die Konzepte, das Niveau in den PISA-relevanten MINT-Fächern für alle Gymnasiasten zu erhöhen. Weil Deutschland in Zukunft mehr Ingenieure braucht – was unter Experten umstritten ist –, sollen *alle* Abiturienten in Deutschland sich länger mit den MINT-Fächern beschäftigen und oft herumplagen. Auf den Sinn und Unsinn eines solchen Pflichtprogramms komme ich an späterer Stelle zurück.

Weil keiner definitiv wissen kann, was die Zukunft bringt, wird es in unseren Schulen allgemein weniger darauf ankommen, *was* wir unseren Kindern beibringen. Wichtiger ist, sie erfolgreich dazu zu ermächtigen, sich möglichst viel selbstständig beizubringen. Humboldts Traum, dass Kinder in Schulen lernen sollten, Lernen zu lernen, ist heute relevanter als je zuvor. Je weniger wir darüber wissen, was unsere Kinder einmal brauchen werden, um ihr Leben erfolgreich zu bewältigen und mit Sinn und Bedeutung zu füllen, umso mehr müssen wir ihnen helfen, selbstständig lernen zu lernen und sich eigene Ziele zu setzen.

Die meisten Leser, die diese Sätze lesen, werden dem vermutlich zustimmen. Selbst jene, die das bestehende Schulsystem für das bestmögliche halten, werden nicken und darauf hinweisen, dass genau dies doch das erklärte Ziel unserer Schulen und unserer Schulbildung sei. Dabei haben sie insofern recht, als dass in der Tat viele offizielle Sätze unseren Schulen vorgeben, die Schüler zur Mündigkeit und Selbstständigkeit zu erziehen. Aber sie haben fundamental unrecht zu glauben, dass dies auf die bestmögliche Weise an unseren Schulen geschieht.

Postpferde und Rennpferde

Auch das Tayloristische System hatte und hat die Aufgabe, Kinder und Jugendliche auf die Gesellschaft vorzubereiten. Und zwar auf eine ganz bestimmte, auf eine *arbeitsteilige* Arbeiter- und Angestelltengesellschaft. Noch der Gedanke des heutigen Gymnasiums, dass Schüler in allen oder möglichst vielen Fächern dazu gebracht werden sollen, ein Fachstudium aufnehmen zu können, entspricht diesem Geist. Das Gleiche gilt für das Parzellieren des Wissens in Fächer. Nicht ein wie auch immer vorgestellter Gesamtdurchblick war das Ziel, sondern möglichst viel schulisches Fachwissen für eine spätere Tätigkeit als Fachmann oder Fachfrau für Mathematik, Physik, Chemie, Wetter, Biologie oder Geschichte. Wichtige Bereiche wie Medizin, Jura oder Wirtschaft blieben dabei zumeist außen vor, aus Gründen, über die man lange spekulieren kann.

Für die Schüler der Volksschule und die späteren Haupt- und Realschulen galt das gleiche Ziel, nur eine Stufe tiefer. Auch sie sollten allseitig verwendbar sein, allerdings ohne größere Spezialkenntnisse. Ähnlich verhielt es sich in den anderen westlichen

Ländern. Auf dem Höhepunkt des Taylorismus in der Wirtschaft sahen die USA das Ziel ihrer *Public Schools* darin, fähige Arbeiter für die Fließbänder von General Motors hervorzubringen. Gerade die US-amerikanische Automobilindustrie hatte die Arbeitsteilung stärker perfektioniert als jede andere Branche und wurde damit zum Leitbild nicht nur für Profitmaximierung, sondern auch für das Ausbildungssystem von Kindern und Jugendlichen. Der Mathematiker und Beratungs-Coach Gunter Dueck, langjähriger Cheftechnologe bei IBM, vergleicht eine solche Ausbildung von Schülern mit der von Postpferden.[88] Sie müssen flexibel sein, vielseitig verwendbar und jedem Reiter treu zu Diensten, sodass man sie an jeder Relaisstation beliebig einsetzen kann. Ein Postpferd hat gelernt, innerhalb einer Norm gut zu funktionieren, ohne dabei aufzufallen.

Gute Postpferde, so Dueck, haben gute Kopfnoten in »Betragen«, »Fleiß«, »Mitarbeit« und »Ordnung«. Und genau so wurden und werden Menschen überall in der westlichen Welt in Schulen ausgebildet und »eingeritten«. Was sie dabei nicht benötigen, ist einen Charakter oder gar Eigensinn. Nur Rennpferde dürfen einen Charakter besitzen – Postpferde nicht. Doch auf Rennpferde ist das Schulsystem nicht zugeschnitten. Wäre es der Sinn unseres Schulsystems, Rennpferde zu züchten, so sähen die Kopfnoten ganz anders aus. Sie bewerteten, nach Dueck, Kreativität und Originalität, den Sinn für Humor, Initiative und Gemeinschaftssinn, die auf andere ausstrahlen, ein gewinnendes Erscheinungsbild, ein ausgewogenes Selbstbewusstsein, die Vorfreude auf eigene gute Ziele, eine positive Haltung zur Vielfalt des Lebens oder eine liebende Grundhaltung zu Menschen.

Dass es auf all das in unserem öffentlichen Schulsystem bis heute nicht ankommt, erkennt man daran, dass nichts davon mit Zensuren gemessen wird. Und was sich nicht in Zensuren niederschlägt, findet, entsprechend der Logik des Systems, für andere sichtbar auch nicht statt. Noch heute ist der Rahmen unserer Schulen auf die Ausbildung von Postpferden zugeschnitten, auf vorgegebene Stundenpläne, reglementierte Unterrichtstaktung und Referate, die genau abgesprochenen Stoff wiedergeben. Nach Hartmut Rosa ist dies die »Vorbereitung auf ein kritikloses Büroleben, in dem der Chef in der Tür steht und sagt: ›Frau Müller, stellen Sie mir bis Freitag bitte alles über die indischen Märkte zusammen!‹«[89]

Doch solche Sekretärinnen werden in Zukunft vermutlich immer weniger gebraucht. Ohne eine detaillierte Arbeitsmarktprognose für bestimmte Berufsgruppen abzugeben, ist anzunehmen, dass es auf den Märkten der Zukunft vorteilhaft sein wird, vielseitig ausgebildet zu sein und flexibel. Viele müssen in der Lage sein, äußerst komplizierte Prozesse zu verstehen und zu managen. Die Kompetenzliste, die Dueck dafür zusammenstellt, umfasst soziale Kompetenz, Kommunikationsfähigkeit, Kooperation, Konfliktlösung, Fachkompetenz, Sachkompetenz, Führung, Durchsetzung, Methodenkompetenz, Selbstkompetenz, Lernkompetenz, »Passive Prozesskompetenz«, Internetkompetenz, kreative Kompetenz, Innovationskompetenz, interdisziplinäre Kompetenz und eine hohe verbale wie nonverbale Sprachkompetenz.

Selbst wem diese Kompetenzhuberei zu technokratisch klingt und zu wenig nach Humboldt, wird nicht von der Hand weisen, dass es in Zukunft auf sogenannte Schlüsselqualifikationen ankommen wird. Sie sollen dazu befähigen, nicht nur Bekanntes wiederzugeben, sondern Dinge zu ändern und neu zu machen. Das Bedürfnis nach Innovation ist in unserer Gesellschaft höher als zu jedem anderen Zeitpunkt in der Geschichte. Eine

»Renoviersucht des Daseins«, bestehend aus einer »neuen Generation«, aus »geistige(r) Umwälzung, Stilwechsel, Entwicklung, Mode und Erneuerung«, wie der österreichische Schriftsteller Robert Musil sie bereits für das 20. Jahrhundert vorhergesehen hat.[90] Alte Gewissheiten und Traditionen schwinden heute schneller dahin als je zuvor, und »wenn man bloß ein bisschen achtgibt, kann man wohl immer in der soeben eingetroffenen letzten Zukunft schon die kommende Alte Zeit sehen«.[91]

Mit jeder neuen Zukunft, jeder veränderten Technologie, jeder vergangenen Mode und jeder überholten Manier entwerten sich zugleich die alten Gepflogenheiten, die Sicherheiten, in denen unsere Psyche ruht, und die Verlässlichkeit des einmal auf eine bestimmte Art Gelernten. Was von dem, was früher einmal galt, gilt noch immer, wenn auch unter anderen Vorzeichen? Und was gilt definitiv nicht mehr? Mit einer Ausbildung zum Postpferd ist es unter solchen Vorzeichen nicht getan. Denn die immer komplexeren Herausforderungen betreffen nicht nur viele Berufsbilder. Sie gelten ebenso für den ganz normalen Alltag. Ein Smartphone zu bedienen ist etwas anderes, als auf einer Telefondrehscheibe zu wählen. Und ein Computer stellt andere Anforderungen als eine Schreibmaschine. Mit dem Fortschritt der digitalen Technologie wachsen die Wahlmöglichkeiten exponentiell an – und zwar nicht nur die technischen, sondern mit ihnen die sozialen. Ein Handy zu besitzen, bedeutet nicht nur, erreichbar zu sein, sondern eben oft erreichbar sein zu *müssen*. Auch die Summe der schriftlichen Kommunikation ist durch E-Mails gegenüber dem Briefverkehr drastisch gestiegen. Bis in die feine Unterwäsche des Beziehungslebens müssen wir allseits bereit sein zu kommunizieren. Und eine nicht geschickte Liebes-SMS wirkt häufig schon wie ein halber Rückzug.

Um all das in unserem Lebensalltag unterzubringen, müssen

wir flexible und kreative Lösungsmöglichkeiten entwickeln – nicht zuletzt auch Strategien, um uns zu schützen! Und wir müssen unausgesetzt Entscheidungen treffen, die unsere Großeltern nie zu treffen brauchten. Selbst der Ausstieg aus dem Hamsterrad wäre so eine Entscheidung. Unsere Biografien folgen immer weniger vorgezeichneten Wegen, im Privaten wie im Beruflichen. Sie sind Bastelbiografien geworden mit vielen Lebensabschnitten auf Zeit. Ebenso folgen unsere Lebensstile kaum noch den unaustauschbaren Vorgaben eines Milieus, aus dem wir stammen. Die Milieus lösen sich auf, und die Stile wechseln oft mit den Moden der Zeit. Selbst wenn heute im Grunde alle dasselbe wollen – anders sein als die anderen –, so entlässt uns dies nicht aus dem permanenten Zwang, wählen zu müssen. Dabei schließt die Wahl die Möglichkeit des Scheiterns immer mit ein und damit neue Ängste und Unsicherheiten, die völlig andere sind als die früherer Generationen.

An diesem Punkt muss die Schule heute ansetzen. Demnach wäre Bildung heute nicht mehr das Konzept, einen jeden Gymnasiasten in die Lage zu versetzen, aufgrund eines bewältigten Fachwissens alles studieren zu können. Es wäre vor allem dies: sich in der Welt und mit sich selbst zurechtzufinden. Auch wenn es nicht falsch sein muss, den Satz des Pythagoras oder Schillers »Lied von der Glocke« zu kennen, so ist dieses Wissen doch lange kein Selbstzweck mehr, kein Verfügen über Bildungsgüter. Viel zwingender als früher steht es im Dienst des Zurechtfindens. Denn weder Geometrie noch Schiller werden im Leben heutiger Schüler einmal relevant (es sei denn, sie werden Mathematiker oder Deutschlehrer) – sondern es sind die Kunst des räumlich-abstrakten Denkens und das durch Auswendiglernen trainierte Gedächtnis. Das Gleiche gilt ebenso für alle anderen Schulabschlüsse.

Richtig verstanden geht es bei alledem nicht einfach um Kompetenzen, also fachlich versierte Techniken des Überlebens. Denn Zurechtfinden ist mehr als die Summe seiner Teile. Erst das selbstständige und individuelle Vernetzen solcher Kompetenzen bringt jenes persönliche Muster hervor, das man Bildung nennt; ein Muster, das man auch niemandem durch ein Training im vernetzten Denken beibringen kann. Vielmehr entsteht Bildung nur dann, wenn ich etwas mit viel persönlicher Freude und Neugier gelernt habe, wenn ich es schon beim Lernen auf »Fachfremdes« beziehen konnte und wenn ich dabei genug Muße hatte, meine Fantasie mit allem Eigensinn und aller mutmaßlicher Verrücktheit darauf zu verwenden. Vernetzen ist keine Hirntechnik – Vernetzen ist Zusammenspinnen!

Insofern wäre es die Aufgabe der Schule, bei der Pflege von Rennpferden sehr sorgsam darauf zu achten, dass man sie nicht überzüchtet. Jede Charakterbildung benötigt Freiheiten und Freiräume, Rückzugsorte und Fluchtwelten, Intuition und Emotion, Umwege und Launen. Genau diese Reifung ist es, die Menschen in sehr vielen Lebensbereichen jeder digitalen Technik überlegen macht. Sie stellt sicher, dass auch in Jahrzehnten Menschen bessere Entscheidungen in komplexen Sachverhalten treffen als Computer.

Für die Arbeitswelt hat all dies dramatische Auswirkungen. Schon jetzt und erst recht in der Zukunft werden Menschen nur noch für das gebraucht, was Automaten, Roboter und Computer nicht können. Und für all das, was andere nicht selbst zu Hause am Bildschirm herausfinden können. Um einen Flug und ein Hotel zu buchen, muss niemand mehr ins Reisebüro gehen wie noch vor wenigen Jahren – es sei denn, er steht vor einer so gewaltigen Herausforderung, dass er einen echten Fachmann oder eine Fachfrau braucht. Der oder die aber muss tatsächlich so gut sein, dass die Person diese Bezeichnung zu Recht verdient. Eine Beratung, bei der man auf die Rückseite eines Bildschirms blickt, vor der jemand eine Suche startet, die wir auch selbst starten könnten, ist überflüssig. »Flachbildschirmrückseitenberatung«, wie Dueck sie nennt, wird bald kaum jemand mehr benötigen.

Mit den vielen Arbeiten der Industriegesellschaft, die heute von Maschinen erledigt werden, sterben Hunderte an einfachen Dienstleistungsberufen aus, weil jeder sie mithilfe des Computers selbst erledigen kann. Was übrig bleibt und weiter expandiert, sind die Berufe des quartären Sektors, bei denen vor dem Hintergrund von Bildung und Fachkenntnis komplexe Aufgaben zu bewältigen sind: Flughäfen organisieren, Parteiprogramme aufstellen, Lebenshilfe gewährleisten, sich als Künstler etablieren, Krankenhäuser, Museen und Theater führen, hoch qualifiziert und charmant Kunden beraten, Auslandsniederlassungen gründen, ein neues Produkt geschickt auf dem Markt einführen, Großprojekte managen, ein kompliziertes Computerproblem beheben – oder eben einen verdammt guten Schulunterricht mit hoch motivierten Schülern machen. Und all dies in einer Gesellschaft, die sich in wichtigen Zügen von allen früheren Gesellschaften fundamental unterscheidet.

Die Wissensgesellschaft

Bereits im Jahr 1995 veröffentlichte der US-amerikanische Soziologe und Ökonom Jeremy Rifkin ein Buch mit dem Titel *Das Ende der Arbeit und ihre Zukunft*.[92] Je höher die Produktivität in den reichen Industrieländern werde und langfristig auch in der restlichen Welt, so Rifkin, desto weniger Arbeitsplätze gäbe es in Fabriken. Für das Jahr 2020 erwartete der Visionär, dass nur noch zwei Prozent der Weltbevölkerung in der Produktion arbeiten sollten. Und was die Automatisierung an Arbeitsplätzen nicht dahinrafft, würde die Informationstechnologie killen: Millionen Jobs im Handel und bei den Dienstleistungen. Der Rest von Rifkins Buch war hübsches Wunschdenken: Der Traum von ungezählten neuen Arbeitsplätzen auf einem sogenannten »dritten Sektor«, auf dem Millionen Menschen freiwillig und gemeinwohlorientiert Dienstleistungen verrichten und Gutes tun, sofern Staaten wie die USA nur ihre Militärausgaben reduzierten, ein bedingungsloses Grundeinkommen einführten und Luxussteuern erhöhen.

Während die Diagnose über das Verschwinden vieler Arbeitsplätze in der Produktion und in einfachen Dienstleistungen zweifellos richtig ist, verbaute sich Rifkin mit seiner links-ökologischen Technikskepsis bedauerlicherweise zugleich den Blick auf die tatsächliche Zukunft. Nicht nur zerstört die moderne digitale Technik Arbeitsplätze, sie schaffte bisher, wie Rifkin heute zugeben muss, in mindestens gleichem Maße auch neue. Kein Wunder, dass der geschmeidige Prophet des Neuen heute vom Saulus zum Paulus geworden ist. Die neueste Revolution sieht er durch die Nanotechnik des digitalen Zeitalters auf uns zukommen und prophezeit für die Zukunft einen fast unbegrenzten Zuwachs ökonomischer Produktivität.

Richtig an Rifkins früherer Analyse bleibt, dass viele Arbeitsplätze in den OECD-Staaten Arbeitsplätze für eine »Elite« sein werden – als Teil einer globalen »Wissensökonomie«. Der Begriff, so modern er klingt, ist im Grunde schon recht alt. Bereits im Jahr 1956 prägte ihn der spätere US-amerikanische Nobelpreisträger Robert Merton Solow, Professor am Massachusetts Institute of Technology (MIT). Im Gegensatz zu Rifkins gewagter Prognose erkannte Solow schon weit früher, dass technischer Fortschritt im Regelfall mehr Arbeitsplätze schafft, als er vernichtet. An Mertons Wissensökonomie schlossen sich gleich mehrere Theorien an, die den technischen Fortschritt in den Industrieländern sozial ausweiteten zur »Wissensgesellschaft«. Was in der Aufklärung und mit der frühen Rationalisierung begann – die systematische Umsetzung von Wissen in Technik und ökonomische Produktion –, wächst seitdem in atemberaubendem Tempo an. Theoretiker wie der ungarisch-britische Philosoph Michael Polanyi und die österreichisch-US-amerikanischen Ökonomen Fritz Machlup und Peter F. Drucker erklärten die Mechanismen, nach denen eine Wissensgesellschaft ihr Wissen exponentiell steigert. Wie die Humboldt'sche Bildung mehr ist als die Summe von Einzelwissen, vernetzen hoch entwickelte und demokratische Gesellschaften ihr Wissen so sehr, dass gerade aus den Zwischenräumen des Wissens ständig neues Wissen entsteht. Der in Köln geborene US-amerikanische Soziologe Amitai Etzioni sowie der einst an der Yale University lehrende Politologe Robert E. Lane untersuchten derweil, was es für die Gesellschaft bedeutet, insbesondere für ihre Selbstregulation und ihre Institutionen, wenn Wissen zum Grundprinzip einer Gesellschaft wird. Während Etzioni die Wissensgesellschaft als einen Ort erhöhter »Responsivität« sieht, die Einmischungen und Austausch ermöglicht wie keine andere Gesellschaft zuvor, betrauert Lane heute einen Verlust des Glücklichseins in den fortgeschrittenen Marktwirtschaften, weil sie es einfach nicht mehr zuwege brächten, etwas *nicht* zu vermarkten.

Vermutlich ist an beiden Diagnosen etwas dran. Dabei ist schwer abzusehen, in welche Richtung sich die Wissensgesellschaft weiterentwickeln wird. Geht es nach dem österreichisch-französischen Sozialphilosophen André Gorz, dann wird die

Wissensökonomie sich über kurz oder lang in einen »Wissenskommunismus« verwandeln; denn Wissen, so Gorz, sei keine Ware, sondern immaterielles Kapital und somit Gemeingut. Der Begriff »Wissenskommunismus« geht auf Robert K. Merton zurück, der ihn schon früh, in den vierziger Jahren, prägte. Weit davon entfernt, mit dem Sozialismus zu liebäugeln wie Gorz, definierte Merton jeden Wissenszuwachs als kommunistisch, weil er sich in einer ebenso realen wie idealen Zustimmungsgemeinschaft gleichsam herrschaftsfrei zu bewähren hätte. Jedes Wissen gehöre prinzipiell allen und könne von jedem, der es versteht, bewertet und verwendet werden.

Erkenntnis und Eigentum zu trennen, greift dabei alte Gedanken der Gebrüder Humboldt auf – und schmiedet sie nachträglich zusammen. Hatte Alexander eindrucksvoll vorgelebt, wie man sich in einem idealen Forscherleben mit möglichst vielen anderen Wissenschaftlern austauscht und vernetzt, so verteidigte Wilhelm in seinem Universitätsentwurf die Freiheit von Forschung und Lehre. Dass die Idee des Wissenskommunismus im digitalen Zeitalter ihrer Verwirklichung näher gekommen ist als je zuvor, ist unbestritten. Zugleich aber entstehen im Zeitalter der technischen Reproduzierbarkeit geistigen Eigentums neue Konflikte, in denen das Urheberrecht, das den Künstler existenzsichernd vor seinem Ausverkauf bewahrt, mit den wissenskommunistischen Prinzipien der Netzgesellschaft kollidiert.

Wie auch immer dieser Interessenkonflikt sich entwickelt, die Rolle des Wissens und des Know-how ist im digitalen Zeitalter nicht geringer geworden, etwa dadurch, dass man leichter etwas nachschlagen kann. Denn eine Information im Internet zu finden und zu lesen, nimmt noch niemandem die Arbeit ab, das Gelesene zu beurteilen. Und zwar nicht nur inhaltlich, sondern auch formal, zum Beispiel im Hinblick auf die Vertrauenswürdigkeit der Quelle. Je weniger Detailinformationen wir heute auf der inneren Festplatte des Gedächtnisses speichern müssen, umso mehr Intelligenz müssen wir darauf verwenden, zwischen den Zeilen eines Textes lesen zu können, einen Kontext zu bewerten oder Meinungen von Sachinformationen zu unterscheiden. Wo das Internet als allseits verfügbare Datenbank bereitsteht, offenbart sich das *Verfügungswissen* der Welt per Mausklick. Einen Sinn, eine Klangfarbe, eine Bedeutung und eine Tiefe aber erhält es erst durch unser *Orientierungswissen* – die wahre Bildung des 21. Jahrhunderts. Doch wie erwirbt man dies?

Lebendiges Wissen

Kinder, die heute zur Schule gehen, stehen, wie gezeigt, zumeist nicht in einer unmittelbaren globalen Konkurrenz um ihren späteren Beruf. Aber nichtsdestotrotz gibt es für sie neue Herausforderungen, und zwar sowohl kognitive wie auch emotionale. Für unsere Vorstellung von Bildung hat das weitreichende Konsequenzen. Schon Hegel hatte kritisiert, dass dem deutschen Bildungsbegriff ein bisschen zu viel Innerlichkeit innewohnt – eine Innerlichkeit, wie sie wohl typisch war für ein Kleinstaatengebilde, in dem eine gut vernetzte öffentliche intellektuelle Kultur wie in Frankreich fehlte. Der Bildungsbegriff, wie die Goethezeit ihn definierte, spreizte sich oft umso pathetischer, je provinzieller seine Herkunft war. Als Vorbild im Hinblick auf Bildung galt Hegel deshalb nicht der deutsche Bildungsbegriff, sondern die französische *Encyclopédie*. Nur wer sich im regen Austausch befindet und bewährt, praktiziert Bildung.

Bildung, so könnte man es anders formulieren, ist *lebendiges Wissen*. Und was für Hegels Zeit galt, gilt in einer fortgeschrittenen Wissensgesellschaft wie der unseren umso mehr. Erfahrungswissen, Urteilsvermögen und die Fähigkeit, sich selbst organisieren zu können, müssen im Umgang mit anderen erprobt werden. Dazu kommt ein Bildungsklima, das das Einüben solcher Fähigkeiten überhaupt erst ermöglicht und Kreativität und Originalität belohnt. Gute Ideen entstehen nicht im luftleeren Raum, sondern im Elternhaus, im Freundeskreis und bestenfalls im Kindergarten oder in der Schule. Und sie müssen nicht nur entstehen, sondern auch gedeihen und von anderen als solche erkannt werden.

Dass Teamfähigkeit eine wichtige Eigenschaft ist, wird kaum jemand bestreiten. Doch noch nie war sie so notwendig wie in den modern vernetzten Lebens- und Berufswelten. Nicht nur Kleinunternehmen setzen heute verstärkt auf gleichrangig und gleichberechtigt arbeitende Teams, sondern auch zahlreiche Großkonzerne liebäugeln inzwischen mit neuen Organisationsstrukturen. Das Zauberwort lautet: »flache Hierarchien«. Also genau das Gegenteil des Taylorismus mit seinen festgefügten Aufgaben und hierarchischen Strukturen. Bereits 1954 hatte Peter F. Drucker das *Management by objectives* als neuen Stil beschworen, das »Führen durch Zielvereinbarung«. Weil Eigeninitiative und Teamgeist die Produktivität förderten, sollte die moderne Unternehmenskultur die Spielräume der Mitarbeiter vergrößern. In vielerlei Hinsicht gilt dies auch für die Ökonomie der Wissensgesellschaft. Je besser die Mitarbeiter Zusammenhänge verstehen, umso mehr Wissen können sie produzieren und neue Aufgaben suchen und meistern. »Führung im 21. Jahrhundert«, schreibt der Trendforscher Matthias Horx, »ist die Fähigkeit, verschiedene Expertisen multiperspektivisch zu einem Erkenntnisprozess zu ordnen und daraus Strategie zu generieren.«[93]

Genau dies muss ein Abiturient heute können. Sollte tatsächlich ein jeder lernen, Eigenverantwortung zu übernehmen, werden die Hierarchien in der Wirtschaft unweigerlich flacher. Denn Rennpferde, so darf man annehmen, ordnen sich nicht flexibel unter wie Postpferde. Dass zu einem solchen Führungs- und Selbstführungsanspruch allerdings mehr gehört als nur ein starkes Ego, ist ebenfalls klar. Eine wichtige Erfahrung auf dem Weg zur Eigenverantwortung ist zum Beispiel das Scheitern. Wer noch nie mit etwas gescheitert ist, kann weder das Scheitern anderer gut verstehen noch sein eigenes künftiges Scheitern verarbeiten. Die sokratische Weisheit, dass Siegen »dumm macht«, findet ihre Bestätigung in den Scharen von Einser-Abiturienten und Top-Managern, die ohne Schwierigkeiten ihre Elite-Unis durchschritten haben, ohne dabei je mit sich selbst in Berührung gekommen zu sein. Es lässt sich nur hoffen, dass auch sie einmal scheitern, um im Licht zu reifen, statt in den Kartoffelkellern des Wissens und der Abschlüsse zu keimen. »In jedem Menschenleben«, schreibt der Schweizer Schriftsteller Kurt Guggenheim in seinem Roman *Sandkorn für Sandkorn* über den Insektenforscher Jean-Henri Fabre, »gibt es einen Nullpunkt – sei er gekennzeichnet durch den Verlust eines Menschen, durch moralisches Versagen, geistige und berufliche Niederlagen, durch materielle Not oder durch Krankheit –, jenseits dessen sich der Mensch ganz auf sich allein gestellt sieht. In dieser Einsamkeit ... beginnt das Glück des Sichselbstwerdens, der Selbstgestaltung ohne fremde Hilfe, die Verwirklichung des Leitbildes, die Begegnung mit sich selbst.«[94]

Auf das Bewältigen selbst gesetzter Ziele ist unser Schulsystem jedoch nicht ausgelegt und erst recht nicht auf die Möglichkeit, dabei zu scheitern. Lernen durch Scheitern gibt es nicht, und wiederholtes Scheitern bedeutet den Abstieg oder Ausschluss. Eine der wichtigsten Erfahrungen im Leben wird somit nicht zugelassen, sondern systemisch blockiert. Vielmehr steht die Angst vor dem Scheitern im Mittelpunkt des Tayloristischen Systems – nämlich die Befürchtung, das Klassenziel nicht zu erreichen.

Während unsere Schulen am bürokratisch-hierarchischen Lernmodell festhalten, gilt es in der Ökonomie heute als modernes Ziel, solche Organisationsformen zu überwinden. Ein zentrales Stichwort lautet: *Beyond Budgeting* (Budgetierung überwinden). Dahinter versteckt sich die Vorstellung, dass man Unternehmen zukünftig ohne die Mittel des Taylorismus führen könne, nämlich jenseits von Weisung und Kontrolle. Entscheidend dafür seien gemeinsame Werte, ein gutes Netzwerk, eine kluge Koordination nach Maßgabe der Märkte, eine dezentrale Leistungsverantwortung mit dezentraler Kontrolle und ein Führungsstil in Form von Coaching und Unterstützung. Um ein solches Unternehmen zusammenzuhalten und erfolgreich zu machen, braucht man ebenso motivierte wie sozial kluge Mitarbeiter.

Ob sich das, was manchen Ökonomen und Zukunftsforschern als *die* Zukunft erscheint, flächendeckend durchsetzen wird, ist umstritten. Auf den gegenwärtigen Märkten haben sowohl dezentralisierte wie auch stark zentralistische Unternehmen Erfolg. Insbesondere viele starke ostasiatische Konzerne sind streng hierarchisch geführt – möglicherweise allerdings nur noch auf Zeit. Ob dezentrale oder zentralistische Organisationen erfolgreicher sind, flache oder steile Hierarchien, ist vor allem eine Frage dessen, wie viel Selbstständigkeit ein Unternehmen seinen Mitarbeitern berechtigterweise zumuten kann – oder eben nicht. Und das wiederum ist eine Frage der Schulen und Universitäten, die diese künftigen Mitarbeiter bilden und/oder ausbilden. Insofern handelt es sich um einen wechselseitigen Prozess des Lernens oder Stagnierens. Je individualisierter die Lebenswelt in modernen Gesellschaften ist, umso schwerer dürfte es wohl werden, die alten Muster der Unternehmensführung zukünftig noch aufrechtzuerhalten und für gute Mitarbeiter attraktiv zu sein.

Ein weiteres Beispiel, zu welch erstaunlichen Leistungen eine dezentrale Organisation mit flachen Hierarchien in der Lage ist, wenn nur die Motivation da ist, zeigt sich bei Wikipedia. Wenn man bedenkt, in welch kurzer Zeit die Online-Enzyklopädie die zentnerschweren durch Verlag und Verfasser veredelten und Verlässlichkeit garantierenden Buch-Enzyklopädien verdrängt hat, kann man nur staunen. Der Brockhaus, der Meyer und die Encyclopædia Britannica, jahrhundertealte Statusgaranten des Bildungsbürgertums, können Wikipedia nicht standhalten, insbesondere nicht durch das in den letzten Jahrzehnten rasant gesteigerte Bedürfnis nach Aktualität. Das ist umso erstaunlicher, als dass Nachschlagewerke gewöhnlich einer ausgewiesenen Autorität bedürfen. Im Fall der Online-Enzyklopädie ist dies nicht mehr die Autorität eines Einzelnen oder eines ausgewiesenen Teams, sondern die Autorität der Summe an Beiträgen und Sichtungen. Je häufiger eine Seite bearbeitet wird, umso mehr steigt die Wahrscheinlichkeit, dass die auf ihr genannten Informationen auf Wahrhaftigkeit und Relevanz überprüft wurden.

Dabei spielt es noch nicht einmal eine besondere Rolle, welche Motivation jemanden dazu treibt, eine Wikipedia-Seite zu erstellen oder zu verändern. Selbst Geltungsbedürfnis, Neid, Hass oder Rechthaberei verwaschen sich mit der Zeit. Und einzelne Bewertungen schleifen sich, mitunter mühevoll, unter permanenter Qualitätskontrolle zu enzyklopädisch Relevantem ab. So gesehen ist Wikipedia vor allem eins: eine soziale Zustimmungsgemeinschaft, ein diskursiver Prozess der Wahrheitsfindung, dessen langfristiger Weisheit der Nutzer vertrauen muss, um das in ihr gespeicherte lebendige Wissen übernehmen zu können.

Die beiden Beispiele, Beyond Budgeting und Wikipedia, mögen genügen, um zu zeigen, welche neuen Formen des Umgangs mit Information die Wissensgesellschaft hervorbringt und welche Anforderungen sie dabei stellt. Denn gleichberechtigt und vorurteilsfrei zu kommunizieren, setzt oft mindestens ein gutes Training voraus und hohe soziale Kompetenz. Doch Widerspruch zu ertragen, ohne beleidigt zu sein, Irrtümer einzugestehen, Niederlagen zu bewältigen, Unsicherheiten zuzugeben, etwas auf eigene Faust zu wagen, andere zu motivieren und ihnen beiseitezustehen usw., sind keine Qualitäten, die im konventionellen Schulunterricht besonders trainiert werden. Ein System, bei dem einige gut sein und viele »irgendwie durchkommen« wollen, wie in unseren heutigen Schulen, ist alles andere als ein exzellentes Training in Motivation und Teamgeist.

Auch die enorme Bedeutung, die wir heute noch Abschlüssen, Zertifikaten und Noten beimessen, wird sich in der fortschreitenden Wissensgesellschaft vermutlich abschleifen. Wenn es richtig ist, dass wir Kreativität schon jetzt und erst recht in Zukunft höher schätzen werden als dokumentierten Fleiß, verlieren Schul- und Studienabschlüsse ihren Herrschaftsanspruch. Menschen nach Abschlüssen zu beurteilen, ist ein Teil des Tayloristischen Systems. Abschlüsse waren vor dem Siegeszug des Taylorismus nicht sonderlich wichtig. Und sie werden es nach der Überwindung des Taylorismus vermutlich auch nicht mehr sein. Denn »Kreativität ist, anders als Wissen, kein Herrschaftsbegriff. Jeder kann kreativ sein, ohne drei Studienabschlüsse zu benötigen«.[95]

Lebenslanges Lernen

An den Erfordernissen und Spielregeln der fortschreitenden Wissensgesellschaft wird deutlich, dass die gegenwärtige Abschlusshuberei ihren Zenit erreicht, wenn nicht überschritten hat. Dass man für alles und jedes, am besten schon im zarten Alter von vierundzwanzig Jahren, zahlreiche Abschlüsse an in- und ausländischen Universitäten gemacht haben soll, geht ohnehin schon längst ins Karikaturistische. Prononciert gesagt, gaukeln Abschlüsse und Zertifikate ein Hoheitswissen und eine Exklusivität vor, die nur so lange einen Wert darstellten, als das, was einen als »Wissenden« auswies, tatsächlich nicht für jedermann einsehbar war. Angesichts der Transparenz des gegenwärtigen Hochschulbetriebs und der weltweiten Vernetzung des Wissens stehen sie aktuell wie ziemlich altertümliche Möbel in einem modernen Designhotel herum.

Auch in Zukunft wird es sinnvoll sein, Qualifikationen in Form von Schul- und Hochschulzeugnissen zu erwerben. Aber dieses formal dokumentierte Wissen wird gegenüber der heutigen Bedeutung an Wert verlieren. Den größten Wert sollte ein Schul- oder Hochschulabschluss für denjenigen haben, der ihn erworben hat, mit all den schönen Folgen für das Selbstwertgefühl. Unternehmen und Organisationen aber werden nach all den Erfahrungen der letzten Jahrzehnte ihren Nachwuchs wohl eher in Assessment-Centern oder bei der Bewältigung praktischer Aufgaben suchen. Überwiegend formale Abschlusskriterien werden keine so große Rolle mehr spielen.

Abschlüsse und Zertifikate entwerten sich nicht nur durch ihre Inflationierung und durch den Preis, den der strebsame Schüler und Student in Form von mangelnder Lebenserfahrung dafür bezahlt. Sie verlieren auch dadurch ihren Wert, dass man sich auf sie nicht mehr verlassen kann. Was ein Volkswirtschaftler, ein Genetiker, ein Neurowissenschaftler oder Informatiker vor zwanzig Jahren gelernt hat, ist heute in vielem gnadenlos veraltet. Durch die abnehmende Halbwertszeit von Wissen in der Wissensgesellschaft schrumpft die Spanne, innerhalb derer Wissen verlässlich ist, immer weiter ein. Die Folge ist der Zwang und die Chance, ein Leben lang lernen zu können und zu müssen.

Schulen müssen ihre Schüler in Zukunft weniger auf Abschlüsse und bestimmte Studiengänge, als auf lebenslanges Lernen vorbereiten. Um später beruflich und privat weiterzulernen, muss ich in der Schule vor allem *gerne* lernen. Ansonsten fehlt mir zum Lernen auch später leicht die Motivation. Ein ganzer Wissenschaftszweig, die *Andragogik,* kümmert sich gegenwärtig um die Nöte und Notwendigkeiten des selbstgesteuerten Lernens von Erwachsenen. Erwachsenenbildung ist heute kein Spaß an der Freud, wie etwa ab und an Kurse in der Volkshochschule zu belegen oder mal einen Vortrag anzuhören, sondern eine Unerlässlichkeit.

Dass man, wie früher üblich, sein kontinuierliches Lernen nach dem Schul- oder Universitätsabschluss drosselt und irgendwann gegen null fährt, wird in Zukunft nur noch selten möglich sein. Dabei müssen Erwachsene sich zum Selbstlernen auch selbst motivieren können. Und die wichtigste Voraussetzung dafür ist, dass einem die Lust am Lernen nicht in der Schule ausgetrieben wird. Kinder wie Erwachsene lernen dann am besten, wenn sie wissen, *warum* und *wozu* sie etwas lernen: Weil es Freude macht zum Beispiel, weil es einen erfüllt oder weil es nützlich, praktisch oder clever ist, etwas zu wissen – Bedingungen, die bei Erwachsenen meist sogar noch zwingender erfüllt sein müssen als bei Kindern.

Durch den Zwang und die Chance zum lebenslangen Lernen

ändern sich nicht nur der Alltag und die Berufswelt einzelner Menschen. Die ganze Gesellschaft formt sich um von einer Welt, in der Menschen in Institutionen (Schule, Universitäten, Akademien etc.) lernten, in eine Welt, in der von jedem erwartet werden kann, dass er mithilfe von Computer und Internet selbst lernen kann und soll. Es ist das unverwechselbare Kennzeichen der Wissensgesellschaft, dass sie das Lernen aus seinen institutionellen Verankerungen weitgehend befreit.

Ein schönes Beispiel ist der bemerkenswerte Boom von Online-Akademien. US-Firmen wie Coursera, Udacity oder edX, entstanden an den Eliteuniversitäten Stanford, Harvard und dem MIT, bieten Millionen Usern in aller Welt kostenlose Vorlesungen über ungezählte Wissensgebiete an. Besonders Naturwissenschaften liegen global hoch im Kurs. Was man schon immer in der Schule nicht verstanden hat oder viel genauer und weitreichender wissen will, wird einem hier von pädagogisch ausgezeichneten Experten und Nobelpreisträgern so erklärt, dass man es wirklich begreift. Und auch auf YouTube finden sich inzwischen breit aufgerufene Vorlesungen, die pädagogisch weit besser sind als vieles, was Schulen und Universitäten ihren Schülern und Studenten vorsetzen.[96]

Die millionenfache Nutzung solcher virtueller Hörsäle ist ein beeindruckendes Phänomen der Wissensgesellschaft. Bezeichnenderweise aber bilden sich in Gesellschaften wie in Deutschland vor allem jene Menschen unentwegt weiter, die bereits überdurchschnittlich gebildet sind. Die »Verschiebung zum informellen Wissenserwerb« öffnet damit, so Quenzel und Hurrelmann, »die Schere zwischen denjenigen, die sich permanent selbstständig weiterbilden, und denjenigen, die dies nur selten tun, weiter«.[97] Je mehr Menschen sich lebenslang weiterbilden, umso auffälliger und chancenloser stehen die da, die es nicht tun.

Prinzipiell bieten sich auch den Kindern aus bildungsfernen Schichten durch die neuen Lernmöglichkeiten des digitalen Zeitalters neue Chancen. Tatsächlich aber steht dem eine ernüchternde Realität gegenüber, in der die soziale Kluft sich nicht schließt, sondern vergrößert. Die Aufgabe, die den Schulen und der Gesellschaft daraus erwächst, ist enorm. Sie kann nur lauten, alles dafür zu tun, jene Kinder zu fördern, für die es schon in wenigen Jahrzehnten sonst überhaupt keine geeigneten Arbeitsplätze mehr geben wird.

Eine neue Gesellschaft?

Szenarien der Wissensgesellschaft, wie ich sie hier beschrieben habe, wecken bei Menschen unterschiedliche Gefühle. Während manche, wie etwa Matthias Horx, die Zukunft als kreatives Wunderland beschreiben, in dem es fast allen besser geht, misstrauen andere mit tiefem Stirnrunzeln den blühenden Landschaften des digitalen Zeitalters. Sind Flexibilität und Kreativität nicht im Grunde Schönfärbereien für eine Arbeitswelt der unsicheren Beschäftigungsverhältnisse? Und sollen wir unsere Kinder tatsächlich für einen solchen Markt bilden oder ausbilden?

So etwa wittert der österreichische Philosoph Konrad Paul Liessmann, Professor an der Universität Wien, hinter den Zukunftsvisionen der Wissensgesellschaft einen Verrat an den Errungenschaften des Sozialstaats: »Dies führt zu der besonderen Pointe, dass die Reformen der Gegenwart, die gnadenlos auf Zukunft und das Neue zu setzen scheinen, tatsächlich die größte Rückkehrbewegung der neueren Geschichte darstellen: prekäre Beschäftigungsverhältnisse … Zwang zur Mobilität, Anpassungsdruck, privatisierte Infrastrukturen … anspruchsvolle Bildung zunehmend nur mehr für die, die es sich leisten können ... Die Verkündigung des Neuen ist unter anderem deshalb so einfach und risikolos geworden, weil kaum noch erkannt wird, wie alt das vermeintlich Neue mitunter ist.«[98]

Zu der Konfliktlinie der Bildungsbürger, die ihre Kinder nicht mit den Kindern der Bildungsfernen auf einem Schulhof sehen möchten, und der Verweigerungshaltung veränderungsunwilliger Lehrer und Kultusminister gegenüber jeder Einmischung, gibt es im Bildungsstreit diese dritte Front: die Kapitalismuskonformen gegen die Kapitalismuskritiker.

Bezeichnend dafür ist für mich eine kurze, aber heftige Debatte mit dem koreanischen Philosophen Byung-Chul Han von der Universität der Künste in Berlin im Herbst 2012. Kurz vor einem öffentlichen Gespräch, das ich mit dem US-amerikanischen Soziologen Richard Sennett über »Zusammenarbeit« führen sollte, bestürmte mich der feurige Kollege mit einer Kritik an meiner Fernsehsendung mit dem Hirnforscher Gerald Hüther, die unter dem Titel *Skandal Schule – Macht Lernen dumm?* im September desselben Jahres ausgestrahlt worden war. Die von uns erträumte »Potenzialentfaltung« der Kinder in der Schule sei ja wohl das Letzte, das man sich wünschen sollte, so Byung-Chul Han. Ob wir denn noch nie etwas von Dialektik gehört hätten? In einer konventionellen Schule lernten die Kinder den Unterricht zu hassen und ihr Gehirn dementsprechend vor weiteren Zugriffen in Sicherheit zu bringen. Eine Schule hingegen, die »Potenzialentfaltung« betreibe, sauge auch noch das Letzte aus den armen Kindern heraus, um es im kapitalistischen Verwertungsprozess auszuschlachten. Bei der Wahl zwischen Bulimie-Lernen und Totalverwertung wäre doch wohl eindeutig das Erstere vorzuziehen.

Aus der Sicht Byung-Chul Hans, der die Forderung nach mehr

Transparenz in der Politik für »neoliberal« hält und nicht für einen demokratischen Zugewinn, mag das plausibel sein. Die Frage ist nur, ob die Verbindung von »Entfalten« und »Ausschlachten« in jedem Fall so zwingend sein muss, wie er meint.

Soll heute zu »neoliberalen« Wirtschaftsdienern ausgebildet werden, wer früher zum getreuen Staatsdiener gemacht wurde? Wechselt da einfach nur der Herr? Was für geschmeidige Rennpferde sollen das sein, die statt alter Postgäule nun an den Zügeln global operierender Konzerne das Laufen lernen? Und ist es nicht wahr, dass die Arbeitsmärkte der Zukunft prekärer sein werden, statt angeblich selbstbestimmter? Nomade statt Festbeschäftigter? Man mag die Errungenschaften der Wissensgesellschaft ja gerne loben, aber was soll schon so ersprießlich an einer Kreativität sein, die ihren Ausdruck in einem Werbejingle oder anderen entfremdeten Zielen findet? Und sollen wir uns wirklich freuen, dass die Industriearbeit in Deutschland immer weniger wird, wenn dafür Millionen Menschen in der Dritten Welt unter unmenschlichen Arbeitsbedingungen Öl und Gas fördern oder Phosphor und Seltene Erden abbauen? Und all das, damit unsere Kreativlinge damit Schnickschnack herstellen, der später als Millionen von Tonnen schwerer Giftmüll die Umwelt verpestet?

Argumente wie diese lohnen, dass man sich mit ihnen beschäftigt. Man sollte hier aber auch die Gegenfrage stellen, ob es das alte, überkommene Schulsystem mit all seinen aufgezählten Widrigkeiten und Widersprüchen rechtfertigt, dass selbst nach einer Bildungsrevolution die sozialen Probleme der Welt nicht automatisch gelöst sind? Man kann die Paradoxien kapitalistischen Wirtschaftens in der Welt erkennen, ohne deshalb ein Freund unseres Tayloristischen Schulsystems sein zu müssen. Es ist ein Treppenwitz der jüngeren deutschen Geschichte, dass die kapitalismuskritische Linke, die einst in den sechziger und siebziger Jahren unsere Schulen ausmisten und »herrschaftsfreie Willensbildungs- und Entscheidungsprozesse« mit einem »kampagnenartigen Lebens- und Arbeitsstil« einführen wollte, diese Schulen heute verteidigt.[99] Und zwar deshalb, weil sie inzwischen ein noch schlimmeres Übel ausgemacht hat, nämlich den »Neoliberalismus«, der hinter jedem Transformationsvorschlag zu lauern scheint. Dass man damit die auch von mir angeprangerten Reformen, Bildung durch stromlinienförmige Ausbildung zu ersetzen, in den gleichen Topf wirft mit einer Revolution, die unseren Kindern ein erfülltes Schulleben ermöglichen möchte, ist schon ein außergewöhnlich finsterer Scherz. Aber offensichtlich ein sehr beliebter. Ins gleiche Horn tutet auch Jochen Krautz, Kunstpädagogik-Professor an der Alanus Hochschule für Kunst und Gesellschaft in Alfter bei Bonn, der die »Wissensgesellschaft« für einen Etikettenschwindel hält, weil selbst der Neandertaler Wissen benötigt hätte. Für Krautz ist das Etikett ein Vorwand der Wirtschaft, um unsere Schulen zu zerstören.[100]

Unsere konventionellen Schulen ein unbedingt bewahrenswertes Erbe? Sind damit Stillsitzen, Fünfundvierzig-Minuten-Taktung, Notenstress und Stoffhuberei gemeint? Woher kommt dieser rückwärtsgewandte Kitsch, wie schön es an unseren Schulen einmal gewesen sein soll? Doch einmal vom Weltschmerz des Konservativen ergriffen, vermengt Krautz die dunklen Verwertungsinteressen der OECD mit den ebenso verhassten Alt-Achtundsechzigern. Gemeinsam zerstören sie die Schule, die einen, weil sie berechnend sind und gemein, und die anderen, weil sie links sind und doof. Durchwurschtel-Egoismus und Kuschelpädagogik – zwei Seiten einer Medaille?

All diese Kritiker scheinen genau zu wissen, was für Menschen gut sein soll. Nämlich das, was früher einmal war. Doch dass lebenslang gleiche und unveränderliche Arbeitsplätze Menschen grundsätzlich glücklich machen, ist eine mutige Unterstellung, die von vielen jungen Menschen vermutlich nicht unterschrieben wird. Verlockend war die lebenslange Festbeschäftigung eher für eine Generation, die eine Massenarbeitslosigkeit in bitterer Armut fürchtete, wie sie sie aus der Kindheit kannte. Dagegen stehen wir heute vor einer ganz anderen Situation. Die Bedürfnisse des Arbeitsmarktes und die Bedürfnisse individualisierter Menschen passen sich in vielerlei Hinsicht mehr und mehr an (wenn auch nicht für jeden). Viele Arbeitsplätze der Zukunft kennen in ihren komplizierten Anforderungen zum Beispiel keine »Entfremdung« im marxistischen Sinne mehr. Menschen werden seltener, wie im Taylorismus, auf wenige Funktionen reduziert. Vielmehr wurden und werden weiterhin zahlreiche einfache Berufe durch Maschinen ersetzt – eine Vision, von der übrigens auch Marx und Engels träumten, als sie in *Die heilige Familie* 1845 den Kommunismus definierten, nämlich als Überwindung der arbeitsteiligen Gesellschaft zugunsten selbst gesuchter Teilzeitbeschäftigungen. Dass Karl Marx und Friedrich Engels dazu Tätigkeiten wie Jagen, Schafe hüten, Fischen und Bücher kritisieren einfielen – also eine vorindustrielle Existenz statt einer nachindustriellen digitalen –, ändert nichts an der Sache. Und man darf daran erinnern, dass die Befreiung des Menschen durch die Technik ein alter Traum der Linken ist und nicht etwa des Liberalismus.

Dass die Gesellschaft der Zukunft mit ihrer Wissenskultur und einem entsprechend transformierten Bildungssystem eine »neoliberale« sein wird, ist höchst unwahrscheinlich. Immerhin bestimmt die soziale Kultur eines Landes auch den Zuschnitt seiner Ökonomie und nicht nur umgekehrt. Zwar schafft ein erfolgreiches Wirtschaftssystem nicht zwangsläufig eine humane Kultur (man denke an China oder Saudi-Arabien), und eine humane Kultur löst umgekehrt nicht alle Widersprüche der Ökonomie. Aber über lang färbt das eine vermutlich immer auf das andere ab. Dabei hatte bereits der österreichische Ökonom Joseph Schumpeter (1883–1950) erkannt, dass die »kapitalistische Ordnung« auf Pfeilern ruht, »die auf außerkapitalistischen Mustern des Verhaltens beruhen«. Und der Zuschnitt dieser Muster bestimmt maßgeblich darüber, wie human oder inhuman die kapitalistische Ordnung sich ausnimmt.

Ob eine veränderte Bildungskultur und ein revolutioniertes Schulsystem am Ende den Kapitalismus modifizieren oder ob sie eine neue Gesellschaftsform hervorbringen werden, kann hier weder diskutiert noch geklärt werden – auch wenn unstrittig ist, dass ein Bildungssystem zu verändern immer heißt, die Gesellschaft zu verändern. Man denke nur an die sozialdemokratischen Bildungsanstrengungen der sechziger und siebziger Jahre und ihre weitreichenden sozialen Folgen.

Kinder anders zu bilden beziehungsweise ihnen zu ermöglichen, sich auf andere Weise selbst zu bilden als bisher, ist also niemals nur eine volkswirtschaftliche Frage. »Wenn Bildung dazu führt, dass die Leute eine bessere Selbstkontrolle haben, sich besser motivieren können oder gesünder leben, dann hat dies enorme Wohlfahrtskonsequenzen – nicht in einem engen ökonomischen Sinn, sondern direkt für die Menschen, deren Leben sich verbessert.«[101] Wer die Veränderungen in der Gesellschaft durch mehr und besser gebildete Menschen nur unter dem Gesichtspunkt der Ökonomie betrachtet, denkt unweigerlich zu kurz – und zwar ganz gleich, ob er sie kapitalismuskonform oder kapitalismuskritisch betrachtet. Es ist hier vermutlich nicht sehr zielführend, von der politischen Systemfrage auszugehen (so als stünde eine fertige praktikable Alternative parat), sondern von der Frage nach der Lebensqualität. Und eine Leistungsgesellschaft, die deutlich mehr Menschen mitnimmt und ihnen eine bessere Chance auf ein erfülltes Leben bietet als bisher, scheint gegenwärtig nicht das schlechteste Ziel zu sein. Ein neues Lernen verändert das Bewusstsein und damit das Sein desjenigen, der lernt. Aber was ist das überhaupt so genau – Lernen?

Wie geht Lernen?

Der Mensch soll lernen, nur die Ochsen büffeln.
Erich Kästner

Die Biologie des Lernens

Lernen zu lernen, muss niemand lernen. Jeder Mensch mit einem intakten Gehirn kommt mit einem tiefen Bedürfnis zu lernen auf die Welt. Alles Unbekannte zieht uns an, will begriffen, ertastet und erforscht werden. Wir lernen laufen, weil wir es wollen, wir lernen sprechen, weil wir es wollen, und wir lernen verstehen, weil wir es wollen. Unsere Neugier auf das Leben ist von Natur aus unbändig und ungebändigt. Erfahrungen helfen uns dabei voranzukommen. Und je anspruchsvoller die Dinge werden, mit denen wir uns beschäftigen und die wir zu verstehen suchen, umso mehr schulen wir dabei unsere Intelligenz.

Wann immer wir eine Lernerfahrung machen, und das geschieht bei Kindern fast unausgesetzt, verändert sich ein kleines bisschen in unserem Gehirn. Obwohl es nur zwei Prozent unseres Körpergewichts ausmacht, geht 20 Prozent aller Energie, die wir verbrauchen, ins Oberstübchen; bei Kindern sogar noch mehr. Alles, was wir erleben und aufnehmen, sortieren wir in Windeseile nach der Frage, ob es für uns relevant ist. Und das ist vor allem das, was *neu* ist oder *wichtig* oder am besten beides. Dabei denken wir selten lange darüber nach, ob etwas wirklich relevant ist, wir *fühlen* es vielmehr. Auf diese Weise haben sich unsere Gehirne für das Leben und Überleben in einer sozial überaus komplizierten Umwelt entwickelt und perfektioniert.

Doch was genau geht in unserem Gehirn vor sich, wenn wir lernen? Unsere Sinnesorgane, ein Geflecht aus zweieinhalb Millionen Nervenfasern, nehmen jede Sekunde eine nahezu unvorstellbare Menge an Reizen auf, ein Datentransfer von etwa 100 Megabyte. Sofort setzen starke Filter ein, die das wenige Relevante von vielem Irrelevantem, das heißt Bekanntem oder Unbedeutendem, reinigen. Wenn eine Nervenzelle Informationen aufnimmt und verbindet, kommuniziert sie mit anderen Nervenzellen. Nervenzellen sind so etwas wie kleine Kerne mit mehr oder weniger langen, fadenartigen Auswüchsen, den Axonen. Am Ende dieser Fäden befinden sich Verzweigungen, die Dendriten. Und am Ende dieser Dendriten liegen die Synapsen. Sie sind die Schleusen, von denen aus Informationen elektrochemisch an die Synapsen einer anderen Nervenzelle weitergeleitet werden. Eine einzige Nervenzelle kann bis zu 10 000 Synapsen besitzen, und immer, wenn eine Zelle »lernt«, kommen neue hinzu. Je mehr Synapsen sich von einer Nervenzelle zur anderen miteinander verbinden, umso besser fließt der Strom und mit ihm die Information. Lernende Zellen wachsen zusammen, indem sich die Signalübertragung verstärkt. Schon im Jahr 1949 erkannte der kanadische Neuropsychologe Donald O. Hebb von der McGill-University in Montreal dieses Zusammenwirken von Feuern und Verdrahten, *Fire and Wire*. Aus der Sicht eines Hirnforschers ist Lernen also nichts anderes als das Wachstum von Nervenzellen im Gehirn, die sich stärker miteinander verknüpfen. Je intensiver man sich mit etwas auseinandersetzt und je anspruchsvoller die Sache ist, umso mehr Proteine werden hergestellt, um rege Verbindungen aufzubauen. Und je besser die bereits vorhandenen Verbindungen sind, umso leichter fällt es unseren Nervenzellen, neue zu erzeugen. In diesem Sinne kann man mit Fug und Recht behaupten, dass Lernen intelligent macht.

Eine der spannendsten Fragen dabei ist, wie unser Gehirn es anstellt, das Relevante vom Irrelevanten zu unterscheiden. Denn um sofort zu wissen, was neu oder wichtig sein könnte, muss unser Gehirn über ein hoch automatisiertes Wissen darüber verfügen, was bekannt oder uninteressant ist. Den ganzen Tag tragen wir eine hintergründige Erwartungshaltung mit uns herum, was wir als normal und bekannt voraussetzen, sodass uns das Abweichende als solches überhaupt auffällt. Unsere Gehirnchemie befindet sich dabei in einem mehr oder weniger ausgewogenen Zustand. Tritt aber plötzlich etwas auf, das uns größere Lust oder Unlust bereitet, so werden Stoffe ausgestoßen, die unser Gehirn freudig oder stressend erregen. Im Fall einer freudigen Erregung spielt besonders ein Botenstoff eine große Rolle: der Neurotransmitter Dopamin. Erzeugt wird er im Mittelhirn, insbesondere in der *Substantia nigra*. Dopamin ist ein Einpeitscher, ein Erreger, Stimulator und Motivator. Was mit Dopamin überschwemmt wird, geht mit verschärfter Sensibilität, größerer Wachheit und höherer Begeisterung einher. Unsere Aufmerksamkeit verstärkt sich, und das Lernvermögen nimmt zu. Plötzlich sind wir voll bei der Sache, optimistisch, voller Selbstvertrauen und gespannter Erwartung – für die allermeisten Menschen ein großartiger Zustand. Wir erleben ihn beim Sex, unter dem Einfluss bestimmter Drogen, bei großen sportlichen und sozialen Erfolgserlebnissen, starker Freude, positiver Überraschung und eben auch beim freudigen und begeisterten Lernen. Manchmal werden wir schon bei der Vorfreude auf etwas ganz kribbelig – ein Zeichen, dass unser Dopaminspiegel in bestimmten Gehirnregionen steigt.

Dabei ist es nicht das Dopamin allein, das uns in eine solche Erregung versetzt, sondern das, was es an Folgereaktionen im Gehirn auslöst. Der Neurotransmitter aktiviert nämlich den

Nucleus accumbens, einen zentralen Kern unseres »Belohnungssystems«. Wird er mit Dopamin geschwemmt, setzt er einen chemischen Kreislauf von stimulierenden Substanzen (Opiate) in Gang, die eine Belohnung erwarten lassen. Erfolgt diese Belohnung tatsächlich, so werden positive Signale zurückgesendet, die den *Nucleus accumbens* erneut aktivieren und so fort. Dabei wecken besonders starke Euphorien meist das Bedürfnis nach schneller Wiederholung, nicht zuletzt mit der Gefahr einer starken Abhängigkeit von der Belohnung, mithin einer Sucht.

Kinder kennen diesen Zustand ebenso wie Erwachsene. Kinder, die sich über Stunden in ihrer eigenen Spielwelt befinden, erleben oft einen *Flow,* ein andauerndes lustvolles Bei-sich-selbst-Sein. Nahezu aus sich selbst heraus erhalten die Dinge des Lebens einen Wert und eine Bedeutung – ein Zustand, den viele Erwachsene gar nicht mehr oder nur unter Mühen oder Alkoholeinfluss herstellen können. Das für Erwachsene so Besondere am *Flow* ist, dass Glück und Zufriedenheit hier nicht, wie üblich, durch das Erreichen eines Ziels samt Belohnung erfahren wird, sondern durch die Tätigkeit selbst. In dieser Hinsicht gleicht Lernen in der Versenkung tatsächlich dem Genuss von Alkohol oder anderen bewusstseinserweiternden Substanzen: Es führt zu keinem abschließenden Ziel, aber die Reise geht durch schöne und abwechslungsreiche Landschaften. Allerdings ist unser Gehirn beileibe nicht auf pausenlose Euphorisierung angelegt. Wird sie zum Beispiel durch künstliche Substanzen ermöglicht, bezahlen wir dafür einen Preis in Form von Kopfschmerzen, einem Kater, Müdigkeit, Leere oder gar einer Depression.

Ob wir einen *Flow* erleben oder einfach stolz, froh oder erleichtert sind, etwas verstanden, geschafft oder bewältigt zu haben – unser Gehirn speichert Dinge umso besser, je intensiver die Erregung während des Lernens war. Leider gilt das Gleiche auch für extrem negative Erlebnisse mit ihren entsprechenden Ausschüttungen starker Stresshormone. Angstzustände und Blockaden werden in die Gehirnschublade mit den unvertauschbaren Glanzbildern ebenso einsortiert wie alles Schöne. Dabei merken wir uns nicht nur das, wofür wir belohnt oder bestraft wurden (sei es von außen oder durch uns selbst), sondern wir speichern auch vieles vom Kontext ab, die Personen, die daran beteiligt waren, den Raum und die Begleitumstände. Man braucht sich nur einmal kurz mit geschlossenen Augen an weit zurückliegenden Schulstoff erinnern, etwa an das Wort »Cosinus« oder »Ablativus absolutus« oder »Adverbialphrase« oder »Paulskirche«. Jedes davon dürfte bei den meisten emotional unterschiedlich besetzt sein. Und mitunter tauchen sofort die Gesichter von Lehrern vor dem geistigen Auge auf oder ein Klassenraum.

Ob wir uns etwas für lange oder immer merken, ob eine Erfahrung oder eine Information sich in unserem Gehirn konsolidiert, hängt also davon ab, ob sie einmal als bedeutsam erfahren worden ist – aus welchen Gründen auch immer. Oft müssen dies keine weltbewegenden Ereignisse sein; eigenartigerweise behalten wir häufig Zufälliges und augenscheinlich Belangloses und rätseln später darüber, warum wir uns gerade das gemerkt haben. In jedem Fall aber speichern wir die Erinnerungen nicht isoliert, sondern immer als Teil eines Zusammenhangs, der Spuren bei uns hinterlassen hat. *Lais* – Spur, Bahn oder Furche – ist die indogermanische Wurzel des Wortes »Lernen«.

Mitunter ist es wirklich erstaunlich, wie präzise wir uns manches merken können. Aber auch, welche Fehler uns dabei unterlaufen. So etwa habe ich mir vor einiger Zeit das Vergnügen gemacht, den Film *Arabeske* (mit Sophia Loren und Gregory Peck) von Stanley Donen anzuschauen, den ich ein einziges Mal zuvor gesehen hatte, im Alter von zwölf Jahren. Da ich in meiner Kindheit kaum fernsehen durfte, damals ein beeindruckendes Erlebnis (Dopamin!). Im Laufe des Films kommt es zu einer nächtlichen Verfolgungsjagd durch den Londoner Zoo, derer ich mich besonders gut entsinne, weil mein Lieblingstier (Dopamin!), der seltene philippinische Affenadler, dabei auftaucht. Affenadler gibt es seit Jahrzehnten in keinem Zoo der Welt mehr, und der laut aufkreischende Adler im Vogelhaus blieb mir tief in Erinnerung. Als ich den Film nun, fünfunddreißig Jahre später, ein zweites Mal sah, musste ich zu meiner Verblüffung feststellen, dass bei der Verfolgungsjagd gar kein Vogelhaus in Erscheinung tritt, sondern nur ein gespenstisches Raubtierhaus und ein Aquarium. Der Affenadler kreischt auch nicht, sondern hüpft aufgeregt in einer Außenvoliere herum. Meine Erinnerung hatte also den Vogel so mit den beiden Tierhäusern vermischt, dass er von der Außenvoliere in eine bei Nacht gespenstischere Innenvoliere gerutscht war. Dagegen stimmten Dialoge aus dem Film, die ich noch wusste, tatsächlich wörtlich überein. Offensichtlich deshalb, weil es nichts gab, mit dem sie sich hätten überlagern können.

Um unser Gedächtnis zu verstehen, ist es nicht nur wichtig zu begreifen, warum wir etwas erinnern, sondern ebenso, warum wir so vieles vergessen. Die allermeisten Informationen, die wir mit unseren Sinnesfasern wahrnehmen, speichern wir gerade nicht. Man sollte dabei keineswegs vergessen: Wer nichts oder wenig vergisst, wird dadurch ja nicht zu einem Genie, sondern zu einem armen Tropf. Wie gesagt, dient das Vergessen dazu, das Relevante vom Irrelevanten zu unterscheiden. Wer das nicht oder schlecht kann, ordnet alle Daten gleichrangig nebeneinander, ohne sie dabei zu bewerten. Und das, was wir nicht sortieren, bewerten und mit Bedeutung versehen, ist kein Wissen, sondern Datenmüll und geistiger Ballast. Nur durch das Vergessen erhält das Erinnerte seinen Wert.

Alles in allem haben wir es dabei mit einem dreistufigen Prozess zu tun. Das, was wir sofort in der Sekunde aussortieren, das, was wir uns kurz und flüchtig merken, und das, was wir langfristig speichern. Denn nicht nur das, was wir sofort aussortieren, verschwindet spurlos, sondern auch das allermeiste aus dem Kurzzeitgedächtnis ist bald darauf nicht mehr da. Wissen Sie noch, was Herder über Bildung gesagt hat? Kennen Sie noch den Prozentsatz von Kindern aus bildungsfernen Elternhäusern, die es in eine leitende Angestelltenposition schaffen? Sollte meine Vermutung zutreffen, dass Sie beides in diesem Buch nicht gänzlich ohne jedes Interesse gelesen haben, so hat es trotzdem möglicherweise nicht gereicht, um dauerhaft abgespeichert zu werden. Um wie viel schneller noch schalten wir auf Durchzug bei all den vielen belanglosen Gesprächen, die wir im Laufe unseres Lebens führen. Und eben auch bei langweiligen Schulstunden, von denen, wenn überhaupt, nur ein winziger Teil in Erinnerung geblieben ist. Selbst Dinge, die wir pausenlos wiederholt haben, bleiben oft nicht langfristig hängen. Es sei denn, sie haben eine gewisse rhythmische Struktur, wie etwa lateinische Deklinationen oder Konjugationen oder eben Gedichte.

Eine höchst spannende Frage im biologischen Zusammenhang ist, warum manchen Menschen Lernen offensichtlich leichter fällt als anderen und was das mit »Intelligenz« zu tun hat. Die ehrliche Antwort ist: Wir wissen es nicht! Natürlich existieren inzwischen Tausende von Untersuchungen in vielen Ländern, die sich einzig mit dieser Frage beschäftigen. Und es gibt dabei einige Annahmen, die weitgehend geteilt werden. Doch bis heute ist völlig unklar, wie sich Intelligenzunterschiede im Gehirn abzeichnen könnten. Viele Forscher sind der Ansicht, intelligentere Menschen verbrauchten schlicht weniger Energie im Gehirn als weniger intelligente. Doch woran könnte das wiederum liegen?

Paradoxerweise meinen vereinzelte Wissenschaftler, dass intelligente Menschen *weniger* Synapsen hätten, sodass die Umwandlung von elektrischer Information in chemische Information, die von Synapse zu Synapse schwimmt, insgesamt weniger Energie koste. Doch warum sollte das so sein, wenn Lernen gerade dadurch gekennzeichnet ist, dass es neue Synapsen bildet?

Andere Neurobiologen sind der Ansicht, dass es gar nicht auf die Synapsen-Zahl ankäme, sondern auf die Geschwindigkeit der Informationsverarbeitung. Die Fäden an den Nervenzellen – Sie erinnern sich? –, die Axone, die zu den Synapsen an den Dendriten führen, sind allesamt von einer weißen Isoliermasse ummantelt, nicht anders als ein Kabel. Und dieser weiße Stoff heißt Myelin. Je stärker die Myelin-Isolierung, umso schneller fließt der Strom und mit ihm die Information. Haben intelligente Menschen einfach mehr Isoliermasse? Doch selbst wenn dies stimmen sollte, fragt sich, ob schnell denken das Gleiche ist wie schlau denken. Und woher kommen die Unterschiede bei der Myelin-Schicht? Sind sie angeboren oder die Folge von Umwelteinwirkungen? So viel auch Hirnforscher über Intelligenz forschen, ihr biologisches Geheimnis hat noch niemand herausgefunden. Und möglicherweise ist »Intelligenz« einfach ein zu komplexer, unpräziser und vielschichtiger Begriff, als dass wir ihn mit den gegenwärtigen Mitteln der Forschung im Gehirn irgendwo wiederfinden.

Gehirn und Entwicklung

Auch wenn das Geheimnis der Intelligenz uns noch immer verborgen ist, so wissen wir heute gleichwohl sehr viel mehr über das Lernen als vor dreißig Jahren. Elementare Lernvorgänge im

Gehirn können gegenwärtig ziemlich exakt beschrieben werden und auch die Bedingungen, unter denen Lernen besonders erfolgreich ist oder eben nicht. Und wir kennen die Herausforderungen sehr viel besser, vor denen das menschliche Gehirn in seinen verschiedenen Entwicklungsphasen steht und was diese Anforderungen mit unserem Gehirn machen. Sollten wir all dieses Wissen in die pädagogische Praxis umsetzen, um unseren Schulunterricht »gehirngerecht« zu gestalten – und ich sehe keinen Grund, warum wir unsere Schulen nicht auf die Höhe des Wissens bringen sollten –, so führt dies zu gewaltigen Veränderungen.

Von Natur aus bringen Kinder zwei herausragende Eigenschaften mit. Sie sind unbändig neugierig, und sie lernen sehr schnell – viel schneller und viel mehr als Erwachsene. Ihr Gedächtnis und ihre Auffassungsgabe sind dem ihrer Lehrer meist ebenso überlegen wie ihre Wissensfreude. Unsere alltägliche Situation in der Schule ist somit dadurch gekennzeichnet, dass Menschen, die langsam lernen bei gemeinhin eher mäßiger Neugierde, auf Menschen treffen, die sehr schnell sehr viel lernen und behalten können mit gemeinhin unbändiger Neugierde. Die erste Gruppe sind Lehrer und die zweite Schüler.

So weit die Natur der Sache. Mit dem, was an unseren Schulen vor sich geht, hat sie freilich nur sehr eingeschränkt etwas zu tun. Wer einmal eine Schulklasse mit Fünfzehnjährigen beobachtet hat, am besten in der sechsten und siebten Schulstunde, sieht die Dinge vermutlich anders. Unbändige Lernfreude? Rasche Auffassungsgabe? Nichts von alledem.

Wo liegt der Grund für den großen Unterschied zwischen der Natur der Sache und ihrer sozialen Realität in Deutschland im Jahr 2013? Dass Kinder und Jugendliche eine enorm hohe intrinsische Motivation haben, etwas zu lernen, steht auch für den größten Skeptiker vermutlich nicht in Frage. Kinder lernen von sich aus Laufen und Sprechen, im Alter von vier bis sieben löchern sie ihre Eltern oft pausenlos mit Fragen. Und auch danach gibt es wenige, die lange rasten oder ruhen, bis sie alle Funktionen ihres Smartphones verstanden und ausprobiert haben. Selbst Aufgaben, die nur mit halbem Engagement in Angriff genommen werden, wie zum Beispiel Vokabeln lernen, bewältigen sie häufig besser als ein hoch motivierter Erwachsener. Und nur die allerwenigsten Erwachsenen können mit einem durchschnittlichen Schüler konkurrieren, wenn es darum geht, eine große Menge von Stoff durch den geistigen Durchlauferhitzer zu jagen, so wie es unsere Kinder und Jugendlichen tun müssen.

Die Gründe, warum so viele Schüler (zunehmend schon in jüngerem Alter) so demotiviert, lustlos und abgelenkt wirken, haben sowohl mit der Schule zu tun als auch mit den Elternhäusern und der sozialen Umwelt heutiger Kinder. Der erste Grund ist die Reizüberflutung. Eine einzige Wochenzeitung enthält heute vermutlich mehr Informationen, als ein Bauer im 17. Jahrhundert in seinem ganzen Leben zu bewältigen hatte. Und die optischen und akustischen Signale, denen die Gehirne unserer Kinder im digitalen Zeitalter in einem Monat ausgesetzt sind, dürften die des Bauern ebenfalls hundertfach übertreffen. Und anders als noch zu Anfang des 20. Jahrhunderts bietet die Schule damit nicht von sich aus allzu viel Aufregendes. Der alltägliche Bedarf an Außeralltäglichem ist aber enorm gestiegen. Und anders als noch vor zwanzig Jahren steht sie, was die Vermittlung von Wissen anbelangt, heute unter enormer Konkurrenz durch das Internet. In dieser Situation auf die Verwahrlosung vieler Kinder durch Elektronikmüll hinzuweisen, gegen fahrlässige Elternhäuser anzuschimpfen und kulturpessimistisch zu werden, ist zwar legitim, aber zugleich völlig sinnlos – ein Versuch, mit der Luftpumpe die Windrichtung zu ändern. Denn die, die ihren Erziehungsstil ändern sollten, sind wirklich die Letzten, die diesen Klagen zuhören, geschweige denn ihr Leben ändern werden.

Der zweite Grund für so viele demotivierte und lustlose Schüler ist dagegen hausgemacht – und wie ich zeigen möchte, lässt sich auch einiges dagegen tun. Denn vieles, was in unseren Schulen Usus ist, widerspricht elementar unserer Erkenntnis über die Gehirne Heranwachsender. Ein wichtiger Faktor ist zum Beispiel das Arbeitsgedächtnis. In welcher Schule wird eigentlich berücksichtigt, »dass die Konzentrationsfähigkeit im Laufe eines Lebens nicht immer gleich entwickelt ist«? Zudem ist die Aufmerksamkeitsspanne von Kindern und Jugendlichen gegenüber der von Erwachsenen deutlich begrenzter: »So beträgt die Fähigkeit, sich am Stück zu konzentrieren, bei sechsjährigen Kindern lediglich 15 Minuten, bei neunjährigen Kindern 20 Minuten, bei elfjährigen etwa 30 Minuten.«[102]

Dass eine Schule, die diesen Befund ernst nimmt, nichts mehr mit den meisten unserer heutigen Schulen gemein haben kann, liegt auf der Hand. Zu den wichtigsten Einsichten der Lernforschung gehört der unmittelbare Zusammenhang zwischen Lernen und körperlicher Bewegung. Wer sich körperlich betätigt, geht, läuft oder herumtobt, stärkt dabei seine synaptischen Verknüpfungen. Eine ganze Reihe von chemischen Düngern wird ausgeschüttet, die für ein gutes Wachstum von Verbindungen sorgen. Nicht wenige Menschen haben ihre besten Einsichten beim Spazierengehen oder Joggen, andere benötigen einen Nachmittagsschlaf, um geistig fit zu bleiben etc. Wer sich bewegt, nimmt Informationen oft intensiver auf, als wenn er stillsitzt. Wie viele Lehrer in meiner Schulzeit haben sich darüber aufgeregt, dass ich nicht ruhig auf meinem Stuhl sitzen konnte. Und mein Physiklehrer diagnostizierte sogar ein Intelligenzproblem, weil ich als einer der Kleinsten meiner Jahrgangsstufe auf dem Stuhl gekniet habe. Dabei sind alle diese motorischen Bedürfnisse keine Defizite, sondern verstärken im Gegenteil die Aufmerksamkeit.

Die Idee, dreißig Kinder über mehrere Stunden bei minimalen Pausen auf Stühlen in Sitzbänken zu verstauen, ist jedenfalls definitiv nicht mehr zeitgemäß und nicht »gehirngerecht«. Körperliche Passivität ist ein hoher Stressfaktor, physisch wie psychisch. Wer optimal lernen will, muss in der Lage sein, zwischendurch Pausen machen und sich bewegen zu können, und zwar entsprechend eines eigenen individuellen Rhythmus und Bewegungsbedürfnisses. Doch dass das in unserem Tayloristischen System nicht möglich ist, ist auch klar.

Die problematischste Zeit im Hinblick auf die Konzentrationsfähigkeit ist die der Pubertät. In dieser Phase bilden sich im für höhere kognitive Leistungen verantwortlichen Stirnhirn Milliarden neuer Verknüpfungen. Von der Warte der Nervenverbindungen betrachtet, sind wir nie wieder so intelligent wie in der Pubertät. Bedauerlich daran ist nur, dass uns das explosionsartige Wachstum im Gehirn so sehr überfordert, dass wir oft sehr schlecht damit umgehen können. Auf der einen Seite erleben wir die sensibelste und kreativste Phase unseres bewussten Lebens. »Man träumt alles schon im Alter zwischen zehn und fünfzehn«, sagte der belgische Chansonnier Jacques Brel. »Und dann versucht man ein Leben lang, einen Teil dieser Träume zu verwirklichen. Mit fünfzehn ist es vorbei, obwohl – im Norden braucht man zwei Jahre mehr.«

Auf der anderen Seite sind wir unausgeglichen, launisch und ständig mit uns selbst überfordert. Erst nach und nach schrumpft sich unser Gehirn wieder »gesund«. Erfolgreiche Nervenbahnen bleiben erhalten, andere werden abgebaut. Das wichtigste Kriterium bei diesem Rückbau ist der soziale Erfolg. Immerhin ist es der biologische Sinn der Pubertät, die Geschlechterrolle anzunehmen und einzuüben und sich dabei vom Elternhaus und anderen Autoritäten zu lösen – mithin ein selbstständiger Mensch zu werden. Dabei liegt es in der Natur der Sache, dass wir in diesem Alter kaum von unseren Eltern lernen, sondern überwiegend von Gleichaltrigen. Das aber kann nach Maßgabe unseres neurowissenschaftlichen und entwicklungspsychologischen Wissens nur bedeuten: Kinder in der Pubertät gehören eigentlich nicht in die Schule!

Mein Wollen & ich

Viele Probleme, die Lehrer mit ihren Schülern und Schüler mit ihren Lehrern haben, erklären sich leicht, wenn man sie mit den Augen von Hirnforschern und Entwicklungspsychologen betrachtet. Und viele weitere Einsichten kommen noch dazu, wenn man die Erkenntnisse der Bindungsforschung sowie der Emotions- und Motivationspsychologie mit einbezieht. Um sich in der Schule optimal zurechtzufinden und sich tatsächlich zu bilden, brauchen Kinder und Jugendliche ein Schulklima und ein Schulsystem, das es ihnen ermöglicht, so *motiviert* wie *konzentriert* zu lernen. Dabei müssen sie ihre *emotionale* wie *kognitive Intelligenz* entfalten können, nicht zuletzt im Umgang mit sich selbst, zum Beispiel in Stresssituationen, bei Überforderungen, im Scheitern, bei der Selbstorganisation und vielem anderen mehr. Und sie müssen ihr *Gedächtnis* trainieren, und zwar auf der Basis eines möglichst vielschichtigen und eleganten Umgangs mit *Sprache*.

Den wichtigsten Anteil an einer Leistung hat dabei nicht die

Intelligenz, sondern die Motivation. Um eine Leistung zu erbringen, ist es wichtig, sie erbringen zu *wollen*. Doch leider ist das mit dem Wollen eine ziemlich vertrackte Sache. Wie oft erleben wir dabei einander widerstreitende Kräfte. Schon Arthur Schopenhauer hatte ketzerisch behauptet: »Der Mensch kann wohl tun, was er will, aber er kann nicht wollen, was er will.« Zwar verfügen Kinder gemeinhin über eine starke Eigenmotivation, etwas lernen zu wollen, aber bekanntlich nicht immer bei dem, was sie lernen sollen. Sein Wollen auf ein Sollen zu lenken und sich darin zu trainieren, ist eine schwere Kunst, die viel Geduld, Aufmerksamkeit, Selbstbeobachtung und Impulskontrolle voraussetzt – allesamt Fähigkeiten, die wir entsprechend unserer Persönlichkeit mehr oder weniger stark einüben müssen.

Der Grund dafür, dass wir es überhaupt einüben können, liegt darin, dass wir uns bei unserem Fühlen, Denken und Handeln selbst wahrnehmen und beobachten können. Immanuel Kant hatte bereits im 18. Jahrhundert betont, dass Menschen danach streben, Gefühle der Lust zu erleben und solche der Unlust zu vermeiden. Die Pointe dieses Satzes besteht in dem Wort »Streben« – das uns nach Kant von anderen Tieren unterscheiden soll. Denn Streben ist eine Tätigkeit, über die wir uns zumeist im Klaren sind, die wir also an uns selbst beobachten. Insofern sind wir einem Anreiz nicht einfach ausgeliefert, selbst wenn er uns magisch anzuziehen scheint oder abstößt. Entsprechend kennt auch unser Gehirn zwei unterschiedliche Systeme, »nämlich ein System, das den Lustgewinn eines Ereignisses repräsentiert, und ein anderes, das ein Ereignis erstrebenswert macht. Das eine *befriedigt*, das andere *treibt voran*, motiviert. In der englischsprachigen Literatur werden entsprechend das ›liking-System‹ und das ›*wanting*-System‹ unterschieden.«[103]

Selbst wenn ich mit Vorliebe Schokolade esse, esse ich sie nicht den ganzen Tag. Man kann sich auch Wünsche versagen, sie vertagen und verschieben. Und genau diese Fähigkeit zu Selbstkontrolle und Selbstregulation spielt eine erhebliche Rolle bei jedem längerfristigen Lernerfolg. Dinge zu lernen und zu verstehen, die man lernen soll, ist nicht immer lustvoll. Und ohne Mühe und Disziplin gelangt man selten zum Erfolg. Die Frage ist nur, welches Verhältnis von Lust und Leid wir an unseren Schulen in Zukunft hinbekommen. Denn dass ich etwas *manchmal* nicht gern tue, ist kein Widerspruch dazu, dass ich es *grundsätzlich* gern tue. Dass die meisten Schüler an unseren Schulen grundsätzlich gern in die Schule gehen, darf leider bezweifelt werden. Aber dies zu erreichen, wäre ein wichtiges und schönes Ziel. Und dass wir dabei aus unseren Schulen keine Paradiese machen werden, entbindet uns nicht von der Verantwortung, uns in die richtige Richtung zu bewegen und die nicht selten ziemlich trübe Gegenwart zu überwinden.

Häufig haben wir es bei Kindern wie bei Erwachsenen mit dem Widerspruch zwischen dem zu tun, auf was man unmittelbar Lust hat, und dem Bedürfnis, stolz auf sich zu sein. Stolz sind wir zumeist dann, wenn wir eine Schwierigkeit meistern konnten oder ein erstrebenswertes, aber nicht einfaches Ziel erlangt haben. Das Streben nach dem Gefühl, etwas gut gemacht oder geschafft zu haben, ist ein starker emotionaler Gegenpart zu schnellen Ablenkungen und Reizbefriedigungen. Eine Situation, die die meisten Menschen auch an ihrem Arbeitsplatz kennen. Oft hilft dabei die Aussicht darauf, wie man sich am Abend wohlfühlen wird, wenn man entweder sein Tagwerk erfolgreich erledigt oder aber seine Zeit mit ablenkenden Reizbefriedigungen verplempert hat.

Aus Sicht der Hirnforschung haben wir es hier mit der Arbeit des internen Bewertungs- und Motivationssystems zu tun, das alles, was wir machen, danach bewertet, ob es uns guttut oder es uns dabei schlecht geht. Entsprechend reagiert unsere Körperchemie. Wir fühlen uns positiv beschwingt, wenn wir etwas Großes geschafft haben, und besonders nachhaltig ist die Freude vor allem, wenn wir in einer langwierigen Sache, in die wir viel Energie eingebracht haben, erfolgreich sind und uns sagen können, dass wir das richtig klasse bewerkstelligt haben. Wir fühlen uns aber leer und deprimiert, wenn wir vor Hindernissen versagt oder uns ihnen nicht gestellt haben.

Menschen sind in der Lage, sich selbst wahrzunehmen, sich selbst zu beobachten und zu bewerten. Und je mehr positive Erfahrungen sie dabei mit sich gemacht haben, umso größer ist gemeinhin die Kraft, mit der man an neue Aufgaben herangeht. Den Fachbegriff dafür prägte der kanadische Psychologe Albert Bandura in den siebziger Jahren, indem er von »Selbstwirksamkeitserwartung« *(perceived self-efficacy)* sprach. Erfolg ist damit in doppelter Hinsicht selbst definiert. Zum einen dadurch, dass ich selbst bestimme, ob ein Ziel für mich einen hohen Wert hat (zum Beispiel die Verbesserung meiner Mathe-Note), und zum anderen, dass ich mir bestimmte Verbesserungen zutraue oder nicht.

Die beiden wichtigsten Komponenten der Motivation unterliegen damit nicht einfach meinem Lustgefühl, sondern in weit größerem Maß meiner Einschätzung des Lernziels und meiner Selbsteinschätzung, die beide zentral auf das Lustgefühl einwirken. Wer zu etwas »keinen Bock« hat und den Lehrer mit »Föhn mich nicht zu!« anraunzt, dokumentiert damit nicht schlicht eine hedonistisch motivierte Verweigerung. Viel häufiger zeigt sich darin ein Mangel an Selbstvertrauen, der, um des Stolzes willen, das Lernziel gleich mit entwertet. In diesem Sinne können Lehrer Schüler auch nicht bilden, sondern nur gut oder schlecht inspirieren und ihnen assistieren. Am Ende bilden wir uns immer selbst. Denn nur wenn wir bereit sind, uns auf etwas einzulassen, und uns das Erreichen des Ziels auch zutrauen, bringen wir die Energie auf, die unser Gehirn braucht, um neue Synapsen herzustellen. Aber wie lässt sich Selbstwirksamkeit fördern?

Die wichtigste Quelle unserer Motivation seit dem frühesten Kindesalter ist es, etwas selbst machen zu wollen, um uns anschließend damit zu belohnen, dass wir es geschafft haben. Eine solche Motivation ist *intrinsisch*. Es geht dabei nicht um eine Belohnung durch jemand anderes, sondern um eine Belohnung durch uns selbst. Doch was geschieht, wenn wir für eine Leistung oder einen Erfolg eine extrinsische Belohnung bekommen, eine Belohnung von außen?

Eine der berühmtesten Untersuchungen zu diesem Thema machten die US-amerikanischen Sozialpsychologen Mark Lepper, David Greene und Richard Nisbett zu Anfang der siebziger Jahre an der Stanford University. Sie ließen Kleinkinder im Alter von drei bis fünf Jahren Bilder malen. Einer Gruppe von Kindern wurde eine Belohnung dafür versprochen, wenn sie malte, eine zweite Gruppe erhielt *überraschend* eine Belohnung, und eine dritte Gruppe bekam keine Belohnung. Zwei Wochen später motivierten die Forscher die Kinder erneut zum Malen, allerdings völlig ohne das Versprechen einer Belohnung. Was geschah? Die Kinder, die beim ersten Mal durch eine Belohnung gelockt worden waren, verloren ohne die Erwartung auf einen solchen Lohn schnell die Lust und gaben sich beim Malen wenig Mühe. Die anderen dagegen ließen sich leicht zum ausgiebigen Malen anregen. Ein paar Jahre später wiederholten Greene und Lepper das Experiment mit Mathematikspielen. Sie stellten Grundschülern neue Mathe-Spiele zur Verfügung und ließen sie zwei Wochen damit spielen. Danach erhielt jedes Kind eine Belohnung, wenn es noch elf Tage weiterspielte. Als die elf Tage um waren, hörten die Kinder rasch mit dem Spielen auf, weil es keine Belohnung mehr dafür gab. Dabei hatten sie in den ersten Wochen gern freiwillig mit den Spielen gespielt. Eine andere Gruppe von Kindern hingegen, die keine zwischenzeitliche Belohnung erhalten hatte, spielte fortwährend gern mit den Spielen.[104]

Der Effekt, der hier deutlich zutage tritt, ist inzwischen durch Hunderte von Experimenten belegt: Er heißt »Korrumpierungseffekt«. Wer für sein Tun oder Lernen einen extrinsischen Anreiz bekommt, verliert oft und schnell seine intrinsische Motivation. Die Ursprungsmotivation wird durch die Belohnung korrumpiert und somit zerstört. Man stelle sich zum Beispiel einmal vor, ein Spieler aus der Fußballbundesliga würde für sein Spielen von einem Tag auf den anderen nicht mehr bezahlt, weil er nach eigener Aussage so gerne und so sehr aus Leidenschaft spielt. Würde er weiterhin für seinen Verein auflaufen?

Der Grund dafür ist leicht benannt, nämlich als eine Frage, wie ich mich und mein Tun selbst wahrnehme. Tue ich etwas, wofür man mir eine Belohnung in Aussicht stellt, so werte ich die Tätigkeit normalerweise sofort ab. Denn wenn sie für mich einfach nur schön und lustvoll wäre, würde man mich doch wohl kaum dafür belohnen. Die Tatsache, dass eine Belohnung winkt, mindert meine Eigenmotivation. Auf die Schule angewendet, bedeutet dies: Ein Schulsystem, dass seine Schüler mit der Aussicht auf Zensuren belohnt (oder bestraft), entwertet die Lust am Lernen zu einem Mittel zum Zweck. Nicht für uns und um des Wissens willen lernen wir, sondern für die Schule und das Zeugnis. Verlierer in diesem System sind sowohl der Wert des Unterrichts als auch die intrinsische Motivation unserer Kinder.

Schaut man sich genauer an, was in Menschen vor sich geht, wenn sie ihre intrinsische Motivation aufgeben, dann kann man sagen: Sie verlieren die Herrschaft über sich selbst. Denn wenn jemand anderes mir eine Belohnung verspricht, handele ich nicht mehr autonom, sondern im Auftrag eines anderen, der durch Belohnen und Bestrafen die Kontrolle über mich ausübt. Autonomie- und Kontrollverlust aber rauben meine Selbstbestimmtheit. Und wer sich nicht selbstbestimmt fühlt, ist auch nicht intrinsisch motiviert.

Aus alldem folgt nicht, dass äußere Anreize *grundsätzlich* den intrinsischen Antrieb zerstören müssen. Wer überraschend belohnt wird, verliert dadurch nicht seine Motivation. Das Gleiche ist der Fall, wenn der Belohnte sich nicht kontrolliert fühlt, weil er nicht für die Belohnung gearbeitet hat, sondern zusätzlich belohnt wird, etwa in Form eines Dankes oder Dankgeschenkes. Und auch verbale Belohnungen, also Lob und Zuspruch, verderben normalerweise nicht die Eigenmotivation, sondern werden zumeist als eine Anerkennung empfunden, welche unsere Autonomie stärkt. Ausgenommen natürlich, ich werde pausenlos gelobt, in diesem Fall verliert das Lob seinen Wert. Belohnungen sind also vor allem dann gut, wenn sie nicht Teil eines Belohnungs- oder Bestrafungssystems sind, dem man sich notgedrungen unterwirft – aber genau dies ist in unseren herkömmlichen Schulen nahezu überall der Fall.

Gehirngerecht lernen

Das menschliche Gehirn hat sich im Laufe der Evolution aufs Lernen hin optimiert, aber, wie Manfred Spitzer, ärztlicher Direktor der Psychiatrischen Universitätsklinik in Ulm, schreibt, nicht für die Schule. Extrinsische Motivationen durch Noten gehören kaum zum »gehirngerechten Lernen«. Und auch zum Auswendiglernen sind Menschen nur bedingt geeignet. Man könnte das, was unsere Kinder in der Schule den Tag über treiben, ganz gut mit Springreiten vergleichen. Pferde sind Tiere, die von Natur aus wenig springen, allenfalls als Fohlen im Übermut. Ein Pferd, das in der Wildbahn einen Graben oder eine Spalte im Boden vorfindet, wird diese niemals überspringen, obgleich es das tun könnte. Aber Pferde scheuen das Springen und ziehen es vor, das Hindernis weiträumig zu umgehen. Pferde sind zum Laufen optimiert, nicht zum Springen. In der Dressur freilich lassen sich Pferde, oft mühselig und grausam und unter Einsatz extrinsischer Belohnungen, dazu bringen, Hindernisse zu bewältigen und dabei beachtliche Höhen zu überwinden. Nicht anders verhält es sich beim Menschen. Was das Laufen für das Pferd ist, ist das Lernen für den Menschen. Und was das Springen ist, ist das Auswendiglernen unter der Androhung von Sanktionen oder dem Einsatz extrinsischer Belohnungen.

Wir wissen so viel über das menschliche Lernen, dass es überfällig ist, all dies auch in unseren Schulen umzusetzen. Man erinnere sich noch einmal an das Gedankenspiel, was für eine Schule man heute wohl erfinden würde, wenn es bislang keine gäbe. Vermutlich würde man die Erkenntnisse der Hirnforschung an den Anfang stellen, einschließlich jener der Kognitions- und Entwicklungspsychologie. Und nachdem wir alles berücksichtigen, unser Wissen über die Entwicklungsphasen des Gehirns, über die Konzentrationsfähigkeit von Kindern, über das Zusammenspiel von Lernen und Bewegen, über die Bedeutung und die Spielregeln der Selbstwahrnehmung und Selbstwirksamkeit und über intrinsische und extrinsische Motivation, würden wir uns an die pädagogische Umsetzung machen und die Didaktik genau darauf abstimmen.

Aber lassen sich diese Erkenntnisse so einfach umsetzen?

Im Gegensatz zu den eben genannten Disziplinen ist Pädagogik keine Wissenschaft. Selbstverständlich kann man wissenschaftlich über Pädagogik forschen. So kann man etwa philologisch und historisch eine Geschichte der pädagogischen Ideen schreiben. Man kann statistisches Material über Schulabschlüsse, Herkunftsfamilien, Schulformen und dergleichen auswerten. Und man kann den immer heiklen Versuch unternehmen, die Methoden zu evaluieren, mit denen man Kindern etwas beigebracht hat. Aber all dies bedeutet nicht, dass Pädagogik selbst wissenschaftlich ist. Wie wer unter welchen Bedingungen und nach welchen Methoden wem was beibringen sollte, ist niemals wissenschaftlich exakt zu bestimmen.

Für Kant war es die Aufgabe der Pädagogik, der pädagogischen Praxis Wissen zur Verfügung zu stellen, versehen mit dem humanistischen Ziel, Kinder zu mündigen und selbstbestimmten Menschen zu machen. Das Wissen, das es für die pädagogische Praxis braucht, ist heute jedoch nicht nur pädagogisches, sondern ebenso ein neuropsychologisches und lernpsychologisches Wissen.

In der Realität der meisten Schulen, der Lehrpläne, der Unterrichtsgestaltung und des Schulsystems kann davon allerdings kaum die Rede sein. Auch die verschiedenen universitären Disziplinen schaffen es bislang nicht sonderlich gut, bei der Frage des Lehrens und Lernens zusammenzuarbeiten. Zu groß sind die Vorbehalte vieler Erziehungswissenschaftler gegenüber der Biologie; so wie umgekehrt viele Neurobiologen, die sich mit Lernen beschäftigen, keine allzu schmeichelhafte Einschätzung von der Arbeit von Geistes- und Erziehungswissenschaftlern haben. Immerhin geht es bei diesen Scharmützeln und Rechthabereien auch um Karrieren, um die Legitimität von Fachbereichen, um Selbstverständnisse, Weltbilder, Lebensleistungen, Eitelkeiten und die Zuteilung von Forschungsgeldern. So sind Lernpsychologen und Erziehungswissenschaftler oft nur bereit, die Neurowissenschaften als Hilfsdisziplin in ihr Fach aufzunehmen, zum Beispiel für Kernspinuntersuchungen von »Störungen«. Wohingegen manche Hirnforscher die Pädagogik allenfalls als »Erfahrungserziehungskunde« betrachten – analog zur »Erfahrungsseelenkunde«, der vorwissenschaftlichen Form der Psychologie. Für manche Neurobiologen sind Erziehungswissenschaften lediglich das letzte und problematischste Glied einer umfassenden Psycho-Neurowissenschaft des Lernens und Lehrens.

So war es wenig hilfreich, dass der Fachdidaktiker Gerhard Preiß, Professor für Didaktik der Mathematik an der Pädagogischen Hochschule in Freiburg, schon Ende der achtziger Jahre mit dem Begriff »Neurodidaktik« vorpreschte – zu einer Zeit, in der nicht einmal akzeptable bildgebende Verfahren zur Verfügung standen, um einen Blick ins lernende Gehirn zu werfen. Die harte Vorsilbe »Neuro« erschien damit über längere Zeit lediglich als ein Label, das (vor allem bei Männern) besser ankommen sollte als das weiche »Psycho«; man denke nur an den ähnlichen Etikettenschwindel beim sogenannten Neuromarketing. Auf diese Weise hatten es die Erziehungswissenschaftler über zwei Jahrzehnte leicht, darauf hinzuweisen, wie unzureichend die technischen Möglichkeiten der Hirnforscher seien, um Lernprozesse im Gehirn sicher und aufschlussreich zu diagnostizieren. Hinzu kam, dass das, was die Verfechter einer »Neurodidaktik« sich unter gehirngerechtem Unterricht vorstellten, wenig Neues enthielt. Ging es doch in fast nichts über die hundert Jahre alten Wünsche und Vorstellungen der Reformpädagogik hinaus.

All dies spricht aber nicht dagegen, dass Hirnforschung, Lernpsychologie und Pädagogik zusammenarbeiten sollten. Die alten Fächergrenzen sind nicht mehr zeitgemäß, und die Diagnosetechniken der Neurobiologie verbessern und perfektionieren sich in ungeheurem Tempo. Und was die Übereinstimmung von neurodidaktischen Konzepten mit der Reformpädagogik anbelangt, so wird heute zu gesichertem Wissen, was vor hundert Jahren nur Meinung sein konnte. Dass Kognitions- und Lernpsychologen unter Einbeziehung der Neurobiologie gegenwärtig bestätigen, was Reformpädagogen schon seit langem fordern, ist kein Manko heutiger Forscher, sondern ein nachträgliches Lob für die einstigen Pioniertaten.

Zu den wichtigsten pädagogischen Herausforderungen an das Lernen und die Lernumwelten unserer Kinder gehört es, den Wissensstoff in der Schule fortwährend auf seine *Anschaulichkeit* hin zu überprüfen, insbesondere in oft als unanschaulich wahrgenommenen Fächern wie etwa Mathematik. Denn nur, was im episodischen Gedächtnis eine Bedeutung bekommt, hat eine gute Chance, auch vom semantischen Gedächtnis gespeichert zu werden. Wenn Sie sich meine Kritik am Auswendiglernen in der Schule einprägen werden, dann vielleicht deshalb, weil ich es mit der Arbeit von Springpferden verglichen habe. Reine Fakten sind noch viel schwerer zu erinnern, insofern sie nicht Teil eines spannenden Zusammenhangs sind. Wahrscheinlich werden Sie nicht mehr wissen, was Sie am 4. November 1989 gemacht haben. Aber sehr wahrscheinlich, wo Sie am 9. November 1989 waren, und vermutlich auch, was Sie an diesem Tag im Fernsehen gesehen haben. Natürlich ist dieser Zusammenhang allen Didaktikern und Lehrern längst bekannt – die Frage ist nur, ob die Möglichkeiten, Schulfächer anschaulicher zu machen, tatsächlich ausgereizt sind. Wie ich in den beiden nächsten Kapiteln zeigen möchte – vermutlich nicht. Das überkommene Schulsystem setzt der Anschaulichkeit viele künstliche Grenzen.

Die zweite Herausforderung ist, Lernen und Wissen in spannende *Zusammenhänge* zu stellen. Wir können nur lernen, indem wir etwas Unbekanntes auf Bekanntes beziehen. Völlig Unbekanntes wird nicht verstanden. So drehten Forscher in den frühen neunziger Jahren einen Film über das moderne Großstadtleben in New York. Dann zeigten sie die Dokumentation einem indigenen Volk in einem philippinischen Bergwald. Gespannt warteten die Wissenschaftler auf die Reaktion des Publikums auf eine Welt, von der es bislang keinen Schimmer gehabt hatte. Zu ihrer Verblüffung ereiferten sich die Menschen des Bergwaldes nur über ein einziges Thema: »*The chicken!*« – »Welche Hühner?«, wollten die Forscher wissen. In ihrem Film waren Wolkenkratzer zu sehen gewesen, Straßenverkehr, U-Bahnen, Clubs, Restaurants, Geschäfte und so weiter – aber Hühner? Als sie das Bildmaterial ein weiteres Mal ansahen, gewahrten sie, dass irgendwann ein Lkw mit Hühnern durch die Straßen fuhr; er war für etwa zwei Sekunden im Bild. Und genau diese Nebensächlichkeit hatte beim Publikum für große Resonanz gesorgt – weil es das Einzige war, das die Menschen kannten. Alles andere hatten sie als völlig fremd und somit als beziehungslos für sich selbst gleich wieder aus dem Bewusstsein verloren. Wie vielen Schülern geht es im Mathe- oder Physikunterricht wie diesem Naturvolk? Und dass trotz aller weitverbreiteten Erkenntnis in der Pädagogik, dass man nur da etwas lernt, wo man einen Bezug zu sich selbst herstellen kann und sich emotional entsprechend sicher fühlt.

Einsichten wie diese sind so alt wie die Pädagogik und wurden immer wieder neu formuliert, man denke etwa an die fünf didaktischen Grundfragen des einflussreichen Marburger Didaktik-Professors Wolfgang Klafki. Danach kann man Schülern nur dann erfolgreich etwas beibringen, wenn das Wissen für sie einen *Wert* hat. Nach Klafki müssen Kinder und Jugendliche das Gefühl haben, etwas mit dem Gelernten anfangen zu können, und zwar in der Gegenwart und/oder in der Zukunft. Besonderes muss daher immer im Hinblick auf ein allgemeineres Ziel gelernt werden, so wie umgekehrt Allgemeines nur am Beispiel gelehrt werden kann. Zu guter Letzt sollte sich der Lehrer darum bemühen, das zu Lernende so zugänglich, anschaulich und begreiflich wie möglich zu machen. Doch all dies wird an unseren Schulen angesichts der immensen Stofffülle, der Fünfundvierzig-Minuten-Taktung und der einzäunenden Fächergrenzen noch immer nicht ernsthaft umgesetzt.

Zu Klafkis fünf Bedingungen, wodurch Wissen für Schüler einen Wert erhält, kommen weiterhin eine Reihe psychologischer Faktoren. Wer sich geborgen und verstanden fühlt, lernt leichter, als wenn sich jemand allein gelassen oder fremd fühlt. Auch *milder Stress* beim Lernen ist oft ein gutes Mittel, nicht nur, damit wir uns besser konzentrieren, sondern auch, damit das Geleistete oder Verstandene als besonders wertvoll empfunden wird. Wer etwas spielend leicht lernt, ist selten stolz darauf. Haben wir dagegen beim Lernen einen milden Stress empfunden, bewerten wir das Gelernte eher als sinnstiftend. Mühen und bewältigte Hindernisse stärken unsere Selbstbedeutsamkeit. Die Rede ist hier ganz ausdrücklich von mildem Stress und nicht von einem permanenten Bewertungssystem, das bei schlechteren Schülern Dauerstress und Prüfungsangst auslöst. Wer unausgesetzt unter hohem Stress steht, lernt nicht etwa besonders gut, sondern gar nicht. Ein mit Stresshormonen überschwemmtes Gehirn, insbesondere durch hohe Cortisol-Ausschüttungen, schädigt den für Gedächtnisleistungen wichtigen Hippocampus, mit den bekannten Nebenfolgen wie Schlaflosigkeit, Überreiztheit, Kopfschmerz, Nervenzittern und Vergesslichkeit.

Alle wichtigen Faktoren des Lernens und des Lernumfeldes können nur dann greifen, wenn das Selbstverhältnis des Lernenden positiv ist. Wir neigen dazu, nur das mit Freude und Schwung anzugehen, was uns auch zu bewältigen erscheint, und vor dem zurückzuscheuen, was wir uns nicht zutrauen. Und wer sich ziemlich sicher ist, etwas zu schaffen, schafft dies viel leichter als der, der es sich nicht zutraut. Der Wert, den eine Sache für uns hat, hängt also einmal davon ab, wie hoch wir sie einschätzen, und zum zweiten, ob wir glauben, sie erreichen zu können. Ein Verhalten, das besonders an Hauptschulen zum Problem wird, wenn der Abschluss wegen der geringen Berufsperspektiven nicht als sonderlich wertvoll angesehen wird, aber gleichwohl als schwierig.

Zusammenfassend gesagt, lernen unsere Kinder in der Schule dann optimal, wenn sie dem Lernen und dem Wissen einen Wert beimessen, sodass sie es lernen *wollen*. Im Zentrum steht damit nicht die extrinsische Belohnung, sondern die Stärkung der Eigenmotivation durch die Schule. Nur in diesem Fall führen die vielen Mühen tatsächlich auch zu einem Bildungsziel, nämlich dass von dem Gelernten viel gespeichert und erinnert wird. Da das Wollen nicht einsam entschieden wird, sondern immer im Verbund mit den Interessen, Vorlieben und der Begeisterung der Mitschüler, ist es wichtig, ein soziales Klima zu begünstigen, in dem viele gern und voneinander lernen. Dabei sollten die eigenen Ideen der Kinder ihren festen Platz im Unterricht haben. Die Kinder sollten zeigen können, was sie auch abseits des von der Schule angebotenen Stoffes draufhaben und worauf sie stolz sind. Verknüpft man das Vorwissen und die Interessen der Kinder individuell mit dem Lernstoff, geht vieles einfacher. Denn nur durch Verknüpfungen wird es möglich, tatsächlich zu verstehen. Verstehen heißt nicht kennen, sondern einsortieren.

Und wer etwas in den eigenen Wissens- und Erfahrungsschatz einsortieren kann, merkt sich mithin leichter Details. Für diese Arbeit des Einsortierens muss das Gelernte überdacht, bewertet und abgewogen werden, und dafür braucht man Zeit und Muße und oft körperliche Bewegung.

All diese wissenschaftlich abgesicherten Überlegungen zum Lernen basieren auf der Vorstellung, dass Lernen etwas Individuelles ist. Kein Kind lernt ganz genau gleich wie ein anderes. Und jedes kommt irgendwann mal in Schwierigkeiten. Was unsere lernenden Gehirne machen, entspricht auch mitnichten dem kontinuierlichen Prozess eines lehrplanmäßigen Bildungsgangs. Häufig werden Umwege eingeschlagen und Abkürzungen gesucht. Lernen ist nicht die kürzeste und effektivste Verbindung von A nach B, sondern, wenn es wirklich nachhaltig sein soll, ein Spaziergang oder besser: eine Ansammlung von Spaziergängen durch bekanntes und unbekanntes Terrain. Aus diesem Grund kann man zwar »Lehrpläne standardisieren, aber man kann Lernen nicht standardisieren«.[105] Und wer als Lehrer die Mitverantwortung für das Lernen eines Menschen übernimmt, muss vor allem eines tun: Die Einzigartigkeit eines jeden Lernenden akzeptieren und diese individuell fördern.

Vielleicht werden Sie jetzt fragen, ob das in der Schule überhaupt geht. Und die Antwort ist: »Ja, es geht …!«

Individualisiertes Lernen

*Unterricht sollte so sein, dass das Gebotene
als wertvolle Gabe empfunden wird
und nicht als eine harte Pflicht.*
Albert Einstein

Lernen im Gleichschritt

»Ich mochte die Schule. In Deutsch kam ich allerdings kaum mit. Meine Aufsätze waren grottenschlecht, ich machte Fehler in Diktaten. Ich hatte das mit den Nomen und Verben im Deutschen noch nicht ganz umrissen, als wir schon bei den Fällen waren. In Mathematik fühlte ich mich deutlich wohler. Im dritten Schuljahr arbeitete ich im Herbst schon das Mathebuch bis zum Ende des Jahres vor. Die Lehrerin bestellte damals meine Mutter zu sich und schimpfte, dass das so nicht gehe. Ich könne ja gar nicht mit anderen Kindern verglichen werden, wenn ich schon vorarbeite. Ich hingegen verstand nicht, was daran schlecht sein sollte, wenn ich irgendwas schnell lerne. Ich verstand nicht, was der Wert der Vergleichbarkeit aller Kinder war. Ehrlich gesagt, ich verstehe es bis heute nicht. Wir haben es mit völlig individuellen Kindern zu tun, von denen so ziemlich jedes seine eigenen Stärken und Schwächen hat. Wir zwingen in den einzelnen Fächern aber die Langsameren dazu, sich den Schnelleren anzupassen und umgekehrt. Das Lerntempo ist letztlich nur für wenige richtig, und wir kämpfen mit schlechten Lernerfolgen auf beiden Seiten. Man könnte jetzt argumentieren, dass wir uns individuellere Förderung nicht leisten können. Aber, mit

Verlaub, das ist gigantischer Schwachfug. Wenn wir uns überlegen, welcher Teil des wirtschaftlichen Erfolgs eines Landes von guter, früher Bildung seiner Bevölkerung abhängt, dann müssen wir uns sehr ernsthaft über eine Reform des Bildungssystems unterhalten.«[106]

Die Klage von Marina Weisband, der ehemaligen Geschäftsführerin der Piratenpartei, trifft ins Schwarze. Sosehr in der Pädagogik schon seit langer Zeit von »individualisiertem Lernen« die Rede ist – vernünftig umgesetzt wurde und wird es kaum. Aus diesem Grund sind die vielen schönen Worte darüber, dass Bildung aus der Perspektive des einzelnen Kindes gedacht werden sollte, ebenso irreführend wie die Vorstellung, unsere Kinder hätten in der Schule eine persönliche Bildungsbiografie, die diesen Namen auch verdient. Denn nichts im Tayloristischen Schulsystem ist auf das Individuum zugeschnitten, sondern alles auf kollektive Klassenziele. Und diese sollen nach Möglichkeit im Gleichschritt erreicht werden.

Was das bedeutet, kennt jeder aus seiner eigenen Schulzeit. Um das Klassenziel nicht zu verfehlen, ist der Lehrer gezwungen, Schüler zu überfordern, die im Stoff nicht mitkommen – ein Rückstand, der häufig genug auch später nicht aufgeholt wird. Andere Schüler dagegen langweilen sich, weil sie unterfordert sind und nicht ausreichend gefördert werden. Und nur die Durchschnittlichen kommen halbwegs auf ihre Kosten. Ein solcher Zustand wird weder dem Auftrag gerecht, die Schwächeren zu fördern, noch die Starken zu fordern. Begabungen bleiben brach liegen, und Lücken, die einmal gerissen wurden, können nicht mehr aufgeholt werden. Kein Kind wird damit entsprechend seines individuellen Potenzials, seiner Neigungen und Talente durch die Schule begleitet.

Doch dass Kinder, Talent hin, Schwächen her, in Jahrgangsklassen unterrichtet werden, ist kein ehernes Gesetz, das man nicht ändern könnte. Es war auch nicht schon immer so! In den ländlichen Regionen Deutschlands besuchten bis weit ins 20. Jahrhundert die Kinder von den umliegenden Höfen ungeachtet ihres Alters eine einzige Klasse, in der sie je nach Reife mit unterschiedlichem Wissen und Ansprüchen konfrontiert wurden. Die Jahrgangsklasse dagegen ist ein Phänomen der Städte, insbesondere der Großstädte. Das Rekrutieren und Zusammenstellen nach Jahrgängen nach den Regeln des Militärs traf dort auf die fabrikmäßige Organisation von Lernen und den Kontrollanspruch der Bürokratie. Und alles drei zusammen ergab jenes eigentümliche Modell, das wir bis heute kennen und für »normal« halten.

Der große Vorteil der Lernfabriken war, dass man das, was in ihnen vor sich ging, einfach erfassen, vergleichen und verwalten konnte. Was man dabei entsprechend des Zeitgeists im 19. und frühen 20. Jahrhundert ungerührt in Kauf nahm, war der Verlust des »Wertes« von Lernen für den einzelnen Schüler. Wie gezeigt, verlieren Menschen ihre intrinsische Motivation, wenn das Lernziel entweder zu hoch angesetzt ist, sodass man nicht glaubt, es erreichen zu können, oder zu tief, sodass das Erreichen keinen besonderen Wert darstellt. »Eine optimale Leistung entsteht dort, wo die Kompetenz für eine Aufgabe und der Schwierigkeitsgrad sich die Waage halten. Wer seine Kinder unterfordert, sät Langeweile, wer seine Kinder überfordert, muss mit einem Motivationsverlust rechnen. Wer dagegen realistische Ansprüche stellt, steigert die Aufmerksamkeit, das Lernvermögen und die Konzentration bei seinen Kindern.«[107] Realistische Ansprüche gegenüber jedem Schüler zu stellen aber ist, wie jeder Lehrer weiß, im standardisierten Klassenzimmermodell unmöglich.

Washburne

Dass im Tayloristischen Schulsystem etwas ganz Wesentliches auf der Strecke geblieben war, nämlich die intrinsische Motivation und das individuelle Lernen, wurde schon früh erkannt und kritisiert. Doch kaum jemand setzte dem ein so pfiffiges und klug ausgetüfteltes Konzept entgegen wie Carleton Washburne. 1889 in Chicago geboren, wuchs Washburne in einem Pädagogen-Haushalt auf, inspiriert durch viele neue revolutionäre Ideen. Die beiden bedeutendsten US-amerikanischen Pädagogen ihrer Zeit, der Philosoph und Psychologe John Dewey (1859–1952) und der Reformpädagoge Francis W. Parker (1837–1902) gingen bei den Washburnes ein und aus. *Progressive education* lautete damals das Zauberwort – das Fördern von sozialen Fähigkeiten, von Selbstaufmerksamkeit, von körperlicher Bewegung und Ertüchtigung und den Einbezug der Ideen der Kinder in den Unterricht. Washburne studierte Kunst und kümmerte sich in einer Schule um eine Klasse von Kindern, die als hoffnungslose Fälle galten. Dabei versuchte er, jedes einzelne Kind gemäß dessen Anlagen und Fähigkeiten zu fördern. Sein durchschlagender Erfolg als Lehrer führte ihn nach San Francisco und schließlich zurück in die Umgebung von Chicago, in die Kleinstadt Winnetka. Als Superintendent stand er den dortigen Schulen vor.

Nachdem er sich ausgiebig mit den reformpädagogischen Ideen in Europa befasst hatte, gründete er in Winnetka ein College, um Lehrer auf eine völlig neue Art so auszubilden, dass sie den Anforderungen einer *progressive education* auch gewachsen waren. Kaum ein anderer Reformpädagoge erhielt von offizieller Seite je eine so freie Hand, seine Ziele im staatlichen System umzusetzen und dieses zu revolutionieren wie Washburne. Der ökonomische Aufschwung der USA nach dem Ersten Weltkrieg begünstigte den gesellschaftlichen Optimismus. Und die Zeit schien wie geschaffen für eine Bildungsrevolution. Auf das Lehrer-College folgte ein Zentrum mit Psychologen, Sozialarbeitern und Sprachheilpädagogen, um die Persönlichkeiten der Kinder und Lehrer individuell zu coachen. Washburne wurde Präsident der beiden maßgeblichen reformpädagogischen Vereinigungen der USA. Doch als er 1968 starb, war es still um ihn geworden.

Die revolutionäre Idee, die Washburne berühmt gemacht hatte, war die konsequente Auflösung des Jahrgangsmodells mit einem eigens dafür entwickelten didaktischen Programm. Jahrgangsübergreifende Schulklassen waren nicht neu. Es gab sie ja in Dorfschulen ebenso wie in reformpädagogischen Schulen in Europa. Doch er ging einen Schritt weiter und löste das Problem, wie sich dem persönlichen Lerntempo eines jeden einzelnen Schülers optimal gerecht werden ließ – mit dem *Winnetka-Plan* (1922) und dem darin entwickelten Konzept des *Mastery Learning*.

Als Erstes stellte Washburne eine Übersicht dessen zusammen, was jedes Kind seiner Meinung nach lernen sollte. Das Wichtigste war für ihn der virtuose Umgang mit Sprache, einschließlich einer korrekten Rechtschreibung und guten Lesefähigkeiten. Dazu kam Mathematik, weil man rechnen und abstrakt denken können sollte. In beiden Bereichen ging es seiner Meinung nach weniger um Wissen als um Können. Überzeugt davon, dass jedes Kind Sprache und Rechnen lernen kann, wenn auch in seinem ganz eigenen Tempo, erstellte er umfangreiches Lernmaterial. Dabei ging er nicht nach Jahrgangsklassenzielen vor, sondern strukturierte den Wissensstoff nach Ebenen des Verstehens und Begreifens. Jedes Kind sollte mit diesem Angebot selbstständig lernen und seine Lektionen machen können, und zwar in einem eigenen Lerntempo. Die dafür ausgebildeten Lehrer dienten als

Lernbegleiter. Sie gingen von Kind zu Kind, um es nach Bedarf zu unterstützen. Zensuren gab es dabei ebenso wenig wie Sitzenbleiben, denn beides war nun weder möglich noch nötig. Wenn ein Kind sein Lernprogramm abgeschlossen hatte, war es fertig. Und dieses Fertigsein ließ sich nicht mit Zensuren unterteilen. Jeder, der fertig war, hatte im Grunde eine Eins. Zensuren beurteilen eine erbrachte Leistung innerhalb einer bestimmten Zeit, getreu der physikalischen Formel, dass Leistung »Arbeit pro Zeiteinheit« ist. Wenn die Zeit als Beurteilungsmaßstab ausfällt, verlieren Zensuren ihren Sinn.

Dabei legte Washburne großen Wert darauf, dass nun nicht aller Unterricht aus Stillarbeit mit Lernmaterialien bestand. Er unterschied zwischen *individual work* und *group and creative activities*. Der Unterricht am Vormittag galt dem individuellen Lernen mit den Sprach- und Mathe-Lernbüchern. Dabei saßen die Kinder in einem größeren Raum zusammen und konzentrierten sich auf ihre Materialien. Die Lehrer unterstützten sie dabei, und auch die älteren Kinder halfen den jüngeren. Ganz im Gegenteil dazu stand der Nachmittagsunterricht. Hier fanden sich gemischte Gruppen, um gemeinsam unter Begleitung von Lehrern an Projekten zu arbeiten, sei es in Geschichte, Geografie oder in künstlerischen Vorhaben. Dabei konnten die Kinder ihre sozialen Fähigkeiten schulen, ihre Kommunikationsfähigkeiten verbessern, Teamgeist lernen und vieles mehr. Es war sogar möglich und gewünscht, dass sich die Kinder und Jugendlichen selbst Gedanken über neue Projekte machten, um sie dann zusammen durchzuführen.

Washburne erprobte sein Modell in Winnetka mit so viel Erfolg, dass er in den zwanziger Jahren zur Lichtgestalt der US-amerikanischen Pädagogik wurde. Zahlreiche Schulen druckten seine Lernmaterialien nach und gestalteten den Unterricht nach den Prinzipien des *Mastery Learning*. Der Vorteil des Modells lag unübersehbar auf der Hand. Statt Lernlücken weiter mit sich herumzuschleppen, wie es bei Jahrgangsklassenzielen so oft der Fall ist, lernen die Kinder nun dicht, kontinuierlich, passend und aufbauend. Genau so, wie Verstehen funktioniert. Das Standardmodell dagegen schreitet unerbittlich voran. Und es kennt auch kein Stopfen von Löchern im Nachhinein. Mathematik zum Beispiel baut Stück für Stück aufeinander auf. Und wer einmal den Vermerk unter seiner Note in der Klassenarbeit hat: »Die Grundlagen der Algebra müssen wiederholt werden!«, steht damit völlig allein da. Denn wer sein Mathe-Buch ohnehin noch nie verstanden und das alte vom letzten Schuljahr abgegeben hat, wie soll der ohne Hilfe die Grundlagen der Algebra wiederholen? Schon der Gedanke, ganz allein zu kapieren, was man früher einmal trotz Lehrer und Unterricht nicht begriffen hat, ist absurd. Und der einzige Weg, der den privilegierten Weizen von der unterprivilegierten Spreu trennt, ist dann das Elternhaus, das Zeit und/oder Geld in die Nachhilfe investiert.

Während in traditionellen Schulen sich alles nach der Zeit richtet, in der etwas gelernt wird, geht es beim *Mastery Learning* nur um die Lernstufen und Lernziele, die man erreichen muss. Die Zeit, ein wichtiger Faktor Tayloristischer Arbeitsprozesse, verliert damit ihre Herrschaft. Dass jeder ein anderes Lerntempo hat – *das* große Problem des Standardmodells –, ist damit gelöst. Doch warum setzte sich Washburnes neues Lernmodell mit seinen neuen Lernparametern nicht durch, wo die Erfolge so beträchtlich waren?

Was von Washburne blieb, war am Ende die Erfindung von Selbstlernfibeln, vor allem für Fremdsprachen. Und ein kleiner Insider-Witz, den sich die Macher des Hollywoodfilms *Kevin – Allein zu Haus* im Jahr 1990 leisteten, als sie den aufgeweckten

Anarcho-Knaben in Winnetka ansiedelten, in der 671 Lincoln Avenue. Ansonsten aber geriet Washburne noch zu Lebzeiten nahezu in Vergessenheit. Dem kurzen Hype um das *Mastery Learning* war keine Bildungsrevolution in den USA gefolgt. Zu starr und festgefahren war das traditionelle System, um sich länger als ein paar Jahre von etwas Neuem beeindrucken zu lassen.

Das Schicksal einer guten Idee

Doch die Geschichte ist damit nicht zu Ende. Ihre Wiedergeburt fand die Idee des individualisierten Lernens in den fünfziger Jahren, allerdings im Kopf eines völlig ungeeigneten Pädagogen. Burrhus F. Skinner (1904–1990) war ein bedeutender Forscher, dessen Irrtümer die Wissenschaft stark vorantrieben. Als wichtigster Vertreter des Behaviorismus – ein Konzept, das das Verhalten von Tieren und Menschen mit naturwissenschaftlichen Methoden untersuchte – glaubte Skinner, dass alles Lernen nach einem festen Schema im Gehirn ablaufe, nämlich nach dem Muster von *Reiz* und *Reaktion*. Danach ist unser Organismus evolutionär auf ein ganz bestimmtes Verhalten geprägt, das unser Fühlen, Denken und Handeln festlegt. Wir reagieren nicht flexibel auf Reize, sondern schematisch. In diesem Sinne ist der Mensch eine Fressmaschine, aber eben auch eine Lernmaschine. Bekommen wir für eine richtige Antwort, Einsicht oder sonstige Leistung ein positives Feedback, so erreichen wir einen Lernfortschritt – und man kann die nächste Aufgabe darauf aufbauen. Der Natur nach, so Skinner, lernen wir »programmiert«, und deshalb müsse auch der Unterricht programmiert werden, durch ein festgeschriebenes Lernprogramm, bei dem man sich in vielen kleinen Schritten in Form von positivem oder negativem Feedback vorwärtsarbeitet. Ähnlich wie bei Washburnes *Mastery Learning* richtet sich das Lernen allein nach den individuellen Lernfortschritten des Einzelnen und verstärkt dessen Kenntnisse. Eine Schulklasse war damit für Skinner ebenso überflüssig wie Lehrer. Das Einzige, dessen es bedurfte, war ein Lernprogramm oder besser eine »Lehr- und Lernmaschine«.

Was an diesem Vorschlag Angst macht, ist das völlig maschinelle Menschenbild. All die vielen Vorgänge der Psyche, wo Menschen schwankende Selbsteinschätzungen haben, Launen, Motive wie Ehrgeiz, Stolz, Sympathie oder Empathie, kommen nicht vor. Dass es einen Unterschied im Lernen macht, ob ich mich von Menschen anerkannt, geliebt, geborgen und getragen fühle oder nicht, liegt ebenfalls außerhalb von Skinners Welt. Selbst die Neugier und die intrinsische Motivation sind auf festgelegte Muster reduziert. So individuell das Lernprogramm, so wenig individuell sind Skinners Lernende. Seine Menschen sind programmierte Computer, die mit Computern kommunizieren. Dass all dies in einem Aufsatz geschrieben wurde, der tatsächlich »The science of learning and the art of teaching« (»Die Wissenschaft des Lernens und die Kunst des Unterrichtens«) heißt, entbehrt nicht einer gewissen Komik. Denn von einer Kunst des Lehrens kann kaum die Rede sein, sondern nur vom Geschick des Programmierers.

Obwohl Skinner zahlreiche Anhänger für seinen programmierten Unterricht fand, korrumpierte er mit seinem unmenschlichen und bio-psychologisch falschen Menschenbild die Idee des *Mastery Learning* für Jahrzehnte. »Jegliche Idee«, schrieb der Schriftsteller und Kulturphilosoph Siegfried Kracauer, »wird plump, platt und verzerrt auf ihrem Weg durch die Welt. Die Welt vereinnahmt sie nur nach Maßgabe ihres eigenen Verstandes und Bedarfs ... Die Geschichte der Ideen ist eine Geschichte von Missverständnissen.«[108] Wie sehr trifft dies auf Washburnes *Mastery Learning* zu. Was einmal Teil einer menschenfreundlichen, umsichtigen und sozialen Pädagogik war, erschien nun als menschenverachtend, engstirnig und asozial. Vor dieses Problem fanden sich in den sechziger und siebziger Jahren die wenigen Pädagogen gestellt, die versuchten, Washburnes Konzept wiederzubeleben, nämlich der Skinner-Schüler John B. Carroll, Benjamin Bloom und James H. Block. Mit dem Niedergang des Behaviorismus in der Psychologie und Pädagogik kippten seine Kritiker das Kind gleich mit dem Bade aus und identifizierten jede Form von *Mastery Learning* als kalt und »mechanistisch«.

In Deutschland wurde die Idee des »zielerreichenden Lernens«, von wenigen Ausnahmen abgesehen, ohnehin kaum wahr- oder ernst genommen. Aus konservativer Sicht, die alles »individualisierte Lernen« für eine überspannte und nicht praktikable Idee hielt, waren schnell Argumente gefunden, um sie zu verwerfen. Wie sollte man in der Klasse jeden Schüler einzeln beschäftigen? Führt das nicht zu einem unübersichtlichen Tohuwabohu, gar zu einer »unverbindlichen Atomisierung der Schülerschaft«, wie Michael Felten wettert?[109] All das Gute, was ein Lehrer einem Schüler in einem idealen Einzelunterricht vermitteln konnte – ein Lernen nach den Fähigkeiten und dem Tempo des Kindes –, gehe niemals in einer ganzen Schulklasse. Wenn jeder in seinem eigenen Rhythmus arbeitet – soll der Lehrer dann immer warten, bis der Letzte fertig ist, ehe ein neuer Stoff behandelt werden kann? Und sollen die begabten Schüler so lange ausharren und ihre Lektionen wiederholen, bis sie endlich weiterlernen dürfen? Und wissen die Verfechter des *Mastery Learning* denn nicht, dass das Leistungsniveau einer Klasse in dem Maße sinkt, wie häufiges Wiederholen für die Schwachen das zügige Voranschreiten der Starken blockiert?

Natürlich basieren all diese Einwände auf einem völligen Missverständnis. Denn ein Lehrer, der befürchtet, dass individualisiertes Lernen nach Washburne nur dazu führt, dass er mit dem Stoff nicht durchkommt, versteht nicht, dass ein solches Klassenziel ja gar nicht mehr existiert! Die Vorgabe, mit der man innerhalb der festen Zeit eines Halbjahres, getaktet in Fünfundvierzig-Minuten-Wochenstunden, ein bestimmtes Pensum erreicht haben muss, ist abgeschafft. Stattdessen wird von einem Wissensminimum ausgegangen, das jeder Schüler innerhalb einer festgelegten Zeit von Jahren an einer weiterführenden Schule zu erlangen hat, und zwar gleichgültig, ob er dafür kürzer oder länger braucht. Für die starken Schüler ergibt sich dabei die Chance, über das Minimum weit hinauszugehen ins nahezu Unbegrenzte und so viel mehr zu lernen als in jedem Klassenunterricht. Und was die Angst vor dem Chaos anbelangt, so steht nicht mehr ein einziger Lehrer vor den individuell lernenden Schülern, sondern ein kleines Coaching-Team, aus dem jeder hilfsbedürftige Schüler sich seinen Ansprechpartner aussuchen kann. Dass sich so etwas nicht en passant als Dreingabe in einer stoffüberfüllten G8-Schule realisieren lässt, ist natürlich auch klar. Stattdessen haben wir es mit einer ganz anderen Art von Schule zu tun.

Was diese Schule von herkömmlichen Schulen unterscheidet, ist ein völlig verändertes Konzept von Kompetition. In einer konventionellen Schule befindet sich jeder Schüler mit seinen Mitschülern in einem (indirekten) Wettbewerb, da alle, der Idee nach, vom Lehrer nach demselben Prinzip bewertet werden sollten: Wie gut sie es geschafft haben, das Leistungsziel innerhalb des Schuljahrs zu erreichen, nämlich entweder besser oder schlechter als die anderen. Wenn jemand innerhalb des gleichen Zeitraums viel mehr Zeit erhält, dieses Ziel zu erlangen, ist das *nicht fair*. Dieser vermeintliche Fairness-Grundsatz schwebt über den konventionellen Schulen, um Schülerleistungen überhaupt miteinander vergleichen und Zensuren verteilen zu können. Wer daran zweifelt, dass es einen solchen Wettbewerb gibt, der stelle sich des Ernstes halber einmal das Gesicht vieler Eltern vor, wenn ihr Sprössling mit einer Eins in Mathe oder Deutsch nach Hause käme – der gleichen Zensur wie alle anderen Kinder in der Klasse! Sie wären gewiss *not amused*. Dabei ist der Fairness-Grundsatz der »gleichen Lernzeit für alle« in Wirklichkeit eine Farce, solange manche Kinder und Jugendliche die Chance haben, durch häusliche Nachhilfe ihre Karten zu verbessern, und andere nicht.

Der Wettbewerb, den eine neue Schule entfacht, die auf dem Prinzip des *Mastery Learning* beruht, ist ein ganz anderer: ein Wettbewerb mit sich selbst! Er hilft hochbegabten wie schwachen Schülern und ist zudem ein hervorragendes Mittel zur Inklusion lernbehinderter Kinder. Dieser Wettbewerb setzt auf intrinsische statt auf extrinsische Motivation. Und er vermeidet die immer unfairen Vergleiche, denen sich Schüler unter dem subjektiven Blick von Lehrern und dem zufälligen Los der Klassenkameraden in herkömmlichen Schulen aussetzen müssen. Sie werden nun überflüssig. Maßstab ist nur das eigene Können, die spielerisch-sportliche Freude und der Lohn beim Überwinden von Hindernissen und Erreichen von Zielen. Eine solche Schule schert nicht aus der Leistungsgesellschaft aus, insofern auch sie Ziele definiert und Ehrgeiz belohnt. Aber nicht das Gegeneinander zählt, wie im konventionellen Schulmodell, sondern das Miteinander in wechselseitiger Hilfe – also genau jene Qualitäten von Teamfähigkeit und Teamgeist, auf die es im 21. Jahrhundert ankommt. Mit »neoliberaler« Individualisierung und einem Sich-selbst-Überlassen der Schüler hat eine solche Schule nichts zu tun.

Dass US-amerikanische Schulen, die *Mastery Learning* erprobten, in Modellversuchen im Durchschnitt ein weit höheres Lernniveau erlangten und ihre Schüler deutlich mehr im Gedächtnis behielten als an herkömmlichen Schulen, braucht angesichts der Stärkung intrinsischer Motivation nicht zu verwundern.[110] Und doch sah sich das individualisierte Lernen so lange schneller Kritik ausgesetzt, solange die Lehr- und Lernmaterialien nur Bücher waren und den Spaß am Lernen nicht ausreizen konnten. Doch mit der Weiterentwicklung von Lernmaterialien im digitalen Zeitalter ist auch dieser letzte Einwand heute hinfällig geworden …

Die Khan-Akademie

Was kostet Bildung? »Die Akademie besitzt einen PC, eine Screen-Capture-Software für ungefähr 20 Dollar und ein Grafiktablett für 80 Dollar. Grafiken und Gleichungen lassen sich mithilfe eines kostenlosen Computerprogramms namens Microsoft Paint erstellen. Neben den Videos gibt es eine Fragen-Software, die auf einem 50-Dollar-pro-Monat-Webhost läuft; Lehrkörper, Betreuerstab, Verwaltung und Direktorium bestehen aus genau einer Person: aus mir … Ich brauche ein T-Shirt für 6 Dollar und eine Jogginghose.«[111] Mit diesen Worten beginnt der ehemalige Finanzmanager und Börsenanalyst Salman Khan die Beschreibung der Khan Academy, seiner im Jahr 2006 gegründeten Online-Akademie; die Geschichte eines unglaublichen Erfolgs. Inzwischen bietet sein Online-Portal 3600 Lektionen mit 227 Millionen Aufgaben an in Mathematik, Medizin, Physik, Biologie, Chemie, Biochemie, Kosmologie, Astronomie, Informatik, Gesundheitsfürsorge, Volkswirtschaft, Mikro- und Makroökonomie, Finanzwirtschaft, Geschichte und Kunstgeschichte. Mehr als 140 Millionen Menschen in aller Welt haben seine Lernvideos inzwischen angesehen und freiwillig eine halbe Milliarde Aufgaben bewältigt.

Etwa 3000 seiner Videolektionen hat Khan persönlich entworfen. Aber auch zahlreiche Professoren, darunter mehrere Nobelpreisträger, haben ihr Wissen und ihre Fähigkeiten in den Dienst des Projekts gestellt. Gegen das pädagogische Können und den Unterhaltungswert der interaktiven Vorlesungen haben es die vielen Professoren, die an Universitäten aus ihren Einführungsskripten vorlesen oder diese paraphrasieren, sehr schwer. Selten konnte man die Grundlagen der Mathematik, der Physik oder der Makroökonomie so spannend von den besten Profis lernen wie in Khans Lernsoftware. Und alles das kostenlos und werbefrei!

Die Idee, die hinter den Selbstlernprogrammen steht, ist keine andere als Washburnes *Mastery Learning,* realisiert und perfektioniert mit den Mitteln der heutigen Zeit. Die Vision vom »offenen Schulhaus« – ein Wort, das die Kunstpädagogin Florence Griswold (1850–1937) im Jahr 1909 für ihre Sommerschule in Lyme (USA, Connecticut) erfunden hatte – wird damit Realität. Mit Lernsoftware können Menschen überall in der Welt ohne größeren finanziellen Aufwand selbstständig lernen und studieren, und zwar ganz ohne Noten und Prüfungsangst.

Man sollte sich daran erinnern, dass die Ausbreitung eines flächendeckenden Schulsystems im 19. Jahrhundert nur dadurch möglich gewesen war, dass ausreichend Schulbücher zur Verfügung standen. Und dass diese nach und nach auch für breitere Bevölkerungsschichten erschwinglich wurden. Die fachliche Autorität des Lehrers beruhte auf der Autorität von standardisiertem Wissen in den Schulbüchern. Über viele Jahrhunderte verlief die Grenze zwischen den Gebildeten und Ungebildeten entlang der Frage, wie viele Bücher man gelesen hatte. Und dies wiederum hing davon ab, wie viele Bücher man sich leisten konnte, denn Bücher waren zu allen früheren Zeiten wesentlich teurer als heute. Viele Menschen in Europa waren schon deshalb bis weit ins 20. Jahrhundert hinein ungebildet, weil sie sich keine Bücher kaufen konnten. Bücher zu lesen war nicht Teil ihrer Alltagskultur. Durch den Computer hingegen stehen bei finanziell geringem Aufwand ganze Lernwelten zur Verfügung. Schon jetzt vertrauen viele Schüler bei ihrem Lernstoff eher Wikipedia als ihrem Lehrer. Die Deutungshoheit des Lehrers als Zulieferer von Wissen nimmt damit ab – seine Rolle als Erklärungskünstler hingegen ist proportional gestiegen.

Doch auch ohne einen Lehrer ist das Verführungspotenzial guter Lernsoftware immens hoch. Einen spannenden Versuch dazu machte der indische Bildungsforscher Sugata Mitra von der Newcastle University (England) in einem Slum in der indischen Hauptstadt Delhi – das *Hole-in-the-Wall*-Experiment. Im Jahr 1999 baute Mitra einen Computer mit Lernsoftware in die Wand eines Kiosks im Elendsviertel Kalkaji ein. Allen Kindern wurde erlaubt, ihn frei zu benutzen. Das Ergebnis übertraf sämtliche Erwartungen. Die Kinder drängelten sich um den Bildschirm und brachten sich unter wechselseitiger Hilfe selbst bei, das Lernprogramm in Mathematik zu bedienen. Sie lernten dabei nahezu spielerisch Englisch, sodass sie bald E-Mails schreiben und chatten konnten. Unter den erweiterten Möglichkeiten eines neueren Computers vermochten sie ohne jede Anleitung das Internet zu benutzen. So konnten sie die Fragen ihres Lernprogramms besser beantworten. Und sie erreichten innerhalb kürzester Zeit ein verblüffend großes mathematisches Wissen und Können.

Mitra wiederholte das Experiment an weiteren zweiundzwanzig Kiosken in Indien und seit 2004 auch in Kambodscha. Das Resultat war überall genau das gleiche: Die Kinder waren allesamt enorm neugierig und brachten sich in einem eher knappen Zeitraum vergleichbar schwere Mathematik bei. Mitra erhielt mehrere große Auszeichnungen für seine Forschung. Sie gaben Anlass für den Roman *Q & A* (geschrieben von Vikas Swarup), dessen Verfilmung weltberühmt wurde: Unter dem Titel *Slumdog Millionaire* gewann die Geschichte acht Oscars.

Der Fachbegriff, den Mitra für die beeindruckende Selbstbildung der Kinder mithilfe von Lernsoftware prägte, heißt *Minimally Invasive Education* (MIE). Auch die Khan-Akademie beruht auf diesem Grundsatz, die ureigenste Neugier des Menschen durch Computerprogramme zu entfalten. Dabei geht es Khan nicht nur darum, dass jemand Grundkenntnisse erwirbt – wie etwa das Lernen in einem Selbstlernbuch für eine Fremdsprache –, sondern dass Kinder, Jugendliche und Erwachsene mithilfe einer ausgeklügelten Pädagogik Zusammenhänge verstehen. Es geht um die Freude am Entdecken; das Wissen soll sich vernetzen. Und Kinder und Jugendliche sollen die Erfahrung machen, wie sie selbsttätig die Welt entdecken und verstehen.

Bedauerlicherweise hat Deutschland, im Gegensatz etwa zu den skandinavischen Ländern, diese Umstellung auf ein *Mastery Learning* mit Lernsoftware weitgehend verschlafen und verpasst. Die 1996 gegründete Initiative »Schulen ans Netz« hat zwar fast allen Schulen einen Internetzugang und einen Computerraum beschert – aber mit einer klugen Pädagogik hat all das noch lange nichts zu tun. Wer als Lehrer einmal in der Woche mit seinen Schülern den Computerraum aufsucht, um ein Lernprogramm zu machen, begeht damit eine ähnliche Witzlosigkeit wie früher der Gang ins »Sprachlabor«. Vielleicht sollte man solche Räume konservieren, um sie in einigen Jahrzehnten auf der documenta in Kassel auszustellen, als hübschen Beweis für falsch verstandene und falsch eingesetzte Technik.

Computer passen nicht einfach als kleine Ergänzung in die alte Schulstruktur, sondern sie erfordern ein Aufbrechen des bisherigen Unterrichtsrhythmus und seiner Leitgedanken. Sie sind kein Ergänzungsmedium, sondern wichtiger Bestandteil eines neuen individualisierten Lernens. Denn anders als im Klassenunterricht, wo man nicht mehrmals hintereinander etwas »Dummes« sagen sollte, ohne dass dies Konsequenzen hat, lernt man mit Lernsoftware durch *trial and error*. Fehler zu machen ist ein völlig problemlos akzeptierter Teil des individualisierten Lernens. Wie aus zahlreichen Studien hervorgeht, profitieren vor allem Lernbehinderte, Jungen, Hauptschüler und Hochbegabte enorm von diesem veränderten Lernen und können sich hier am besten entfalten und bilden.[112]

Vieles von dem, was Khan für seine Idee eines weltweiten offenen Schulhauses vorschlägt, erscheint wie die zeitgemäße Umsetzung von Washburnes individualisiertem Lernen. Und wie der große Pionier des *Mastery Learning*, so ist auch sein US-amerikanisch-bengalischer Urenkel im Geiste weise genug, neben den phantastischen Möglichkeiten die Grenzen zu sehen. Denn selbstverständlich soll nicht alles Lernen in der Schule von nun an Lernen am Computer sein. Etwa ein Fünftel des Schultags, so schlägt Khan vor, sollen Kinder mit ihren Software-Programmen verbringen. Der Computer übernimmt somit nicht die Herrschaft in der Schule, aber er hat gewaltige Auswirkungen für bestimmte Fächer. Aus der Belehrung im Klassenzimmer wird eine Lernwerkstatt – und das ist nicht nur ein Wort!

Beispiel: Mathematikunterricht

Man sollte es einmal ganz klar und offen aussprechen und sich nicht weiter etwas vormachen: Mathematik gehört nicht ins Klassenzimmer! Jedenfalls dann nicht, wenn wir von dem ausgehen, was wir kennen: einer Gruppe Gleichaltriger in einer Jahrgangsklasse.

Wenn es am Mathematikunterricht liegt, dass die meisten Schüler in der Schule scheitern und ihren avisierten Abschluss nicht schaffen, wenn 57 Prozent allen Nachhilfeunterrichts Mathe gilt, wenn die Rechenfähigkeiten in der Bevölkerung seit langer Zeit abnehmen und wenn es immer weniger Lehrer gibt, die das Fach in der Schule unterrichten wollen – dann ist etwas grundlegend faul. Menschen in Deutschland sind heute nicht dümmer als vor fünfzig Jahren, und Mathematik ist auch nicht schwerer geworden. Und dennoch fluchen so viele Menschen, Lehrer wie Kinder und Eltern, über die Praxis dieses Schulfachs, werden mögliche Karrieren zerstört und lebenslange Phobien gezüchtet. Wie viele Abiturienten erinnern sich nur noch mit Schaudern an ihren Mathe-Unterricht und können ihren Kindern schon beim Stoff des neunten Schuljahres nicht mehr helfen? Kopfschüttelnd fragen sie sich, wie sie sich damals da durchwursteln konnten. Denn wirklich beherrschen tun sie Mathe trotz zwölf oder dreizehn Jahren Schule nicht – in der Breite ein erbärmliches Resultat.

Woran liegt das? Ein PISA-Befund aus dem Jahr 2003, was auch immer man von ihm halten mag, besagt, dass in 35 Prozent der befragten Klassen Schülerinnen und Schüler einen Mathematikunterricht beschreiben, »in dem die Lehrkraft ihrer fachlichen und persönlichen Verantwortung nicht gerecht wird«. In 15 Prozent der untersuchten Klassen meinen Schüler gar, eine Situation vorzufinden, »die durch pädagogische Verantwortungslosigkeit, mathematische Einfallslosigkeit und Rücksichtslosigkeit im Durchgang durch den Stoff gekennzeichnet ist«.[113]

Vermutlich kommt es in deutschen Schulen nicht selten vor, dass Mathe-Lehrer für ihre pädagogische Rolle nicht allzu gut geeignet sind. Nicht wenige haben kaum Verständnis für Kinder, die sich mit Mathe schwertun. Solche Lehrer glauben leicht, dass diese Kinder schlichtweg nicht intelligent genug seien und folglich auf einem Gymnasium oder einer Realschule »nichts zu suchen« hätten. Aber es gibt natürlich auch ganz andere Lehrer. Und das Problem des Fachs ist völlig verkannt, wenn man Mathe-Lehrern pauschal ein schlechtes Zeugnis ausstellt. Denn kein anderer Fachlehrer dürfte es in der Schule so schwer haben, allenfalls noch die Kollegen aus der Physik und der Chemie. Und wenn Mathe-Lehrer in höherem Maße als andere Lehrer zu Sarkasmus und Rigorosität neigen sollten, dann deswegen, weil der Mathe-Unterricht, so wie er an konventionellen Schulen stattfindet, einfach nicht funktionieren *kann* – sodass es eben nicht allzu sehr verwundert, wenn Mathe-Lehrer mitunter zu Zynikern werden oder dazu neigen, ihren Schülern Dummheit zu unterstellen.

Während die Lage in den ersten sechs Schuljahren meist noch nicht eskaliert, wird Mathe so ungefähr mit dem siebten Schuljahr für viele Kinder zum Angstfach. Der Grund ist offensichtlich. In kaum einem anderen Fach entwickeln sich Schüler so heterogen wie hier. Während am oberen Rand Schüler stehen, die in Mathe ohne Schwierigkeit ein bis zwei Klassen überspringen könnten, bleibt das untere Drittel oft hoffnungslos zurück. Einmal aufgerissene Lücken werden mitgeschleppt und nie wieder geschlossen. Denn aufwendige Wiederholungen des Stoffs verbieten sich für den Lehrer im Hinblick auf die besseren Schüler.

Wer so lange ausharrt, bis auch der letzte an Bord ist, verfehlt unweigerlich das Klassenziel. Spätestens mit dem siebten Schuljahr ist Mathematikunterricht, so wie wir ihn kennen, entweder unsinnig oder sinnlos. Unsinnig, weil er die Begabten unterfordert, und sinnlos, weil er die Schwachen gar nicht mehr erreicht.

Die Zeit, in der man diese Auslese guten Gewissens als *survival of the fittest* rechtfertigen konnte, ist heute vorbei. Wer schlechte Noten in Mathematik grundsätzlich für einen Mangel an Intelligenz hält, weiß nicht, wovon er redet, und gehört nicht als Lehrer in die Schule. Und soll jemand, der ein hervorragender Dolmetscher, ein wunderbarer Geschichtslehrer oder ein vorbildlicher Kinderarzt geworden wäre, in der Schule scheitern müssen wegen einer Mathematik, die er in seinem Leben ohnehin niemals braucht? Und das, wo wir heute aus der geburtenschwachen Generation so viele in anspruchsvollen Berufen benötigen?

Für dieses große Dilemma ist *Mastery Learning* schon fast so etwas wie eine Erlösung für alle Beteiligten. Die Starken in Mathe können nun ohne Rücksicht auf Schwächere ihre Begabung und ihre Interessen verfolgen und möglicherweise noch zu Schulzeiten mehr lernen, als ihre Lehrer es je bei ihnen geschafft hätten. Dabei sind sie auch nicht mehr genötigt, ein bis zwei Klassen zu überspringen, um dann als sozial unreife Außenseiter ihr Dasein am Rand der Klassengemeinschaft zu fristen. Die Universitäten werden es den Bildungspolitikern und Schulleitern danken, dass ihre Studenten in der Schule so weit wie möglich gekommen sind und dabei nicht künstlich ausgebremst wurden. Diejenigen dagegen, die im Mathe-Unterricht gemeinhin daran verzweifeln, dass sie zu den »Schlechten« gehören, können sich nun frei von Druck und Konkurrenz im eigenen Lernrhythmus in Mathe weiterbilden und vielleicht doch noch ihre Liebe zu dieser Wissenschaft entdecken. Und der Lehrer verliert seine undankbare Sandwich-Stellung, die er als Vollzugsbeamter des Lehrplans einmal hatte. Stattdessen wandelt er sich zum Coach, der den Schülern bei ihren Programmen freundlich unterstützend hilft. Man mag sich kaum vorstellen, wie viel Frust und Leid, wie viel Tränen und häuslicher Krach und wie viele Burn-outs den daran Beteiligten damit erspart werden. Und die einzigen wirklichen Verlierer sind die Nachhilfelehrer …

Aber bis wohin muss jeder kommen? Was ist der Level, den jeder Schüler bei seiner Mathe-Software erreichen muss? Ich erinnere mich dazu gern an eine Diskussion mit einem freundlichen älteren Herrn im Herbst 2012 nach einer Veranstaltung in Saarbrücken. Als ehemaliger Ingenieur engagierte er sich in einem begrüßenswerten Projekt zur Förderung der MINT-Fächer an unseren Schulen. Er beklagte aufrichtig das geringe Niveau unserer heutigen Schüler und sorgte sich um den naturwissenschaftlich beschlagenen Nachwuchs, den unsere Wirtschaft so dringend braucht. Sein Fazit war, dass die MINT-Fächer, insbesondere Mathematik, an unseren Schulen mehr Gewicht erhalten sollten und bis zum Abitur Pflichtfach bleiben müssten. Ich schüttelte darüber nur den Kopf und plädierte für das Gegenteil. Mein Gesprächspartner war verwundert. Als Liebhaber der Mathematik verstand er nicht, warum das Niveau in diesem Fach nicht für alle erhöht werden sollte. Ich dagegen erklärte, dass das Niveau gerade dann am meisten steigen würde, wenn viele aus der Pflicht befreit würden.

Wer schlecht in Mathe ist, wird nicht Ingenieur, auch dann (und erst recht) nicht, wenn sich die Anzahl der Mathe-Stunden in der Schule erhöht. Ein Fremdsprachenkorrespondent oder ein Pfarrer sollten zwar gut und fix rechnen können, die Zinsberechnung ihres Bankkredits verstehen und die Grundlagen der Wahrscheinlichkeitsrechnung internalisiert haben – aber Analysis oder

Vektorrechnung sollte man denen überlassen, denen sie liegt und die sie später vielleicht benötigen werden. Und wer allgemein das Abstraktionsvermögen von Schülern steigern möchte, der sollte als Optionen auch Philosophie oder Schachkurse zur Verfügung haben. Denn abstrakt denken zu können und sich in der Welt der Zahlen zu Hause zu fühlen, ist lange nicht das Gleiche.

Viele Jugendliche in der Mittel- und Oberstufe können heute unter anderem deswegen so schlecht Mathe, weil sie – allen Beteuerungen ihrer Mathe-Lehrer zum Trotz – genau wissen, dass sie Algebra und Analysis in ihrem Leben *nicht* brauchen werden. Und die oft verleugnete Wahrheit lautet: »Ja, das stimmt!« Zwar gibt es gute Argumente, sich an Fragen zu schulen, die nicht unmittelbar praxisrelevant sind, und sicher ist es wenig sinnvoll, jeden Stoff auf Verwertbarkeit zu prüfen. Aber diesbezüglich für alle relevant wäre zum Beispiel eher die anschauliche Geometrie als die unanschauliche Algebra.

Man sollte nicht vergessen, dass das vergleichsweise große Paket an Algebra und Analysis, das unsere Schüler und Jugendlichen speziell auf dem Gymnasium schultern müssen, nicht »von Natur aus« in unseren Lehrplänen so ein Gewicht hat und es früher auch nicht hatte. Die wohl wichtigste Ursache dafür ist die Grundlagenkrise der Mathematik in den dreißiger Jahren, ausgelöst durch Kurt Gödels »Unvollständigkeitssatz«, der die Widerspruchsfreiheit der Mathematik in Frage stellte. In der Folge erarbeiteten französische Mathematiker das unter dem kollektiven Pseudonym »Bourbaki« bekannt gewordene Projekt – eine dogmatische Formalisierung, an deren Folgen viele Mathe-Schüler in Deutschland spätestens seit den sechziger Jahren zu leiden haben und die der bedeutende russische Mathematiker Wladimir Igorewitsch Arnold einmal als ein »Verbrechen an den Studenten« bezeichnete.

All dies bezweifelt nicht die enorme Bedeutung der Analysis für das Ingenieursstudium. Wer es mithilfe der Mathematik zu etwas bringen möchte, muss das können. Aber bestimmt nicht jeder Schüler in der Mittel- oder Oberstufe! Die Lernsoftware, die der ausgewiesene Mathe-Spezialist Salman Khan entwickelt hat, geht einen umgekehrten Weg wie Bourbaki und setzt auf die Förderung mathematischen Eigensinns, auf Intuition und Kreativität. »Viele Lehrer«, so Khan, »versagen darin, in Mathematik, Naturwissenschaft oder den Ingenieurswissenschaften ›kreative‹ Fächer zu sehen. Viele Lehrer glauben, der Sinn von Mathematik und den Naturwissenschaften läge darin, Formeln zu kennen und die ›richtige Antwort‹ zu wissen ... Die Wahrheit ist, dass alles Entscheidende in Mathematik, Naturwissenschaften oder Ingenieurskunst das Ergebnis einer starken Intuition und Kreativität ist.«[114]

Jenseits von Fach und Note

*Viele sind hartnäckig in Bezug auf den einmal
eingeschlagenen Weg, wenige in Bezug auf das Ziel.*
Friedrich Nietzsche

Körper und Geist

Wenn mein Sohn Oskar aus der Schule kommt, springt er herum und wälzt sich erst einmal bis zu einer Stunde lang auf dem Bett. Das angestaute Bewegungsbedürfnis nach einem Tag in der Grundschule ist so hoch, dass er sich erst einmal »abreagieren« muss. Unsere Schulen, so meint Ken Robinson, behandeln Kinder, als seien sie laufende Gehirne und der einzige Sinn des Körpers bestünde darin, den Kopf von einem Ort zum anderen zu transportieren. Ein gutes Licht auf die Schule wirft das nicht. Sollte ein Kind dort nicht als ganzer Mensch vorkommen, mit all seinen elementaren Bedürfnissen? Lernen, Intuitionen haben und kreativ sein sind keine körperlosen Vorgänge. »Gönne dem Knaben zu spielen, in wilder Begierde zu toben, nur die gesättigte Kraft kehrt zur Anmut zurück« – dieses Zitat aus Schillers Gedicht »Die Geschlechter« stand eingemeißelt an der Wand vor unserer Turnhalle am Gymnasium. Doch »zu spielen« und »in wilder Begierde zu toben« sind in einer Standardschule nur für den Sportunterricht reserviert – falls überhaupt. Und dass es an unseren Schulen Sportunterricht gibt, ist bekanntlich nicht der Einsicht in die Lern- und Entwicklungspsychologie geschuldet, sondern seit den Tagen von Turnvater Jahn den Anforderungen und Bedürfnissen des Militärs.

Dass Sport der Leibesertüchtigung dient und ein gesunder Geist nur in einem gesunden Körper anzutreffen sei, ist ein Allgemeinplatz der Pädagogik. Amüsant daran ist, dass der Satz ursprünglich nicht allzu ernst, sondern in satirischer Absicht formuliert war. Was der römische Dichter Juvenal einst im Scherz meinte, verdrehte das 19. Jahrhundert zwar zum bitteren Ernst, aber die Konsequenzen waren und sind bis heute erschreckend marginal. Denn im Grunde zählt in deutschen Schulen seit Humboldt nur das Kognitive, und alles andere ist alles andere. So müssen Schüler nach der Schule sich im Hüpfen, Fangen und Fußballspielen abreagieren und Lehrer nach Hause joggen, um sich vom Sitzen und Stehen zu erholen, denn in der Schule wird das Wissen um den engen Zusammenhang von Lernen und Bewegung nicht zugelassen. Wo kämen wir denn hin, wenn Schüler neben all ihrem ohnehin schon schwer erträglichen Krach und ihrer Unruhe nun auch noch während des Unterrichts Springen und Laufen würden? Vermutlich kämen wir dann dahin, das Klassenzimmer für mehrere Stunden am Tag geschlossen zu halten, zumindest für Primarschüler einen Tobraum einzurichten und einen Teil des Tages mit *Mastery Learning* zu verbringen, bei dem es nicht stört, wenn man zwischendurch die Klasse zum Herumtollen verlässt. Mit der schönen Folge, dass in den anderen Stunden die Kinder viel ruhiger und konzentrierter sind!

Der Lernrhythmus ist eine Frage des Stoffwechsels, der Hormone und der Balance von Aktivität und Passivität. Wir unterrichten keine Köpfe, sondern Menschen. »Es ist das wertende Gesamtorgan, mit dem wir der Umwelt gegenübertreten und sie ›verstehen‹ können«, meinte Georg Kerschensteiner.[115] Manche Menschen lernen am besten im Gehen und definitiv am schlechtesten im Sitzen. (Während ich dieses Kapitel schreibe, unterbreche ich mehrmals in der Stunde die Arbeit, um im Zimmer umherzugehen, während mich das Stillsitzen früher in der Klasse erst unruhig und dann irgendwann müde machte; der gesamte Unterricht in der sechsten oder siebten Stunde war damit für mich völlig witzlos.)

Dazu kommt, dass jene Fächer, die bei PISA außen vor gelassen wurden, einen nicht unmaßgeblichen Anteil daran haben, ob Lernen in den PISA-Fächern gelingt oder nicht. »Wer viel Theater spielt, wird gut in Mathematik aufgrund der damit verbundenen Selbstbestätigungen«, berichtet Enja Riegel, die ehemalige Direktorin der Helene-Lange-Schule in Wiesbaden. »Sie können sich als erhöhte Selbstwirksamkeit auf andere Fächer ausdehnen.«[116] Natürlich steckt hinter Riegels Erfahrung kein ehernes Naturgesetz des Lernens. Nicht jeder Schüler, der Theater spielt, wird darum zwingend besser in Mathe. Die Pointe liegt darin, dass jede Art von sozialer Praxis den kognitiven Erfolg beeinflusst. Erfahrungen der Bindung und des Teamgeistes, der Bestätigung und der Entfaltung können deshalb großen Einfluss auf die Leistungen in anderen Fächern ausüben. Alles, was dazu beiträgt, jemanden »produktiv« zu machen, beeinflusst das Gesamtbild, das ein Mensch von sich selbst hat. Von der Motivation über die Geduld und die Selbstdisziplin bis zum Ergebnis. Und dieses Selbstbild bestimmt sehr weitgehend über seine Leistungen.

Nach dem Ökonomen Ernst Fehr ist es »schon etwas anderes, rechnen zu können, als sich selber disziplinieren zu können. Aber das eine hängt sehr stark mit dem anderen zusammen. Das geht so weit, dass die gemessenen kognitiven Fähigkeiten von den nicht-kognitiven Fähigkeiten beeinflusst werden. Bei einem IQ-Test zum Beispiel schneiden jene Kinder besser ab, die stärker motiviert sind. Kinder dagegen, die sich weniger gut motivieren können, schneiden schlechter ab, obwohl sie vielleicht gar keinen niedrigeren IQ haben. Kognitive und nicht-kognitive Fähigkeiten lassen sich nie völlig unabhängig voneinander beurteilen.«[117]

Nicht-kognitive Fähigkeiten wie Hilfsbereitschaft, Verlässlichkeit, Fairness und Teamgeist lassen sich nicht in der Theorie lernen, sondern nur in körperlicher Praxis. Man muss sich treffen, sich organisieren, gemeinsam etwas auf die Beine stellen, zusammen musizieren, malen, werkeln, tanzen, kochen oder Theater spielen – und das nicht nur als Zusatzangebot, sondern als integraler Bestandteil des Unterrichts. Eine Forderung, die schon Kerschensteiner aufgestellt hatte, als er meinte, dass pädagogische Arbeit manuell, praktisch und geistig zugleich geprägt sein sollte. Nach den heutigen Erkenntnissen der Lernpsychologie handelt es sich dabei nicht mehr um eine Meinung, sondern um eine gut ausgewiesene und wissenschaftlich begründete Forderung.

Normales Lernen in der Lebenswelt bedeutet zumeist eine untrennbare Mischung aus Kognition und Emotion. Was ich von Eltern, Freunden und anderen prägenden Menschen annehme oder bei ihnen ablehne, ist keine rein kognitive Sache. Von geliebten oder sympathischen Menschen lasse ich mir viel lieber etwas sagen als von unsympathischen. Und von ganz üblen Zeitgenossen lerne ich vor allem, was mir missfällt und wogegen ich rebelliere. Das Schulsystem hingegen kennt andere – künstliche – Regeln. Denn ob ich meinen Klassenlehrer oder meinen Chemielehrer mag, ob ich ihn für eine spannende Persönlichkeit halte oder eine Pflaume – all dies soll sich, der Idee nach, eben nicht in meinem Lernen und meinen Leistungen widerspiegeln und steht nicht als Randnotiz auf dem Zeugnis: »Anna hat eine Fünf in Chemie, auch weil sie der Überzeugung ist, dass Herr Schmidt schlecht erklären kann und sie sich in seinem Unterricht nicht wohlfühlt, sodass sie oft nicht aufpasst.«

Der Bildungsbegriff, der sich durch unser konventionelles Schulsystem zieht, ist ein rein kognitiver. Die emotionalen Begleitumstände, die mehr als alles andere über den Lernerfolg entscheiden, fallen durch den Rost. Dabei fordert das künftige Leben und Berufsleben von unseren Kindern genau dies: ein hohes Maß an emotionaler Intelligenz! Sich in der Lebenswelt oder am Arbeitsplatz gut zu orientieren, geht nicht ohne Herzensbildung. Unsere Firmen, unsere Verwaltungen, unsere Politik und auch unsere Schulen und Universitäten sind voll mit Verantwortlichen, denen es genau an einer solchen Herzensbildung mangelt: Manager, die ihre Mitarbeiter nicht motivieren, sondern demotivieren. Politiker, die glatt wie Teflon wirken, ohne jede persönliche Leidenschaft. Verkäufer, die die Wünsche ihrer Kunden nicht lesen und verstehen können, und Lehrer und Ärzte, die keine Empathie für ihre Schüler und Patienten aufbringen.

Dass der Mensch »ganzheitlich« gebildet werden müsse, ist eine Forderung schon aus der klassischen Antike. In immer neuen Worten wiederholt, begegnet man ihr im deutschen Idealismus des späten 18. Jahrhunderts ebenso wieder wie in der Reformpädagogik des 20. Jahrhunderts mit ihren ethisch-pädagogischen Konzepten. In unserer Zeit der digitalen und vernetzten Kommunikation und der immer anspruchsvolleren Berufsprofile steht das Postulat nach »Ganzheitlichkeit« notwendig vor einer Renaissance. Zwar war es mithin immer gut, wenn man emotional intelligent war im Alltag wie im Berufsleben, aber in Zukunft wird es in den meisten Berufen gar nicht mehr ohne emotionale Intelligenz gehen.

Projekte statt Fächer

Mastery Learning sollte erst von einem bestimmten Alter an ein wichtiger Faktor des Unterrichts werden, frühestens mit dem vierten Schuljahr. Zuvor lassen sich Kinder noch sinnvoll im Klassenverband unterrichten. Und auch nach dem vierten Schuljahr ist es nur dann ein sinnvoller Teil des Tagesplans, wenn es, wie Khan vorschlägt, auf etwa ein bis zwei Stunden am Tag, möglicherweise am Anfang des Unterrichts, begrenzt ist. Alles weitere Lernen mit Computersoftware sollte ein Zusatzangebot sein. Dabei gibt es Wissensbereiche, die am besten in einer Gruppe erarbeitet werden können. Viele Fähigkeiten kann man nicht allein, sondern nur im Umgang mit anderen erlangen und trainieren. Eine Rede halten, seine Meinung in Diskussionen bilden und verteidigen, sich etwas erzählen lassen und es aufnehmen, eine Rolle spielen, Verantwortung für etwas übernehmen, an einem Experiment basteln, andere Menschen verteidigen usw. kann man nicht mit einer Lernsoftware. Skinners Vorstellung, dass alles Lernen am besten mit einer Lernmaschine geschehe, war ohne Zweifel eine der unmenschlichsten und bizarrsten Ideen der Pädagogik.

Aber all die sozialen Fertigkeiten, von denen hier die Rede ist, lernt man auch nicht besonders gut in einem konventionellen Klassenzimmer. Man lernt sie am besten in Projekten. Sie sind der Rahmen, in dem das am Computer erworbene Fachwissen auf eine soziale Realität trifft. Im Projekt wird es durch andere Formen des Lernens ergänzt und kann sich darin bewähren. Dabei gibt es Vorhaben, bei denen man am besten mit Gleichaltrigen lernt, und andere, die altersübergreifend interessant sein können.

Die Idee eines solchen »Gesamtunterrichts« stammt aus den Tagen der Reformpädagogik des frühen 20. Jahrhunderts und hat mindestens zwei Väter: Peter Petersen (1884–1952) und Berthold Otto (1859–1933). Beide setzten sich – der eine in Jena, der andere in Berlin – für jahrgangsübergreifenden Unterricht ein und für ein möglichst gemeinschaftliches Lernen und Zusammenarbeiten der Schüler im Unterricht, in Gesprächskreisen, Ritualen, Spiel und Sport. Sie erkannten den Ansteckungs- und Motivationseffekt, wenn Kinder und Jugendliche sich für etwas begeistern können und sich anstacheln und anspornen. Auch Washburne hatte sich von der deutschen Reformpädagogik inspirieren lassen.

Die Frage, wie effektiv solches Lernen ist, ist ein vermintes Terrain der Pädagogik mit entsprechend hartnäckig geführten Glaubenskriegen. Vermutlich sollte man gar nicht versuchen, sie pauschal zu beantworten. Mathe kann man (mit Unterstützung) ganz gut allein lernen, wahrscheinlich sogar besser; das Gleiche gilt für Latein. Dass man Fußball hingegen nur im Verbund mit anderen etwa Gleichaltrigen spielen lernt, dürfte evident sein. Aber auch, dass man zum Schach keinen gleichaltrigen Gegner braucht, sondern einen ungefähr gleich starken. Ein Kunstprojekt ist ebenfalls keine Frage des Alters, sondern vor allem des Interesses und der Leidenschaft. Und auch zum Singen, Tanzen und Musizieren braucht man nicht gleichaltrig zu sein, sondern vergleichbar befähigt und motiviert.

Das Wort »Projekt« hat dabei nicht nur einen guten Klang. Der eine oder andere denkt an die »Projektwoche«, die seit den siebziger Jahren an Schulen erprobt wurde; ganz hübsch, aber eben oft auch nur das. Und wenn man in Berlin am Prenzlauer Berg einen ausgeruhten, Cappuccino schlürfenden Menschen unter fünfundvierzig in einem Café sieht, das Notebook aufgeklappt, ein Kind in der Nähe herumwuselnd und eine Gefährtin im Trümmerfrauen-Look irgendwo dabei, ebenfalls mit Cappuccino und Notebook ausgestattet, und beide fragt, was sie denn beruflich so machen, dann antworten sie vermutlich: »Projekte.«

Projekte in der Schule sind dagegen nichts Ungefähres, sondern ein Bereich, der keinem begrenzten »Fach« entspricht. Fußballspielen zum Beispiel ist kein Fach, dafür wäre es zu klein. Auch die Goethezeit ist kein Fach, weil sie durch keine Fächergrenze einzuhegen ist. Man sollte dabei mithin überdenken, was für ein merkwürdiges Kunstprodukt »Fächer« eigentlich sind. So musste ich zu meiner Schulzeit den Eindruck bekommen, der liebe Gott oder die Natur habe die Welt in Form eines Apothekerschrankes erfunden, bei dem jede Ausziehschublade ein anderes Etikett hatte: Mathematik, Physik, Biologie, Geschichte, Englisch usw. Aber in der Welt außerhalb der Schule hängen all diese Gebiete untrennbar miteinander zusammen; ein Zusammenhang, der durch Schulbildung oft nicht klar wird. Doch wenn es richtig ist, dass Verstehen bedeutet, etwas auf etwas anderes zu beziehen, dann blockieren die Demarkationsgrenzen zwischen den Fächern den Erkenntnisgewinn und zügeln die Neugier.

Wenn man nur im Rahmen eines Fachs und nur für eine Klausur oder ein Zeugnis lernt, warum sollte man das Gelernte nicht wieder vergessen? Es knüpft sich ja meist nichts anderes daran an (außer in Mathematik, wo vieles, wie gesagt, aufeinander aufbaut und Fähigkeiten und Lücken weitertransportiert werden). Aber wenn nach einem halben Jahr Stoffwechselphysiologie Genetik auf dem Plan steht, darf ich mein Wissen über Apo- und Coenzyme getrost wieder vergessen. Von dem, was ich zwei Jahre zuvor über Moose, Flechten und Pilze gelernt habe, ganz zu schweigen. So kann ich glatt durch die Schule kommen – und habe am Ende nichts begriffen. Denn natürlich hängt all dies aufs Engste zusammen. Ich erinnere mich daran, meine Biologielehrerin einmal gefragt zu haben, wo sich Enzyme im Körper eigentlich befinden? Im Darm? In allen Zellen, die unmittelbar am Stoffwechsel beteiligt sind? Oder in jeder Körperzelle? Gibt es in meinen Hautzellen Enzyme? Meine Lehrerin gab mir damals keine Antwort. Wusste sie es überhaupt? Wissen Sie es? (Schauen Sie nicht bei Wikipedia nach. Da finden Sie sechs Seiten; aber wo Enzyme im Körper vorkommen, erfahren Sie dort ebenfalls nicht.)

Wissen, das so vermittelt wird, ist kein Wissen. Es ist Schonmal-gehört-Haben. Und das verhält sich zu Wissen wie »gut« zu »gut gemeint«. Menschen, auch Kinder, schützen sich vor dem, was ihnen irrelevant erscheint – ein sehr gesunder Mechanismus. Und etwas, das man für ein als lästig empfundenes kurzfristiges Ziel gelernt hat, speichert man nicht als Zusammenhang, sondern man ist quitt mit der Sache. Und mit genau dieser perfekt eintrainierten Haltung geht man später möglicherweise an eine Universität, um sich dort ähnlich energiesparend durchzuhangeln und ein »Schein«-Studium zu machen. Zumindest in den Geistes- und Wirtschaftswissenschaften ist das leider ziemlich perfekt möglich.

Es ist wirklich ein Witz, dass wir es noch immer für normal halten, dass Kinder und Jugendliche an einem Tag erst eine Stunde Mathe haben, danach eine Stunde Geschichte, dann zwei Stunden Englisch, anschließend eine Stunde Chemie, gefolgt von einer Stunde Politik. Was soll da im Kopf eines Schülers für ein Verstehenszusammenhang generiert werden? Die Antwort ist: gar keiner! Es wird schlichtweg Stoff abgefüllt. Dagegen stelle man sich einen Tag vor, an dem man sich nach zwei Stunden *Mastery-Learning* (mit Bewegungspausen) für drei Stunden in den Geist der Goethezeit versenkt, vielleicht sogar einen ganzen Monat oder noch länger: Der Geschichtslehrer erläutert die politische

Situation im damaligen Deutschland und erzählt von Johann Joachim Winckelmann, dem Schustersohn aus Stendal, von dessen Antikenbegeisterung, der Karriere in Rom und seinem gewaltigen Einfluss auf seine Zeitgenossen; der Kunstlehrer zeigt, wie man mithilfe des Goldenen Schnitts und der Zentralperspektive einen griechischen Tempel konstruiert; der Deutschlehrer berichtet von Goethes Leben und tauscht sich mit dem Geschichtslehrer über das Faust-Motiv und seine Herkunft aus der Renaissance aus. Der Chemielehrer klärt dabei über die Medizin dieser Zeit und ihre Wunderheilkräuter und alchimistischen Versuche auf und macht dazu Experimente mit Eisen und Schwefel. Der Geografielehrer erläutert dazu das Vorkommen von Pyrit, von Schwefelkies. Der Philosophielehrer führt in die Fragen und Sorgen der Spätaufklärung ein; der Religionslehrer hilft, den Einfluss des schwedischen Mystikers und Theologen Emanuel Swedenborg im *Faust* zu entdecken – und die Schauspielbegeisterten proben im Anschluss an einer Szene aus dem Stück.

Etwas Ähnliches kann man sich bei einem längerfristigen Projekt unter dem Titel »Klimawandel« vorstellen, wo der Erdkundelehrer mit dem Physiklehrer die meteorologischen Verhältnisse aufzeigt und der Politiklehrer die Klima-Kriege in der sudanesischen Darfur-Region, während die Klasse Argumente und Ideen sammelt und austauscht, welche Lösungen es geben könnte – und zwar des Spaßes und der Übung halber auf Englisch. Auch die Spielregeln unseres Wirtschafts- und unseres Rechtssystems, zwei sträflich vernachlässigte Themen an unseren Schulen, lassen sich in Projekten darstellen und durchspielen. Eine Kultur wie die der Griechen oder Römer und die Entwicklung von China oder der arabischen Welt können ebenfalls von vielen Seiten in einem Projekt erkundet werden; und nicht zuletzt drängt sich geradezu das Thema Gesundheit und Ernährung auf, aus vielen Perspektiven beleuchtet zu werden. Neben solchen eher theoretischen Projekten sollte es welche geben, die praktisch veranlagten Kindern entgegenkommen, zum Beispiel Tischlern, einen Motor zu untersuchen oder sich im Schulgarten zu verwirklichen.

Ansätze dazu gibt es bereits an vielen Schulen, aber meist sind es eben nur Ansätze. So legt man die Naturwissenschaften zu *Science* zusammen, was eine gute Idee ist, aber man trennt immer noch zwischen *Science* und dem Rest. Viele Verbindungen, die erforderlich sind, um schwierige Sachverhalte zu verstehen – die Atomenergiepolitik der Bundesregierung, die Debatte um Bioethik und Biopolitik, der Komplex Ernährung und Nahrungsmittelproduktion –, lassen sich so nicht umfassend darstellen.

Kein wichtiger Schulstoff wurde je entdeckt oder erfunden, um Schulstoff zu werden; folglich sollte man ihn auch nicht so behandeln. Man mag sich nur das Gesicht von Pythagoras, Archimedes, Nietzsche, Goethe, Newton oder Darwin vorstellen, wenn sie miterleben müssten, wie heutige Schüler über ihr Wissen oder ihre Entdeckungen abgefragt werden und möglicherweise darüber sitzen bleiben. Vermutlich würden diese Denker und Wissenschaftler den Lehrern davon erzählen, mit welcher Begeisterung sie Zusammenhänge entdeckt und interpretiert haben und welches Feuer in ihnen dabei brannte. Ist es denn so ausgeschlossen, etwas von dem Geist zu vermitteln, aus dem die Forschungen und Werke heraus entstanden? Denn nur dann kann man sie wirklich verstehen. Dafür muss man die Frage nach der Frage stellen, worauf Isaac Newtons Himmelsmechanik eigentlich die Antwort war. Man sollte das Problem verstehen, das Kant mit seiner Transzendentalphilosophie lösen wollte und warum es ihm so wichtig war. Man sollte verstehen, warum Goethe im *Faust* die kapitalistische Ökonomie von Adam Smith auf die Schippe nimmt und dem Teufel in den Mund legt. Man sollte die Logik eines Krieges wie des Dreißigjährigen begreifen, die sich heute in vielem vergleichbar in den Warlord-Gesellschaften Afghanistans und Somalias wiederholt. Und man sollte lernen, die historische Figur Jesus im Kontext ihrer Zeit zu verstehen und warum sein Wirken gegen jede Wahrscheinlichkeit so unglaublich erfolgreich wurde.

Man würde auf diese Weise lernen, dass große Leistungen in Wissenschaft, Gesellschaft und Kunst häufig dann erbracht werden, wenn ein Transfer hergestellt wird, eine neue Verbindung zwischen bekannten Dingen, eine ungewöhnliche Anwendung über die Fächergrenzen hinaus, die den Horizont erweitert. Charles Darwins Theorie der natürlichen Selektion ist nicht die Blitzeingabe eines Genies beim Anblick von Finken auf den Galápagosinseln, sondern eine Transferleistung. Den Zusammenhang von natürlicher Auslese und Reproduktionsquote kannte der britische Naturforscher aus den Schriften eines Landsmannes, des Nationalökonomen Thomas Robert Malthus. Und die Idee von der Veränderlichkeit der Arten hatten schon viele andere vor ihm gehabt, die Franzosen Georges-Louis Leclerc de Buffon, Denis Diderot, Jean-Baptiste de Lamarck und Étienne Geoffroy Saint-Hilaire. Aber erst die Kombination von beidem, natürlicher Auslese und Transmutation, führten zum Durchbruch der Darwinschen Evolutionstheorie. Desgleichen zeigt sich fast überall, selbst in der Unterhaltungsliteratur. Joanne K. Rowlings *Harry-Potter*-Romane oder *Das Parfum* von Patrick Süskind verdanken ihren Erfolg zu einem hohen Anteil dem pfiffigen Mix von Genres. So kombinierte die englische Schriftstellerin das beliebte Genre des Internatsromans à la Enid Blyton mit dem ebenso beliebten Fantasy-Genre im Fahrwasser von J. R. R. Tolkien. Und am Ende stand eine zauberhafte Kombination. Desgleichen gilt für Süskind, der das in den achtziger Jahren so beliebte Krimi-Genre des Serienkillers mit dem gerade durch Umberto Eco aufgeblühten Historienroman verband. Sogenannte Genies sind selten deswegen Genies, weil sie nur über hochspezialisiertes Wissen verfügen. Im Gegenteil: Die meisten Hochspezialisierten sind zwar sehr intelligent, aber leider gerade oft nicht in der Lage zu überraschenden Transfers; es fehlt die kreativ-künstlerische Komponente.

Um solche Transfers zu erbringen, braucht man Fachwissen. Aber man darf sich nicht nur an den Mauern eines Fachs entlangtasten. Stattdessen benötigt jemand ein mentales Modell, eine imaginäre Karte des Wissens, innerhalb derer man den eigenen Standort lokalisiert. Neues wird dann erschlossen wie eine unbekannte Gegend in einer Stadt mit all den bislang verborgenen Wegen, Gassen und Sehenswürdigkeiten. Dafür aber braucht es einen Unterricht, der die Erkundungsreise auch verlockend erscheinen und Spielraum für eigenes Streunen lässt – und das geschieht am besten in gemeinsamen Projekten.

Beispiel: Deutschunterricht

Deutsch kann man nicht durch *Mastery Learning* lernen. Man kann hier nicht einfach nur fortschreiten von einer Lernstufe zur nächsten und sein Denken dabei vernetzen. Deutsch ist etwas, was man durch Sprechen und Schreiben lernt, durch Erklären, Fragen, Diskutieren, Deklarieren, Witze erzählen, Wortspiele machen, Theater spielen und ganz viel lesen. Wer nicht flüssig lesen kann, dem bleiben Welten der Sprache verborgen. Eine Sprache lernt man, indem man etwas tut. Deutsch ist etwas, das man im Verbund mit anderen lernt. Wenn man liest, denkt man mit einem fremden Gehirn, und wenn man diskutiert, spielt man geistiges Blitzschach mit einem Gegenüber.

Deutsch ist eine lebendige Sprache, und dazu gehört, dass man ihre Grammatik beherrscht. Aber muss man zugleich wissen, wie die grammatikalischen Bezeichnungen heißen, die man intuitiv benutzt? Falls Sie dieser Ansicht sind, bitte ich Sie, mir zwei Fragen zu beantworten. Zu welcher Wortgruppe gehört »manche«? Und wozu gehört »dort«? Glückwunsch, wenn Sie das wissen, Sie haben es ja schließlich einmal in der fünften Klasse gelernt – zumindest wenn Sie ein Gymnasium besucht haben. Wenn Sie es nicht wissen, schadet es aber auch nichts. Sie sitzen dann in einem Boot mit 88 Prozent aller Germanistikstudenten, die ebenfalls nicht wussten, dass »manche« ein Pronomen ist und »dort« ein Adverb.[118]

Kaum jemand muss das wissen, nur ein Sprachwissenschaftler oder eventuell ein Lehrer, der Deutsch für Nicht-Muttersprachler unterrichtet; aber wahrscheinlich ist es noch nicht mal dazu etwas nütze. Wie schon am Beispiel des Konsekutivsatzes gezeigt, reicht es völlig aus, ihn zu beherrschen. Unwichtig dagegen ist es, das Beherrschen mit einem Etikett deklarieren zu können.

Der Bildungsexperte und Dokumentarfilmer Reinhard Kahl berichtet von einer hübschen kleinen Begebenheit an einer der besten Grundschulen Berlins, der – wie alle Berliner Grundschulen – sechsklassigen Erika-Mann-Grundschule im Wedding. Obwohl 85 Prozent der Kinder aus Migrantenfamilien stammen, liegt die Schule bei Vergleichsarbeiten 25 bis 30 Prozent über dem Durchschnitt. Die Kinder lernen hier Deutsch vor allem beim Theaterspielen und nicht durch Grammatikunterricht. Eines Tages kam ein Schüler der sechsten Klasse mit Sorgen zur Schulleiterin Karin Babbe: »Zwar habe er im Zeugnis eine Empfehlung für das Gymnasium stehen, aber er wolle wohl doch lieber zur Realschule. ›Warum denn das?‹, fragte die Schulleiterin. ›Na, ich kann schon völlig grammatikfrei Sätze sprechen, aber schriftlich mache ich noch viele Fehler.‹ Karin Babbe ist begeistert von dieser Fehlleistung: ›Grammatikfrei sprechen – ist das nicht eine wunderbare Erfindung?‹ Der Schüler habe erkannt, worum es geht, das heißt noch nicht ganz, denn etwas mehr Gelassenheit bei den schriftlichen Fehlern wäre ihr lieber. ›Kommt noch‹, fügt sie hinzu.«[119]

Deklaratives Wissen über den eigenen Sprachgebrauch müssen Kinder nicht lernen. Denn damit wird – in Relation zu seinem Wert für das Leben – das Tote viel zu wichtig genommen. Soll man, wie die PISA-Studie es getan hat, Deutschkenntnisse messen wie Latein? Und dann schlimmstenfalls aus vielen schlechten Ergebnissen folgern, dass man noch mehr Grammatik in der Schule unterrichten sollte? Damit die Kinder zu Hause noch länger über Grammatik-Arbeitsblättern sitzen wie Henning Sußebachs Tochter Marie: »*Kreuze die richtigen Aussagen an! Der Genus ist das grammatische Geschlecht eines Nomens / Nomen können im Singular und im Plural auftreten. Dies nennt man den Kasus des Nomens / Der Numerus ist der Fall, in dem ein Nomen steht / Man kann Präpositionen steigern / Der bestimmte Artikel gibt im Nominativ Singular das grammatische Geschlecht eines Nomens an / Der Imperativ gehört zu den finiten Verbformen / Präsens wird benutzt, wenn man über etwas sagen kann: Es war gestern so, ist heute so und wird auch morgen so sein / Das Partizip I gehört zu den infiniten Verbformen / Verben kann man deklinieren.*«[120]

Man sollte daran denken, was Hirnforscher wie Manfred Spitzer oder Gerald Hüther über »gehirngerechtes Lernen« sagen, nämlich dass »das Allgemeine an Beispielen gelernt wird – und gerade *nicht* durch das Auswendiglernen von Regeln oder Techniken«.[121] Umgekehrt folgt: Fakten, die nicht als Beispiele für einen allgemeinen Zusammenhang stehen, sind dem Lernen für ein Leben wenig förderlich. Und ein rein deklaratives Wissen über Grammatik, so darf man hinzufügen, ebenfalls nicht.

All die langweiligen Sprachbücher verschwinden damit aus dem Unterricht, sie passen ohnehin nicht zum Geist von Projekten. Ich kenne unter meinen Freunden und Kollegen nicht einen Schriftsteller oder Wissenschaftler, der nicht hin und wieder orthografische Fehler macht. (Die Einzigen, die ich kenne, die völlig fehlerfrei schreiben, sind pensionierte Studienräte, deren Hauptvergnügen darin liegt, die Bücher von Schriftstellern nach orthografischen Fehlern zu durchsuchen, um sie dann laut seufzend über deren Unfähigkeit den Autoren zuzusenden: »Erst mal richtig Deutsch lernen, dann Bücher schreiben!« Es ist geradezu bestürzend, wie oft das in unserem Land passiert.)

Wichtiger als deklaratives Wissen über Grammatik und fehlerfreies Schreiben ist es, sich variantenreich und elegant ausdrücken zu können, und zwar sowohl schriftlich wie auch mündlich. Ein guter Sprachunterricht ist mindestens in gleichem Maße *Sprech*unterricht. Sollte ein Schüler, der die Schule verlässt, egal ob nach dem zehnten oder dreizehnten Schuljahr, nicht in der Lage sein, sich verständlich auszudrücken, dazu in der richtigen Lautstärke, nicht zu schnell, deutlich und ohne »Äh's«? Sollte er nicht lebendig sprechen, ohne einzuschläfern oder zu Boden zu schauen? Wäre es nicht gut für sein weiteres Leben, wenn er seine Hauptsätze nicht alle nur mit »und« aneinanderreihte, sondern das, was er sagen will, in Haupt und Nebensätze gliedern könnte? Wenn er die Endungen nicht verschluckte, die richtige Atemtechnik hätte und auf sinnvolle Akzentuierung und Betonung achtete? Und hört man nicht gern jemandem zu, der ohne die übliche Leierei vorlesen kann oder – noch besser – die Kunst beherrscht, auch vor einem Auditorium selbstbewusst und elegant frei zu sprechen?

All dies sollte man in der Schule lernen. Denn reden zu können ist eine der wichtigsten Fähigkeiten im Leben und Berufsleben überhaupt. Und dazu braucht man von Kindheit an viel Training. Doch so wie wir das Kognitive gegenüber dem Nicht-Kognitiven in der Schule zu stark gewichten, so auch das Schriftliche gegenüber dem Mündlichen. Der Grund dafür ist ziemlich schlicht und liegt in der Logik des klassischen Systems. Während sich Grammatikfehler transparent in Ziffern-Zensuren ausdrücken lassen, ist das bei mündlichen Vorträgen so eine Sache. Wie die PISA-Studie dazu geführt hat, dass man das leicht Messbare in den Schulen höher gewichtet als das Nicht-Messbare, so ist die andauernde Verschriftlichung von allem und jedem eine Folge von Ziffern-Zensuren. Fallen diese weg, ist der Bann gebrochen, der das Tote gegenüber dem Lebendigen überbewertet.

Auch wenn es auf den ersten Blick wie ein Widerspruch aussehen mag, möchte ich hier ein kleines Plädoyer für das Auswendiglernen halten. Zwar sind unsere Gehirne, wie gesagt, von der Evolution nicht dafür gemacht, zwanzig Seiten im Erdkundebuch auswendig zu lernen, um sie im Test wiederzukäuen. Aber mit schönen, lebendigen und rhythmisierten Texten verhält sich die Sache anders. Ein großartiger Monolog aus einem Theaterstück bleibt ganz anders im Gedächtnis haften als eine Abhandlung über die Erzgewinnung im Norrbotten oder die Phasen der Mitose. Und Schillers *Die Bürgschaft* wird dann lebendig, wenn man sie nicht nur auswendig lernt, sondern die perfekte Dramaturgie dieser antiken Räuberpistole in ein modernes Drehbuch verwandelt, an dem eine Gruppe gemeinsam arbeitet. Im Vortrag lernt man weit mehr über den Sprachrhythmus als in jeder Kurzabhandlung über Daktylus, Trochäus, Jambus und Anapäst.

Im Umgang mit Literatur wäre es eine gute Regel, das Selbermachen vor oder neben jede Interpretation zu stellen. Wozu und zu welchem Ende interpretiert man eigentlich in der Schule Literatur? Gemeinhin würde man sagen, um über Literatur Bescheid zu wissen und interpretieren zu lernen – aber warum ist das wichtig? Man kann auch lebendige soziale Situationen interpretieren oder Filme. Die besondere Ästhetik literarischer Kunstwerke jedenfalls teilt sich in den schematischen Zergliederungen vieler Deutschstunden nicht mit. Wer glaubt, die Kunst der Interpretation bestehe darin, aus einem Buch herauszupumpen, was der Autor einmal gut versteckt hineingefüllt hat, hat Literatur nicht verstanden. Ein Kunstwerk wirklich zu verstehen, setzt eigentlich voraus, dass man sich selbst einmal daran versucht hat. Keine Gedichtinterpretation also, bevor man sich als Schüler nicht einmal (unter Hilfe) bemüht hat, ein Gedicht zu schreiben. Was überflüssiges Wissen zu sein scheint, zum Beispiel ein Reimschema, erweist sich auf einmal als nützliches Handwerkszeug. Und selbst wenn das mit den eigenen Werken nicht ganz so großartig ausfällt, so lernt man auf diese Weise gleichwohl die Kunst der Lyrik überhaupt als eine solche anzusehen.

Selbst ein perfekt ausgebildeter Deutschlehrer muss dafür nicht der richtige Mann oder die richtige Frau sein. Aber wie wäre es, das Projekt mit einem leibhaftigen Schriftsteller durchzuführen? *Creative Writing* zu lernen bei einem Meister seines Fachs? Unter den vielen deutschen Autoren, die ästhetisch anspruchsvolle Werke schaffen, leben vermutlich nicht einmal zwanzig von ihren Gedichten oder Erzählungen. Viele von ihnen würden die Gelegenheit gewiss nutzen, sich in der Schule ein ordentliches Zubrot zu verdienen. Aber auch hier schiebt das Ziffernsystem einen Riegel vor. Wie benotet man ein Gedicht? Wie gesagt, bestimmt noch immer das Notensystem die Aufgabenstellungen und nicht umgekehrt.

Vieles von dem, was für Deutsch gilt, gilt natürlich ebenso für andere Sprachen. Sie sollten einen großen Raum im Curriculum einnehmen, weil man sie hervorragend gebrauchen kann. Nach Englisch wäre das Spanisch und danach Französisch. Wer ein Faible für Latein oder Griechisch hat, kann sich dies beim *Mastery Learning* nach Bedarf selbst beibringen. Für alle anderen wäre ein buntes Latein-Griechisch-Projekt vorstellbar, bei dem man neben Geschichte, Kunstgeschichte, Kochrezepten und Philosophie auch die hundert wichtigsten Wörter wie *psyche, logos, deus, demos* usw. lernt und die wichtigsten Silben wie *omni, poly, mono* usw. Altgriechische Grammatik muss man nicht können – wichtige Fremdwörter verstehen dagegen schon.

Unterrichten im Team

Um Projekte zu machen, braucht es oft nicht nur einen Lehrer, sondern mehrere, meist aus verschiedenen Fachbereichen. Die Zeit, in der ein Lehrer solo vor einer Klasse stehen muss, weil dies so üblich ist, sollte so schnell wie möglich vorbei sein. Dass man sein Studium allein macht, daran führt kein Weg vorbei. Aber spätestens mit Beginn des Referendariats und dem Besuch der Lehrer-Akademie sollten Lehrer nicht mehr mit ihrer anspruchsvollen Aufgabe allein gelassen werden. Vielmehr sollten sie zum frühestmöglichen Zeitpunkt lernen, mit Kollegen zusammenzuarbeiten, Teams zu bilden, sich zu ergänzen und zu unterstützen. Ein Lehrer, der einen oder mehrere »Problemschüler« in der Klasse hat, kann dann seine Sorgen mit anderen teilen. Und wo er sich früher nicht recht traute, den Kollegen von seinen Schwierigkeiten zu erzählen, wird er in Zukunft von ihnen aufgefangen werden – und zwar sowohl im Unterricht als auch im Lehrerzimmer.

Teamfähigkeit ist eine der wichtigsten Fertigkeiten, die ein Pädagoge besitzen muss. Denn wie sollen Lehrer, fragt Peter Struck, emeritierter Professor für Erziehungswissenschaft an der Universität Hamburg, »ihre Schüler teamfähig machen, wenn sie selbst nicht teamfähig sind«?[122] Kinder und Jugendliche lernen bekanntlich weniger das, was man ihnen erzählt und erklärt, als das, was ihnen vorgelebt wird. »Was lernt ein Kind, wenn man es ermahnt?«, hatte schon Heinrich von Kleist gefragt. Die Antwort ist: »Ermahnen!«

Die Aufgabe von Lehrern ist es, unsere Kinder für das Leben und die Berufswelt fit zu machen, sie nach Kräften zu unterstützen, ihre Potenziale zu entfalten, ihre Neugier und ihr Staunen auf die faszinierende Welt des Wissens zu lenken und sie bei ihren Erfahrungen zu begleiten. Dass sie dem in der Vergangenheit stets entsprochen haben, wird vermutlich niemand sagen. Die Rede ist hier nicht von »schwarzen Schafen«, sondern von der ganz alltäglichen Schulpraxis. Welcher Schüler hat, von der Erfahrung mit einigen wenigen Lehrern abgesehen, allgemein das Gefühl, dass die Lehrer für ihn persönlich da sind und nicht, um ein überpersonales »Klassenziel« zu erreichen?

Für viele Schüler ist die Schule etwas ihnen Entgegengesetztes und kein natürlicher Freund. Man will etwas von der Schule, nämlich dass man mit ansprechenden Noten irgendwie »durchkommt«, und die Schule will wiederum auch etwas: Jemanden in Hunderten von Klassenarbeiten und Tests immer und immer wieder prüfen und überprüfen, ob er eines solchen Schulabschlusses würdig ist. Ich stelle mir des Ernstes halber einmal vor, ich hätte meinen Mathe- oder Französischlehrer gebeten, doch bitte meine Potenziale zu entfalten und dabei auf meine psychischen Befindlichkeiten und meine Persönlichkeitsstruktur Rücksicht zu nehmen. Meine Lehrer hätten sich an die Stirn getippt und vielsagend in die Klasse gegrinst. Allenfalls hätten sie diese »Potenzialentfaltung« für die Aufgabe eines Nachhilfelehrers gehalten, aber niemals für die ihre. Für was auch immer sie sich gehalten haben mögen, gewiss nicht für Coaches oder Talentscouts. Nicht gegenüber ihren Schülern erfüllten sie ihre Pflicht, als vielmehr gegenüber dem Lehrplan.

Der Begriff »Coach« ist mehr als nur ein modisches Etikett. Mit einem Coach, etwa im Sport, verbinde ich die Vorstellung, dass jemand sich explizit um meine Fähigkeiten kümmert, bei einem Lehrer, wie gesagt, habe ich diese Vorstellung aus guten Gründen meistens nicht gehabt. Ein Coach wird als Verbündeter wahrgenommen, der Lehrer allzu oft als Gegner.[123] Damit wir an dieser unheilvollen alten Rollenerwartung etwas ändern können, müssen wir vor allem das abschaffen, was die Gegnerschaft zementiert, und das sind vor allem Ziffern-Zensuren.

Arbeiten diese Coaches im Team zusammen, so löst oder verringert sich zugleich eines der größten Probleme unseres Schulsystems. Mein Schicksal als Schüler ist nun nicht mehr abhängig von einer einzigen Person, die mich unter Umständen nicht leiden kann und ich sie nicht. Denn bei einem Team ist man nicht mehr einem einzelnen Menschen ausgeliefert, der einen exklusiv beurteilt und der einem, wenn es ganz übel kommt, das spätere Leben vermiest.

So wird es Lehrern durch die Arbeit im Team in Zukunft leichter gemacht, ihre Schüler individueller zu betreuen und Schwierigkeiten dabei besser zu bewältigen. Wie notwendig es ist, den

Lehrer als Einzelkämpfer zu entlasten, zeigt eine Untersuchung der Universität Potsdam aus dem Jahr 2006. Danach gelten fast zwei Drittel der Lehrer und Lehrerinnen in Deutschland aus beruflichen Gründen als gesundheitsgefährdet, erschöpft, ausgebrannt und krank. Auf eine Anfrage an die Landesregierung in Nordrhein-Westfalen im Jahr 2007 erklärte Barbara Sommer, die Ministerin für Schule und Weiterbildung, dass die Belastungen, denen Lehrer ausgesetzt sind, erst wissenschaftlich näher erforscht werden müssten, bevor man handeln könnte. Des Weiteren wies die Ministerin darauf hin, dass Schulpsychologen auch für Lehrer zuständig seien und ihnen kompetent helfen könnten.[124] Dass die Universität Potsdam ganz konkrete Änderungen im Berufsalltag von Lehrern gefordert hatte, wurde von der Landesregierung dagegen geflissentlich übergangen. Wesentlich souveräner reagierte dagegen die Berliner Landesregierung auf eine vergleichbare Anfrage, die immerhin eine »Änderung der Unterrichtsverteilung« in Aussicht stellte.[125]

Nach Ansicht der Potsdamer Bildungsforscher könnte vielen Lehrern tatsächlich dadurch geholfen werden, dass man ihren Arbeitsalltag anders strukturiert. Kleinere Klassen und weniger Unterrichtsstunden für Lehrer wären entsprechende Möglichkeiten. Ebenfalls wichtig wäre es, das Betriebsklima zu verbessern, zum Beispiel dadurch, dass man viel offener, interessierter und intensiver mit Kollegen zusammenarbeitet und sich bei der Unterrichtsgestaltung unterstützt. Die Universität Potsdam erarbeitete dazu ein Programm zur Teambildung, das bereits nach einem halbjährigen Training in den Schulen zum Einsatz kommen könnte. Die Ministerin in NRW zog es damals vor, darauf nicht einzugehen. Warum die Arbeitsbedingungen und das Betriebsklima ändern, wo es doch Schulpsychologen für Lehrer gibt?

Den Lehrer aus seiner zwangsverordneten Einsamkeit und Alleinverantwortlichkeit zu befreien, wäre vermutlich das beste Mittel gegen den hohen Stress, dem der Lehrer im konventionellen System als Einzelkämpfer ausgesetzt ist. Jüngere Lehrer mit wenig Berufserfahrung können so vom Wissen älterer Kollegen profitieren; und Ältere dürfen (oder müssen) sich mit dem Elan und den Ideen der Jüngeren auseinandersetzen. Dass auch dies nicht immer reibungslos funktioniert, weiß jeder, der in seinem Beruf im Team arbeitet. Aber immerhin sind Lehrer in der Frage flexibel, mit welchen Kollegen sie gern gemeinsam etwas in Gang setzen wollen und mit welchen weniger. Eingespielte Zweier- oder Dreierteams sind ein Vorteil für alle Beteiligten. Und wer sich ein Projekt ausdenkt, wird dabei wählen können, mit welchen Kollegen er es realisiert. Der Lehrerberuf wird damit in einem wichtigen Punkt ein »normaler« Beruf mit echten Arbeitskollegen. Und wie bei anderen Arbeitsplätzen wird die eigene Tätigkeit transparenter. Man sieht sich und man erlebt sich mit seinen Stärken und Schwächen. Und ein für seinen Beruf völlig ungeeigneter Lehrer fällt leichter auf – und vielleicht erkennt er es sogar selbst!

Lehrer aus dem Leben

Wie viel vom Leben muss ein Lehrer praktisch wissen? Wie viel Lebenserfahrungen sollte er gesammelt haben, um Kindern und Jugendlichen etwas über das Leben erzählen zu können? Ein Lehrer, der in seinem Leben schon eine Menge außerhalb der Schule erlebt hat und der den einen oder anderen Beruf gut kennt, hat einen unschätzbaren Vorteil. Eine Lehrerin, die einmal Lektorin in einem Verlag war und mit bedeutenden Autoren zusammengearbeitet hat, verfügt über andere Möglichkeiten, den Deutschunterricht mit Leben zu füllen, als ein Lehrer, der sein ganzes Leben lang nur in der Schule war – als Schüler, als Student, als Referendar und dann als Lehrer. Eigentlich ein ziemlich langweiliger Werdegang, sollte man denken. Wäre es nicht besser, der Chemielehrer hätte mal bei einem Unternehmen gearbeitet und geforscht? Kann er dann seinen Schülern nicht viel farbiger davon erzählen, wie es in einem angestrebten Berufsfeld zugeht? Ein ehemaliger Anwalt, der Jura in der Schule unterrichtet – ist das nicht genau der Richtige?

An diesen Vorstellungen ist viel Schönes. Aber leider sind sie ziemlich weltfremd. Wer, wenn er in seinem Beruf als Lektor, Chemiker oder Anwalt erfolgreich ist, geht ein paar Jahre später in die Schule? Selbst wenn man endlich die Verbeamtung abschaffte, die dem im Wege steht, selbst wenn man diejenigen beruhigte, die einwenden: »Das sind doch keine Pädagogen!« – so als ob jeder Lehrer einer wäre: Es fände sich bestimmt nicht genug einschlägiges Personal. Aus diesem Grund kann man angehende Lehrer auch nicht dazu verpflichten, sich mindestens zwei Jahre in der freien Wildbahn des Wirtschaftslebens zu bewähren. Viele würden gar nichts finden. Und die, die einen spannenden Job bekämen, kehrten von dort vielleicht gar nicht in die Schule zurück.

Was tun? Für das Problem gibt es, so denke ich, drei Lösungen. Die eine besteht darin, erfahrenen Praktikern *nach* ihrem Berufsleben die Chance zu geben, in der Schule zu unterrichten. Ich denke an den Physiker, der am CERN, dem europäischen Labor für Kernforschung, gearbeitet und Aufregendes erforscht hat. Als kinderloser Pensionär hockt er anschließend zu Hause herum, pflegt den Garten und geht seiner Frau auf die Nerven. Was für eine Bereicherung könnte so ein Mensch für die Schule sein? Wie viel Wissen hat er über die Berufs- und Forschungswelt eines Physikers, von dem ein konventionell ausgebildeter Physiklehrer nicht mal träumen kann? Ein pädagogischer Schnellkurs, und schon könnte er mit dem Physiklehrer gemeinsam ein spannendes Projekt in der Schule durchführen. Und was das Lob eines solchen Profis gegenüber manchem Lehrerlob wert ist, muss wohl nicht eigens erwähnt werden. Wollen wir mehr Physikstudenten in Deutschland, so brauchen wir mehr echte Physiker in der Schule. Das Gleiche lässt sich auch mit Chemikern, Informatikern und Biologen vorstellen. Von Schriftstellern im Deutschunterricht war schon die Rede. Ein Musiklehrer, der mal ein berühmtes Orchester dirigiert hat, wäre natürlich ein Traum, ein Galerist, der die Stars unter den zeitgenössischen Künstlern persönlich kennt und in den Unterricht einlädt, ebenfalls. Aber auch ein Tischlermeister mit pädagogischem Ethos, der mit den Schülern werkelt, wäre eine enorme Bereicherung. Was für eine tolle Schule wäre das, die solche *wisdom teachers* als Honorarkräfte in ihren Reihen hat ...

Eine zweite Möglichkeit wäre es, solche Kenner ihres Metiers für einzelne Aktionen an der Schule zu begeistern. Ein wunderbares, ja wundervolles Beispiel dafür ist der Einsatz von Christiane Germain an einer »Problemschule« in einem der *banlieues*, der sozialen Brennpunkte von Paris.[126] Madame Germain ist eine der berühmtesten Galeristinnen der Stadt und eine einflussreiche Frau in der Kunst- und Designwelt. Von zwei Lehrerinnen animiert, startete sie an deren Schule ein Designprojekt. Die Voraussetzungen dafür waren die schlechtesten, die man sich vorstellen kann. 40 Prozent der Kinder hatten Eltern, die arbeitslos waren. Und viele fielen unter das Etikett »sozial verwahrlost«. Ein Projekt mit diesen Kindern? Und ausgerechnet – Design?

Zu ihrer Überraschung waren die achtjährigen Kinder begeistert, als die »elegante Dame« in ihre Klasse kam, um etwas mit ihnen zu machen. In kleinen Schritten erzählte Madame Germain ihren Schülern, was Design überhaupt ist. Die Kinder lernten, Design zu unterscheiden, fassten Objekte an und beurteilten sie mit zunehmender Kennerschaft. Madame Germain ging mit ihnen in völlig unbekannte Traumwelten wie Designmessen und Vernissagen und besuchte mit den Achtjährigen einen Architekten in seinem Privathaus. Die Kinder stellten Fragen, nahmen Prospekte mit, lernten die Namen von Designern, und je mehr sie wussten, umso größer wurde ihre Neugier. Gleichzeitig zeichneten, bastelten und werkelten sie an ihren eigenen Designobjekten – neuen Möbeln für ihre Schule. Und die Ergebnisse waren berührend und sensationell. Noch wichtiger aber war, was sich bei den Kindern gleichzeitig entwickelt hat: neue Ziele und ein anderer Blick auf sich und das Leben: »Viele Kinder wollten jetzt auch Designer werden. Die Erwachsenen ermutigten sie, aber sie gingen auch ehrlich mit ihnen um. Nicht jeder könne ein Philippe Starck werden. Es gibt jedoch viele Berufe, die auch mit Design zu tun haben. Kevin verrät Christiane Germain, dass er ursprünglich Busfahrer oder Dealer wie sein großer Bruder werden wollte. Jetzt wolle er besser in der Schule arbeiten, um auch andere Berufe auswählen zu können.«[127]

Wenn es richtig ist, dass wir die Träume und Wünsche, die uns ein Leben lang begleiten, schon in unserer Kindheit und Jugend träumen und entwickeln, dann fällt der Schule auch hier eine enorme Bedeutung zu. Denn viele Kinder kennen aus ihrem Elternhaus keine Anregungen und Leitbilder, die abseits eines oft eintönigen, eindimensionalen und trostlosen Alltags liegen. Allein die Tatsache, dass jemand von außen, dazu eine interessante Persönlichkeit, in ihre Schule kommt, um mit ihnen zu arbeiten, wertet sowohl die Schule wie auch das Selbstwertgefühl der Kinder enorm auf. Wie ernst genommen und wie wertvoll muss man sich fühlen, wenn der, der einen unterrichtet oder coacht, dies nicht allein aus Profession, sondern vor allem aus Passion macht? Freiwillig und aus Leidenschaft? Aus echtem Interesse an den Kindern oder Jugendlichen?

Vergleichbares gilt auch für die dritte Möglichkeit, um Lehrer von außen in die Schule zu bringen. Im Jahr 1990 starteten in den USA und 2002 in England Projekte mit den Namen *Teach For America* und *Teach First,* die immer noch laufen. Absolventen erstklassiger Universitäten verpflichten sich vor ihrem Karrierestart dazu, zwei Jahre lang Schulklassen in sozialen Brennpunkten zu unterrichten, um sich in einer solchen Situation zu bewähren. Die Idee dahinter: Die besten Studenten kümmern sich um die schlechtesten Schüler. Profitieren von diesem Projekt sollen beide Seiten. Die Elitestudenten sollen das echte Leben kennen, Erfahrungen sammeln und unter Beweis stellen, dass sie sich in einem derartigen Umfeld behaupten können. Und die Kinder und Jugendlichen sollen sich vom Elan, der Cleverness und dem Ehrgeiz der künftigen Topmanager inspirieren lassen. Mit einem Mal steht ihnen jemand gegenüber, der nicht immer schon Lehrer werden wollte, sondern jemand, dem auch alle anderen Wege offenstehen. Und dieser Jemand will sie nun mitreißen und vorwärtsbringen.

Vor einigen Jahren ist die Idee auch nach Deutschland übergeschwappt. In fünf Bundesländern sind bislang leider erst rund hundert Hochschulabsolventen im Rahmen von *Teach First Deutschland* im Einsatz. Das hat damit zu tun, dass sich der Enthusiasmus an den Schulen und bei den Lehrerverbänden zunächst in Grenzen hielt. Steckt in alldem nicht ein Angriff auf unsere ordentlich pädagogisch ausgebildeten Lehrer, wenn Leute in die Schule geholt werden, die gar keine Pädagogen sind? Haben wir es nicht sogar mit der kränkenden Vorstellung zu tun, dass Leute von außen allemal die besseren Pädagogen sind als unsere verbeamteten Lehrer? Steht hier nicht das Ethos eines ganzen Berufsstands auf dem Spiel? Und nicht zuletzt: Sollen unsere Kinder nun zu Versuchskaninchen gemacht werden für die ehrgeizigen Zukunftspläne angehender Jungmanager, die meinen, sich mal eben einen Sozial-Orden an die karrieregeschwellte Brust heften zu können?

Völlig aus der Luft gegriffen sind diese Vorwürfe nicht. Und trotzdem überwiegen bei einer Abwägung der Chancen und Risiken die Chancen. Natürlich sollten die Uni-Absolventen gut in die Schule integriert werden und nicht sofort allein vor einer Klasse stehen. Aber als Bereicherung im Team sollten sie unbedingt willkommen sein. Der Lehrerberuf wird dadurch weiter aus seiner gesellschaftlichen Isolation befreit und durch neue Anregungen und neuen Schwung bereichert. Warum sollten unsere Kinder davon nicht profitieren? Besonders Kinder aus bildungsfernen Elternhäusern – und hier insbesondere Jungen mit Migrationshintergrund – haben oft mehr Respekt und Interesse gegenüber einem künftigen »Alphatier« als gegenüber manchem feinsinnigen Pädagogen. Was immer als eine Chance begriffen werden kann, Kindern, die es schwer haben, zu helfen – es sollte unbedingt genutzt werden.

Die umgekehrte Hoffnung besteht darin, dass Menschen, die zwei Jahre in einer Berufswelt mit Menschen zusammenkommen, denen sie sonst nie ernsthaft begegnen würden, davon etwas mitnehmen. Die Sensibilität von Topmanagern gegenüber dem Fühlen und Denken, dem Leiden und dem Stolz von Hartz-IV-Empfängern und ihren Familien ist gemeinhin nicht sonderlich hoch. Wie anders dagegen muss die Sicht ausfallen, wenn man zwei Jahre lang mit Kevin und Hassan gelernt und gelitten, gefiebert und gebangt hat? Wenn man sieht, wie sie sich freuen und entwickeln, Hoffnung schöpfen, Einfälle haben und kreativ werden und ihre coolen Witze reißen? Man wünschte sich sofort, jeder deutsche Topmanager, Banker oder Politiker hätte irgendwann in seinem Leben zwei intensive Jahre mit solchen Kindern verbracht. Man denke – an rein zufälligen Beispielen ausgewählt – Hans-Olaf Henkel, Wolfgang Clement, Guido Westerwelle, Philipp Mißfelder, Annette Schavan, Dieter Hundt oder Kristina Schröder hätten so etwas einmal in ihrem Leben gemacht. (Und ersparen Sie sich den wohlfeilen Witz: »Die armen Kinder!« Vielleicht wären die Genannten ja ganz anders geworden nach so einer tief menschlichen Erfahrung.)

Bedauerlich für die Diskussion um *Teach First Deutschland* ist, dass Bildungskritiker und Lehrervertreter die Initiative deswegen ablehnen, weil sie das dreigliedrige Schulsystem nicht in Frage stellt. Nach dem Motto: »Wer nicht für alle unsere Ziele streitet, ist unser Feind!« Dabei haben wir es wieder mit einer der vielen ideologischen Entweder-Oder-Fallen der Bildungsdiskussion zu tun. Tatsächlich sollte jeder willkommen sein, der einen Beitrag dazu leistet zu helfen. Das ist so, als verurteilte man Ärzte deswegen, weil sie die Krankheit nicht abschaffen. Selbstverständlich muss das dreigliedrige System überwunden werden, aber nicht jeder, der gegenwärtig hilft, wird damit zum Handlanger eines überholten Systems. Zunächst einmal trägt er dazu bei, Kindern eine Chance zu geben, die sonst keine haben. Und was sollte dagegensprechen, die *Teach-First*-Kandidaten der Zukunft in ein anderes als das alte dreigliedrige System zu integrieren?

Angesichts der mit *Teach First* verbundenen Möglichkeiten wird man den Widerstand von manchen Lehrern und einigen Lehrerverbänden nur als historisch bezeichnen können. Denn einerseits wird es angesichts viel zu weniger Menschen, die heute

Lehrer werden wollen, gar nicht anders gehen, als Profis von außen in die Schulen zu holen. Und zum anderen wird an den künftigen Lehrer-Akademien eine Generation von Pädagogen heranreifen, die ein anderes Berufsverständnis und kaum Probleme damit haben wird, kooperativ mit Lehrern von außen zusammenzuarbeiten. Ohnehin wird sich die Zahl der Nicht-Pädagogen in der Schule schon durch viele Lernpsychologen und Sozialarbeiter erhöhen, die schwierigen und förderungsbedürftigen Kindern unter die Arme greifen.

Die persönliche Note

Jede Schule muss die Leistungen ihrer Schüler bewerten, die Motivation der Kinder durch Lernziele anstacheln und Zeugnisse ausstellen. Auch alle neuen modernen Schulen werden dies tun müssen; eine Schule ohne Leistungskontrolle und Leistungsziele ist weder denkbar noch wünschenswert. Zudem wäre der Begriff »Potenzialentfaltung« völlig missverstanden, würde man darunter nichts anderes als ein entspanntes Spielen und Herumprobieren verstehen. Kinder und Jugendliche wollen gefördert und gefordert werden, um zu wachsen und sich zu entfalten. Ein Menschenbild, das dies bestreitet, ist weltfremd.

Unsere Kinder leben in einer vorhandenen Welt, die sie nicht nach eigener Maßgabe erfinden können. Sie für das Leben vorzubereiten, bedeutet, sie dieser Welt zugewandt zu erziehen und ihnen zu helfen, sich in ihr zurechtzufinden, wie auch immer sie als Erwachsene das Gegebene später umgestalten möchten oder nicht. Der Stellenwert von Leistung in unserer gegenwärtigen Gesellschaft ist hoch, höher als in früheren Zeiten – wenn er mithin nicht der einzige Maßstab für die Beurteilung von

Menschen ist und ebenso wenig der einzige Gradmesser für Erfolg.

Kinder auf diese Gesellschaft vorzubereiten bedeutet nicht, jeden Beurteilungsmaßstab zu übernehmen und Schüler systemkonform zu machen, also zu Anpassern zu erziehen. Es bedeutet vielmehr, die angeborene Neugier und den Entfaltungswillen von Kindern und Jugendlichen innerhalb des gegebenen Rahmens zu fördern. Die Motivation, etwas lernen zu wollen, kennt, wie gesagt, mindestens zwei wesentliche Faktoren. Wir lernen, weil wir Lust darauf haben, etwas zu lernen, und/oder weil wir auf soziale Anerkennung hoffen. Das eine ist als Triebfeder unseres Wollens vermutlich ebenso wichtig wie das andere, aber die Gewichtung ist individuell sehr verschieden. Allgemein scheint es eine leichte Tendenz zu geben, dass Jungen etwas stärker lustorientiert und Mädchen stärker an sozialer Anerkennung interessiert sind. Ob dies tatsächlich biologisch erklärbar ist, sei dahingestellt. Ebenso wichtig scheint zu sein, dass es an unseren Grundschulen viel mehr Lehrerinnen als Lehrer gibt und Jungen an deren Lob, Zuspruch und Anerkennung etwas weniger interessiert sind als Mädchen. Auf diese Weise wird soziales Anerkennungsverhalten von Mädchen im stark prägenden Grundschulalter meist früher und intensiver eingeübt als von Jungen.

Damit Kinder ihr Lernen nicht als sinnlos empfinden, muss es mit Lust und/oder Anerkennung verbunden sein. Und die herkömmliche Kultur der Anerkennung ist der Lohn für eine Befähigung – die Ziffern-Zensur. Was nützt mir das größte Kompliment und der netteste Zuspruch meiner Lehrerin, wenn ich am Ende doch eine Vier oder Fünf auf dem Zeugnis habe? Dass dieses System der Individualität und Persönlichkeit von Kindern und Jugendlichen nicht gerecht wird und sich somit überholt hat, wurde bereits ausgiebig besprochen. Die Frage ist: Was gibt es Besseres?

Zunächst einmal muss klar sein, dass die Abschaffung von Ziffern-Zensuren nicht bedeutet, dass man einen Wettbewerb der Kinder untereinander grundsätzlich ausschließt. Hier liegt ein häufig auftretendes Missverständnis. Manche Kinder brauchen und suchen den Wettbewerb, vor allem jene aus wettbewerbsorientierten Elternhäusern. Sie wollen sich messen und vergleichen, die Kräfte aneinander austesten usw. Fast jedes Ballspiel enthält diese Komponente. Der springende Punkt ist nur, dass die Kinder nur dort in den Wettbewerb miteinander treten sollen, wo sie es auch *wollen*. Ein naheliegendes Beispiel ist der Sport, wo jeder freiwillig in Konkurrenz mit anderen treten kann. Aber auch in allen anderen Bereichen ist ein produktiver Wettbewerb denkbar, so er denn gewünscht ist. Lern-Gruppen können gegeneinander in Vokabelschlachten antreten, solange niemand gezwungen ist mitzumachen. Projekte können parallel zum gleichen Thema mit ihren Ergebnissen konkurrieren. Und Schulmannschaften können auf vielen Feldern gegen andere Schulen antreten. Ein solcher Wettbewerb ist immer ein spielerischer Wettbewerb und setzt durchaus viel Adrenalin und Dopamin frei. Was dagegen der Vergangenheit angehören sollte, ist der Zwangswettbewerb, dem die Kinder heute im Klassenzimmermodell mit Ziffern-Zensuren ausgesetzt sind. Wer dies mit dem Argument verteidigt, dass Kinder von Natur aus Wettbewerb bräuchten, hat übrigens meistens ein sehr lernstarkes Kind in der Schule. Von Eltern mit lernschwachen Kindern kennt man solche Ansichten von der Natur des Kindes eher nicht …

Was also setzt man an die Stelle von Ziffern-Zensuren? Eine Antwort darauf ist bereits durch das System des *Mastery Lear-*

ning gegeben. Wer seinen eigenen Weg im eigenen Rhythmus geht und sich in der Welt der Mathematik vorwärtskämpft, rackert, müht oder spielt, erreicht nach und nach verschiedene Etappen oder Stufen. Dabei sollte ein deutschlandweit vorgegebenes Minimalziel für alle Schüler definiert werden. Wird dieses Ziel erlangt, und dies wird fast immer der Fall sein können, ist die Note überflüssig. Die Anerkennung lautet: »Geschafft!« Der Rest ist die Kür, die Pflicht ist erledigt und reicht für jeden Beruf aus, nur nicht für ein naturwissenschaftliches Studium, für Wirtschaftswissenschaften oder Statistik. Aber auch diese Ziele lassen sich bei Bedarf auf höheren Stufen erreichen.

Die Fähigkeiten, die nicht durch *Mastery Learning* erlangt und trainiert werden können, fallen unter dem Gesichtspunkt ihrer Beurteilung wiederum in zwei Bereiche. Der erste Bereich betrifft jene Fähigkeiten, bei denen man Leistung in Form von Tests sinnvoll messen kann. Ein Diktat lässt sich zum Beispiel auf Rechtschreibung hin bewerten. Der Schüler lernt dadurch, sich selbst besser einzuschätzen: Was kann ich schon, und wo mache ich noch Fehler? Entscheidend dabei ist, dass nicht alle Kinder das gleiche Diktat zum selben Zeitpunkt schreiben wie im bisherigen Standardmodell. Wie ausführlich erklärt, sollte die Lernzeit beziehungsweise Lerngeschwindigkeit an Bedeutung verlieren gegenüber dem persönlichen Lernweg. In Bezug auf das Diktat bedeutet dies: Um wie viel intensiver lässt sich meine Rechtschreibung verbessern, wenn mir ein Lehrer ein Diktat auf den Leib schneidert, mithin auf meine Lieblingsfehler? So ein Klassiker wäre zum Beispiel die vertrackte Sache mit »i« oder »ie«, die Kinder schon deshalb oft nicht hinbekommen, weil sie am Anfang den »Tiger« und den »Igel« von dem »Kiesel« und dem »Sieger« unterscheiden lernen sollen, obwohl es gesprochen gar keinen Unterschied gibt. Solche Dinge kann man nur durch Üben lernen, denn es gibt hier leider überhaupt nichts zu verstehen.

Dass so ein Test mitunter mit leichtem Stress einhergeht und kurzfristig als Hindernis empfunden wird, das man überwinden muss, sollte nicht als schlecht, sondern als Anreiz eingestuft werden. Dabei messen sinnvolle Tests nicht mehr in erster Linie die Quantität von Wissen oder Korrektheit, sondern die Qualität einer Verbesserung oder Verschlechterung gegenüber den eigenen Leistungen. Solche Tests sollten *zu gegebener Zeit* durchgeführt und nicht mit einer Ziffern-Zensur, sondern einem Kommentar versehen werden. Dass Lehrer ihre Schüler dafür sehr genau beobachten und kennen müssen, ist klar. Wer Ziffern-Zensuren abschafft, kann das nur tun, wenn er kleine Lerngruppen mit möglichst mehreren Lehrern realisiert; alles andere ist illusorisch. Aber warum sollte man solche Lernbedingungen nicht zuwege bringen? Wäre es nicht alle Anstrengungen wert?

Der zweite Bereich von Beurteilungen erfordert noch weit mehr Anstrengung als der erste. Viele Leistungen lassen sich auch bei viel Mühe grundsätzlich nicht auf eine Ziffern-Zensur bringen, ohne viel zu viele subjektive Wertungen in dem dünnen Gehäuse einer Zahl auf dem Papier zu verstecken. Wie bewertet man ein selbst geschriebenes Gedicht oder eine Erzählung? Eine böse Vier für ein herzzerreißend bemühtes Liebesgedicht? Soll man Bilder zensieren oder etwa ein Klavierspiel? Muss ich für das Theaterspiel im Goethe-Projekt Einsen, Zweien, Dreien und Vieren als Lohn oder zur Selbsteinschätzung verteilen? Und wäre es nicht eine Befreiung, den zähen Handstandversuch eines fettleibigen Kindes nicht mehr benoten zu müssen, während ein kleiner Modellathlet ohne jegliche Anstrengung seine Eins einheimst? Soll aller Unterricht und jede Lernbeziehung davon überschattet sein?

Noch schwieriger wird es, wenn man versucht, die emotionale Intelligenz und soziale Kompetenz von Schülern zu bewerten. Die sogenannten Soft Skills fallen in der Schule bislang vor allem deshalb nicht ins Gewicht, weil man sie nicht mit Zensuren versehen kann. Hatte man sie in früherer Zeit als »Kopfnoten« gesondert bewertet, so sind diese Kopfnoten (in ihrem veralteten Zuschnitt auf ein Dasein als Postpferd) heute zu Recht in den meisten Bundesländern abgeschafft. Sie durch andere Kopfnoten ersetzen wollen, hilft nicht weiter – allenfalls macht man damit das Übel augenfällig, die Individualität eines jungen Menschen in ein Ziffernsystem pressen zu wollen.

Bereiche wie diese können nur durch die längere schriftliche Beurteilung eines Lern- und Entwicklungswegs erfasst und begutachtet werden. Nicht anders sollte man sich Zeugnisse vorstellen. Was mittlerweile für nicht wenige Grundschulklassen gilt, sollte auf der weiterführenden Schule nicht anders aussehen: Wie viel Anstrengungen hatte es von den siebziger Jahren an gekostet, die Zeugnisse des ersten und dann des zweiten Schuljahres notenfrei zu machen! Der Einwand dagegen war identisch mit dem von heute: Die Lernmotivation der Kinder würde sinken. Inzwischen ist klar, dass das Unsinn ist. Warum also die weitere Befreiung von der Ziffern-Zensur nicht vorantreiben? Statt ein paar Zahlen brauchen wir auch für ältere Kinder ein dreidimensionales Bild ihrer Persönlichkeit und keinen maschinenlesbaren Ziffern-Code.

Nicht anders sollten die Abschlusszeugnisse aussehen. Sie sollten ein differenziertes Bild vom Lernen, Können und der Persönlichkeit eines Schülers abgeben. Dies gilt für ein Abgangszeugnis nach dem zehnten Schuljahr genauso wie für ein Abiturzeugnis. Statt einer konventionellen Abiturprüfung wäre zu empfehlen, ein konkretes Projekt zu begutachten, das der Schüler im letzten Schuljahr entwickelt hat – dies kann von einem Sonderprogramm in Mathematik auf höheren Stufen bis zu einem künstlerischen oder musischen Projekt reichen. In jedem Fall sollte es Kreativität und Eigensinn dokumentieren. Das Zeugnis bestünde dann aus beidem, einer Gesamtbegutachtung und einer Projektbegutachtung (wie es zum Beispiel in Dänemark praktiziert wird).

Für die Bewerbung an einer Universität ist ein derartiges Zeugnis ebenso ein Gewinn wie für eine Tischlerlehre oder eine Ausbildung zum Krankenpfleger. Die Universitäten bekommen nun bereits einen differenzierten Eindruck.

Es steht zu erwarten, dass der Numerus clausus – die albernste Erfindung, seit es Universitäten gibt – sicher bald verschwinden wird. Inwiefern befähigt es einen jungen Menschen zum Medizinstudium, dass er in jedem Fach eine Eins auf dem Zeugnis stehen hat? Verrät uns das etwas über sein Empathievermögen und sein Geschick, mit Tupfer und Skalpell umzugehen? Und mag nicht ein anderer, mit schlechteren Zeugnisnoten in Französisch und Physik, ein sehr viel besserer Helfer der Menschheit sein? Der Numerus clausus ist und war eine Verlegenheitslösung, da man den Andrang an den Universitäten für bestimmte Fächer abwehren musste. Wenn aber in Zukunft bessere Auskünfte über etwaige Studenten bereitstehen, wird er so überflüssig werden wie die Ziffern-Zensur.

Für die Berufswelt sind Ziffern-Zensuren auf dem Abiturzeugnis ohnehin von keiner Bedeutung. Hier zählen Qualitäten wie Führungsstärke, Begeisterungsfähigkeit, Teamgeist, Flexibilität oder die Fähigkeit, andere mitzureißen, von denen ein herkömmliches Zeugnis nichts weiß. Sie aber sind, neben Glück und Beziehungen, die Schlüsselkriterien für den beruflichen Erfolg.

Bessere Schulen

You see things; and you say, »Why?«
But I dream things that never were; and I say, »Why not?«
George Bernard Shaw

Eine optimale Schule?

Gibt es eine optimale Schule? Natürlich nicht! Denn eine optimale Schule wäre eine Schule, die von jedem Lehrer und jedem Schüler als optimal empfunden wird. Doch wo immer es um die Empfindungen von Menschen geht, gibt es nichts, das für alle zu jeder Zeit optimal ist.

Das Ziel ist keine optimale Schule. Aber nach all dem, was wir aus der Hirnforschung, der Entwicklungs- und der Lernpsychologie wissen, kann man von einem »gehirngerechteren Lernen« ausgehen und einem, das den Spielregeln des nachhaltigen Lernens widerspricht. Da die Gehirne von Menschen nicht gleich sind, existieren auch hier keine Patentrezepte. Aber es sind durchaus klare Tendenzen zu erkennen.

Was also wäre eine gute Schule? Und wie können wir unsere Schulen besser machen? Das Leistungsniveau steigern bedeutet vor allem eines: Nicht schneller lernen und nicht mehr Schulstoff, sondern langsamer lernen, tiefer, eindringlicher, und in jenen Wissensgebieten, die dafür geeignet sind, individueller.

Gutes Lernen, so könnte man sagen, ist wie guter Sex: Nicht auf die Athletik kommt es an, auf Tempo und Frequenz, sondern auf die Eindringlichkeit, die individuelle Variation und den nachhaltigen positiven Effekt auf unsere Psyche. Der Vergleich ist schon deshalb nicht weit hergeholt, weil es sich bei allen Erregungen unseres Gemüts immer um das gleiche Belohnungszentrum handelt, das ein jedes Mal (mit leichten Unterschieden in den chemischen Cocktails) aktiviert wird.

Man stelle sich eine Schule vor, bei der unsere Kinder und Jugendlichen tatsächlich nachhaltig lernen. Eine Schule, bei der man nicht von 100 Prozent Wissensstoff ein paar Jahre später noch ein Prozent in Erinnerung hat. Eine Schule, in der man so lernt, dass man statt losen Brocken und toten Phrasen tatsächlich viele Zusammenhänge behält. Eine Schule, bei der man von der Hälfte des bisherigen Stoffs noch mindestens 10 Prozent so entsinnt, dass es Teil der eigenen Bildungsbiografie geworden ist. Es geht um mehr Qualität bei weniger Quantität und um mehr Nachhaltigkeit statt Kurzfristigkeit. Kurz: Es geht um ein höheres Bildungsniveau!

Doch wie erreicht man das? Gibt es hier ein Modell oder doch wenigstens empirisch gut abgesicherte Erkenntnisse, welche Konzepte und Methoden funktionieren und welche nicht? Existieren Fakten statt Meinungen und ideologisch gefärbter Weltanschauungen?

Die ehrliche Antwort ist: nicht wirklich! Jedenfalls nicht, wenn man den Wert empirischer Forschungen auf diesem Gebiet realistisch einzuschätzen gelernt hat. Wer hingegen die messbare Seite der Welt für die Welt hält und somit die messbare Bildung für Bildung, der folgt dem neuseeländischen Bildungsforscher John Hattie von der University of Melbourne. Sein Mess-Projekt ist das mit Abstand größte, das je zur Frage nach einem guten Unterricht gemacht wurde.[128] Mehr als 50 000 Einzeluntersuchungen in aller Welt hat Hattie ausgewertet, dazu achthundert Meta-Analysen. Über fünfzehn Jahre lang wurde analysiert, was

Forscher an insgesamt 250 Millionen Schülern herausgefunden haben wollen.

Das Ergebnis ist das sogenannte »Hattie-Ranking« von den schädlichen pädagogischen Konzepten und Faktoren hin zu den nützlichen. Nach Hattie verläuft diese Line wie folgt: *Schädlich* sind Sitzenbleiben, übermäßiges Fernsehen und lange Sommerferien. Was *nicht schadet, aber auch nicht hilft,* sind offener Unterricht, jahrgangsübergreifender Unterricht und webbasiertes Lehren und Lernen. Was nur *gering hilft,* sind kleine Klassen, eine bessere finanzielle Ausstattung, entdeckendes Lernen und Hausaufgaben. Was dagegen *hilft,* sind regelmäßige Leistungsüberprüfungen, vorschulische Fördermaßnahmen, lehrergeleiteter Unterricht und Zusatzangebote für starke Schüler. Und was *richtig hilft,* ist ein starkes Lehrerfeedback, problemlösender Unterricht, eine fachspezifische Lehrerfortbildung, Programme zur Leseförderung und ein vertrauensvolles Verhältnis zwischen Lehrkraft und Schüler.

Vieles von dem, was Hattie herausgefunden zu haben glaubt, klingt plausibel. Dass Sitzenbleiben keine nachhaltig gute Idee der Pädagogik ist, wird nicht überraschen. Und dass problemlösender Unterricht die intrinsische Motivation stärker einheizt als reines »Fächer«-Lernen, ist auch klar. Doch leider verblasst der Anschein des Wissenschaftlichen, des Überprüften und exakt Gewogenen sehr schnell, wenn man japanische Studien mit Befragungen in Dänemark und Detailstudien aus den USA in einen Topf wirft. Denn die verschiedenen Schulformen, Kulturen, soziale Rahmenbedingungen, Mentalitäten lassen sich nicht miteinander verkochen, ohne dass es stinkt. Ein Schüler in Taiwan meint etwas anderes, wenn er nach »entdeckendem Lernen« gefragt wird, als ein deutscher Waldorfschüler. Und der »lehrergeleitete Unterricht« hat überall in der Welt ein anderes Gesicht;

er war ja selbst in Deutschland vor dreißig Jahren nicht ganz das Gleiche wie heute. Und das meiste Relevante, das über den Bildungserfolg eines Menschen entscheidet, entzieht sich, wie gezeigt, ohnehin der Messbarkeit. Ob der Unterricht nachhaltig war, also ob man zehn Jahre später noch viele Zusammenhänge im Kopf hat, bleibt ebenso außen vor wie die gesamte avisierte Bildung zur Persönlichkeit.

»Wann immer auf Mikro-Ebene gewonnene Erkenntnisse auf eine Makro-Ebene gebracht werden«, meinte Siegfried Kracauer, »treten die Einzelheiten beschädigt darunter hervor.« Erschwerend kommt hinzu, dass Hattie seine 50 000 Studien auch in fünfzehn Jahren nicht hat alle selbst lesen können. Stattdessen musste er deren Sichtung und Auswertung dem Computer überlassen. Eine solch emotionslose Auswertung von nuancierten Seelenregungen einzelner Schüler erinnert stark an den alten Statistik-Witz: Wenn einer einen Apfel zu viel und der andere einen zu wenig hat, besagt die statistische Mitte, dass beide keinen haben.

Die Empirie erlöst die Schulpädagogen und Schulplaner nicht aus der Welt der Meinungen! Natürlich muss Hatties Bewertung des webbasierten Lernens so schwach ausfallen, wenn man bedenkt, wie *E-Learning* noch vor zehn Jahren aussah. Und gewiss ist jahrgangsübergreifender Unterricht auch nicht per se sinnvoll, sondern vor allem bei stark individualisiertem und projektbezogenem Arbeiten. Das Entscheidende, das Hattie nicht hat messen können, wenn er 138 Einflussfaktoren isoliert, die zum Lernerfolg beitragen, ist: *In einem guten Schulkonzept und in einem guten Unterricht müssen die verschiedenen Zahnräder gut aufeinander eingestellt ineinandergreifen!* Isolierte Einflussfaktoren dagegen sind ziemlich uninteressant.

Man mag sich das Ganze in etwa so vorstellen: Was passiert,

wenn man mit einem normalen Straßenfahrzeug ein Formel-1-Rennen bestreiten möchte? Natürlich muss man als Erstes den Motor auswechseln oder tunen, damit der Wagen über dreihundert Stundenkilometer fährt. Doch wenn man das tut, hat man noch lange keinen Rennwagen, sondern fliegt mit Volldampf aus der Kurve. Also muss man den Wagen zusätzlich tieferlegen und die Karosserie stabilisieren. Selbst das aber führt noch nicht zu einem Sieg im Rennen, denn so ein Auto muss man auch fahren können. Ein normaler Kraftfahrer ist damit überfordert, es braucht einen Könner, der genau für diese Aufgabe ausgebildet ist. Und damit er tatsächlich eine Chance hat zu gewinnen, benötigt er noch ein Team für den Boxenstopp usw. Wahrscheinlich ist es bei alledem besser, man tunt nicht seinen Straßen-Pkw, sondern bildet ein Expertenteam und konstruiert von Anfang an einen passenden Rennwagen.

Man stelle sich nun einmal vor, man mäße während des ganzen Umbaus, was denn nun am wichtigsten gewesen sein soll: der Motor, das Tieferlegen, die Achsenverstärkung, der Fahrer oder das Team? Ein witzloses Unterfangen! Und nicht anders verhält es sich mit der Hattie-Studie. Doch so wissenschaftlich bedenklich sie auch ist, die Untersuchung ist Wasser auf die Mühlen jener, die das Schulsystem nicht ändern wollen, weil es im Grunde ja doch nur auf den Lehrer ankommen soll. Bedauerlicherweise verstärkt die Studie damit jenen Grabenkampf zwischen denen, die das System ändern wollen, und denen, die alles nur für eine Sache des Lehrers und seiner Fachausbildung (was immer das sein soll) halten. Meist ist es die Front der Linken, die die Systemfrage stellt, um Ganztags- und Gesamtschulen durchzusetzen, gegen die Front der Konservativen, die das System belassen will, wie es ist (besonders seine Gymnasien), und stattdessen bessere Lehrer, mehr Lern-Effizienz und keine

Ganztagsschulen einklagt. Für die einen ist es eine *Systemfrage*, und für die anderen eine *Personalfrage*. Der unmittelbare Zusammenhang zwischen beidem bleibt dabei die erdabgewandte Seite des Mondes. Und was völlig zu kurz kommt, ist die Frage: *Wie* lernen wir *was* und *warum*?

Viel mehr als aus Hatties Studie lernt man von den Erfahrungen, die mutige und phantasievolle Schulen auch in Deutschland mit ungewöhnlichen Ideen, hoch motivierten Lehrern und gut aufeinander abgestimmten Konzepten gemacht haben, beispielgebende »Pionierschulen« wie etwa die Jenaplan-Schule in Jena, die Bodensee-Schule St. Marin in Friedrichshafen, die Montessori-Gesamtschule in Potsdam oder die Max-Brauer-Schule Hamburg. »Treibhäuser der Zukunft« nennt sie der Bildungsexperte Reinhard Kahl.[129]

Alle guten Ideen zu einem neuen »gehirngerechten« Lernen funktionieren nur, wenn sie auf ganz anders ausgebildete, aufgeschlossene und vor allem phantasiebegabte Lehrer treffen, deren natürliche Autorität aus einer überzeugenden Persönlichkeit stammt. Bessere Schulen brauchen einen bessere Rahmen *und* ein im Schnitt besseres Personal als heute. Ansonsten werden viele gute Ideen und Konzepte des »gehirngerechten« Lernens nicht greifen können.

Es wird im Folgenden darum gehen, Vorschläge und Anregungen zu einer solchen anderen Struktur zu machen. Teile davon sind alt, andere neu. Manches ist bereits in anderen Ländern und gelegentlich auch an einigen Schulen bei uns realisiert, anderes bislang kaum. Selbstverständlich ist all dies kein Masterplan, sondern eher ein Modell des Zusammenspiels der überzeugendsten Ideen. Ein Fundus an miteinander verknüpften Anregungen. Ein Selbstbedienungsladen, wenn man so will, für aufgeklärte Pädagogen, Schulleiter und Schulentwickler. Eine gute Schule entsteht nicht am Reißbrett oder in der Fantasie eines Einzelnen, sondern sie entsteht in der Praxis: aus der Weisheit der vielen, allen voran den Ideen von Lehrern, Eltern und Schülern.

Zehn Prinzipien

Die Mezquita in Córdoba ist heute eine katholische Kathedrale. Viereinhalb Jahrhunderte hinweg war sie eine Moschee, eine der größten und schönsten der Welt. Ihre braun-weiß unterteilten Hufeisenbögen mit ihren 856 Säulen verzaubern und entrücken den Bau ins Spirituelle; es ist ein Ort der Meditation und der Kontemplation. Als die Spanier im Jahr 1236 Córdoba von den Mauren zurückeroberten, weihten sie die Moschee um zu einer christlichen Kirche. Doch der maurische Stil blieb den Eroberern stets ein Dorn im Auge. Im 16. Jahrhundert schließlich ließ man die Säulen und Bögen in der Mitte der Mezquita abreißen und setzte eine große christliche Kirche im halb gotischen, halb Renaissance-Stil mitten hinein. Als Kaiser Karl V. das Architektur-Desaster sah, erging es ihm, der Legende nach, ähnlich wie dem heutigen Besucher: »Ihr habt«, soll der Kaiser gesagt haben, »etwas erbaut, was es andernorts schon gibt, und dafür habt ihr etwas zerstört, was einmalig in der Welt war.«

Auch wenn das konventionelle Schulsystem keine zauberhafte Moschee ist, sondern eher ein schmuckloser Funktionsbau, und auch wenn die neue Schule ein Schmuckstück werden soll – die Lehre, die man aus dem Umbau der Mezquita ziehen kann, lautet: Es gibt Dinge, die kann man nicht integrieren, ohne dass man es am Ende keinem recht macht. Manche Umbauten lassen sich nicht halb oder zu einem Viertel durchführen. Ein Computerraum in der Schule ermöglicht noch kein *Mastery Learning*, ein Fach »Lernen lernen« verändert nicht das Lernen, ein paar zusätzliche Projekte ergeben noch keinen projektbezogenen Unterricht; ein Selbsteinschätzungsbogen bei gleichzeitig unverändertem Benotungssystem erzeugt noch keine intrinsische Motivation; ein bisschen Gruppenarbeit im Jahrgangsklassenzimmer führt nicht dazu, dass ein Kind teamfähig wird; ein paar neue Sport-AGs lassen das Lernen in der Schule nicht »körperlicher« werden usw. All das muss man *ganz* machen, sonst knirscht es im Gebälk. Ein Umbau von der erforderlichen Größenordnung ist auch keine rein technische Herausforderung; er verlangt einen Geist auf der Grundlage von klaren Prinzipien.

Seit Maria Montessoris Vorstellung vom Kind als »Baumeister seines Selbst« ist es eine kluge Einsicht, Kinder nicht mehr »belehren zu wollen«, sondern ihnen zu helfen, sich etwas beizubringen. Dafür gilt als erstes Gebot, die *intrinsische Motivation* des Kindes nicht zu zerstören, sondern sie zu *pflegen*. Eine gute Pflege besteht dabei gewiss nicht darin, Kinder mit Angeboten zuzuballern, wie manche Eltern dies heute tun, sondern unter anderem im rechtzeitigen Rückzug der Lernbegleiter. Kinder müssen sich auch langweilen dürfen, allerdings nicht gerade deshalb, weil man sie mit schlechtem Unterricht traktiert. Dabei unterstützend tätig zu werden, das Potenzial eines Kindes zu entfalten, heißt weder, es überfordernd allein zu lassen, noch es an jeder erdenklichen Stelle zu sichten, es hervorzuzerren und zu vernutzen. Die intrinsische Motivation ist eine sensible Pflanze. Sie stirbt, wenn man sie nicht mit Anregungen gießt, aber man kann sie auch leicht überdüngen und ertränken.

Das zweite Prinzip besteht darin, ein Kind *individuell lernen* zu lassen. Was Washburne unter *Mastery Learning* verstand und was Bildungs-Entrepreneure wie Khan zu phantastischer Lernsoftware entwickelt haben, ist nichts anderes als die moderne

Form einer alten Forderung, nämlich sich nach den Bedürfnissen, den Begabungen und dem Lerntempo eines jungen Menschen zu richten und ihn dazu zu befähigen, dieses Tempo selbst zu steuern. Ob man dazu wie früher in einer Bibliothek stöbert und von Buch zu Buch wandert oder sich heute in den digitalen Labyrinthen des Internets vorwärtsforscht, ist in der Sache letztlich das Gleiche. Nur dass es heute weniger sinnlich, dafür aber erheblich einfacher und schneller geworden ist. Wer auf diese Weise seine Neugier befriedigt und spielerisch lernt, erlebt die Freude der Selbstständigkeit und entwickelt fortschreitend Selbstvertrauen. Und was unter diesen psychologischen Umständen gelernt wird, hat weit bessere Chancen, für das Leben erhalten zu bleiben, als vieles Lernen im standardisierten Klassenzimmerunterricht. Wenn der Lehrer dazu als Coach Hilfestellungen leistet und allzu viele verlockende Ablenkungen unterbindet, ist einem optimalen aufbauenden Lernen in einigen Wissensgebieten keine Grenze gesetzt. Desgleichen gilt für die wechselseitige Hilfe und das Anspornen durch jahrgangsübergreifende Mitschüler.

Das dritte Prinzip bedeutet, die Welt des Wissens nicht einfach als Stoff oder Fach zu sehen und damit innerhalb eines beengten Rahmens zu lernen. Den »Stoff«, so meinte einmal Reinhard Kahl, »solle man besser den Dealern überlassen«. Statt um den Stoff geht es um das *Verstehen von Sinn und Sinnlichkeit der Dinge und der Zusammenhänge* dieser Welt. Vieles lernt sich einfacher und lieber und wird auch besser erinnert, wenn das Lernziel nachvollziehbar oder gar spannend ist. Die Erkenntnisse aus dem individualisierten Lernen können hier einfließen und weitere wechselseitige Neugier entfachen. So lassen sich viele Bereiche der Geografie, der Geschichte, der Physik, der Chemie, der Biologie, der Ökonomie und der Politik am besten in

Projekten verstehen, die schließlich sogar zu *eigenen* Projekten führen können.

Das vierte Prinzip ist die *Bindung*. Es ist eine gut belegte Einsicht der Lernpsychologie, dass Kinder und Jugendliche umso freudiger und leichter lernen, je stärker sie sich in einer Gemeinschaft aufgehoben fühlen. Die Frage ist nur, ob dies tatsächlich Jahrgangsklassen sein müssen. Was für die ersten vier bis sechs Schuljahre sicherlich sinnvoll ist, sollte nicht für die gesamte Schulzeit gelten müssen. Spätestens mit dem siebten Schuljahr finden sich Freundschaften auch schnell jahrgangsübergreifend (die älteren Jungen sind ohnehin interessanter für die Mädchen). Freunde schützen und helfen, sozial schwierige Situationen abzufedern und besser zu meistern. Wichtiger als das genau gleiche Alter sind dabei ähnliche Interessen, die sich zu Lernteams organisieren lassen und Freundschaften begünstigen. Man sollte hier keiner allzu romantischen Idee von Klassengemeinschaften nachhängen – selbst wenn es gute Klassengemeinschaften gibt, so gleichen sie zumeist doch eher Notgemeinschaften als Wahlverwandtschaften. Und nahezu jede dieser Jahrgangsklassen kennt ihre Außenseiter und Zu-kurz-Gekommenen. Freundschaften klassenübergreifend zu schließen und auszuleben, geht im neuen Modell entschieden leichter.

Das fünfte Prinzip besteht darin, an unseren Schulen eine *Beziehungs- und Verantwortungskultur* zu schaffen – und zwar nicht nur rhetorisch, sondern organisatorisch. In einer konventionellen Schule gibt es einen Schulleiter und darunter ein Kollegium von vielleicht hundert Lehrern. Eine intensive Arbeitsbeziehung zwischen Schulleitung und Lehrern entsteht auf diese Weise eher selten oder gar nicht; man kennt sich oft nur flüchtig. Das Gleiche gilt für das Verhältnis von Lehrern und Schülern. Der Chemielehrer, der eine Klasse für ein Jahr unterrichtet und im nächsten Jahr eine andere übernimmt, hat kaum die Möglichkeit, mehr über seine Schüler zu erfahren, geschweige denn sich persönlich für sie verantwortlich zu fühlen. Deshalb ist es notwendig, den Schulkörper zu untergliedern in einzelne Lernhäuser. Von der ersten bis zur zehnten Klasse gehören die Schüler des Zuges A einem Lernhaus an, die Schüler des Zuges B einem anderen und so weiter. Jedes Lernhaus wird von einem Lernhausleiter betreut und verantwortet. Der Schulleiter bekommt damit Ansprechpartner auf einer Zwischenebene, die alle gut ihr Haus kennen, darunter die Schüler wie die Lehrer. Statt mit einem anonymen Lehrerkollegium haben wir es nun mit mehreren kleineren Kollegien zu tun, die als Teams in den Lernhäusern verortet sind. Die Schüler behalten diese Lehrer von der ersten bis zur zehnten Klasse, sodass sich echte Beziehungen und wirkliches Verantwortungsgefühl entwickeln können. Kompetition, die durch den Wegfall des Ziffernsystems nicht mehr innerhalb einer Jahrgangsklasse stattfindet, gibt es jetzt als spielerischen Wettbewerb zwischen den Lernhäusern, die auf Vorleseturnieren oder im Kopfrechnen gegeneinander antreten können, wenn sie mögen.

Ein sechstes Prinzip besteht darin, *Werte und Wertschätzung* zu fördern. Damit Schüler sich mit ihrer Schule beziehungsweise mit ihrem Lernhaus identifizieren, muss es Zeichen und Strukturen geben, die diese Schule und das jeweilige Lernhaus zu etwas »Besonderem« machen, etwas Unverwechselbarem. Wer sich seiner Schule gern zugehörig fühlt, vielleicht sogar stolz auf sie ist, wird sich normalerweise auch anders gegenüber Lehrern und Mitschülern verhalten. Die Schule kann dazu beitragen, indem sie Rituale pflegt, die den Schulalltag strukturieren und bestimmte Ereignisse hervorheben. Solche Rituale sind umso notwendiger, je weniger die Elternhäuser der Kinder noch Rituale haben (wie feste Mahlzeiten, religiöse Feste, regelmäßiges Beisammensein etc.). Hier kann die Schule helfen, den Sinn für Strukturen und Bedeutsamkeiten zu pflegen. Sie tun nicht nur dem Zusammenleben gut, sondern gehören zu jedem erfüllten Leben dazu.

Aus einem augenscheinlichen Nichts Bedeutungen zu erzeugen, gehört zu den großartigsten Fähigkeiten des Menschen. Sie machen das Dasein spannend, ohne dass man dafür auf ständige Außenreize angewiesen ist. Eine solche Bedeutung entsteht auch durch das Bilden von Teams, in denen man stolz aufeinander ist und sich wechselseitig inspiriert und motiviert. Die angelsächsischen Schulen und Universitäten kennen das Geheimnis solcher Teams schon seit sehr langer Zeit, einschließlich der dazugehörigen Initiations- und Abschiedsrituale, Bräuche und Traditionen. Fast jedes Kind kennt sie heute aus *Harry Potter*. Ein bisschen Hogwarts tut jeder Schule gut. Und nicht zuletzt sollte man (trotz der bekannten Einwände) sehr ernsthaft darüber nachdenken, Schuluniformen einzuführen. Die Vorteile überwiegen ganz entschieden gegenüber den Nachteilen. Wer seine Schule als einen Ort sieht, der die inneren Werte seiner Schüler fördern will, sollte überlegen, wie groß der Stellenwert materieller Äußerlichkeit in einer Schulgemeinschaft sein soll. Eine Schuluniform verringert nicht nur die sichtbaren sozialen Unterschiede, sie befreit ebenso von dem alltäglichen Terror des Markenfetischismus auf unseren Schulhöfen (eine Erlösung auch für viele Eltern). In diesem Sinne unterstützen Schuluniformen eine soziale Anerkennungskultur, die sich nicht primär auf Äußerlichkeiten richtet.

Das siebte Prinzip betrifft eine *lernfreundliche Schularchitektur*. Die meisten konventionellen Schulgebäude erinnern an Krankenhäuser, Finanzämter oder Kasernen. Lange phantasieverlassene Flure, von denen in Reih und Glied Zimmer ausgehen. Als man damit begann, solche Schulen zu bauen, wusste man nahezu nichts über das Lernen und fast ebenso wenig über die Psychologie von Kindern. Vorbild waren Verwaltung und Militär. Eine moderne Schule dagegen orientiert ihre Architektur an den Bedürfnissen lernender Menschen. Die Unterteilung der Schule in Lernhäuser beinhaltet, dass die Schularchitektur dezentral ausgerichtet ist, organisiert rund um einen Campus als Mittelpunkt. Sie schafft Nischen und Rückzugsorte, aber auch Begegnungsräume. Eine moderne Schule ist keine optische Verwaltungseinheit, sondern bildet die Wissensgesellschaft ab. Sie ist ein Netzwerk an architektonischen Beziehungen.

Ein achtes Prinzip besteht darin, die *Konzentrationsfähigkeit* zu trainieren und zu pflegen. Je mehr es in der Welt unserer Kinder und Jugendlichen »piept, ploppt, twittert und livetickert« (Sußebach), umso wichtiger wird es, die Kunst zu beherrschen, sich vor solchem Aufmerksamkeitsraub zu schützen. Noch nie in der Geschichte der Menschheit wurden heranwachsende Gehirne von so viel Reizen bestürmt und überflutet wie heute. Dass viele Kinder damit so überfordert sind, dass sie die Fähigkeit verlieren, sich dem zu entziehen, darf nicht verwundern. Sie verlernen, nein zu sagen und länger bei einer Sache zu bleiben. Und je mehr Elternhäuser hier versagen oder aufgeben, umso wichtiger wird die Aufgabe der Schule, für Konzentration und Stille zu sorgen. Dringend erforderlich ist ein Training, das vom ersten Schuljahr an und durch die ganze weiterführende Schule unseren Kindern hilft, sich zu sammeln, zur Ruhe zu kommen, sein eigenes Tun zu reflektieren, sich selbst besser zu verstehen. Ob man dieses Coaching nun »Glück« nennt, »Lebenskunst« oder »Philosophie«, ist dabei vergleichsweise egal.

Ein neuntes Grundprinzip betrifft die *persönlichen Bewertun-*

gen von Schülerleistungen. Wie gezeigt, wird das Ziffernsystem der Persönlichkeit unserer Kinder nicht gerecht. Es stammt aus einer psychologisch und pädagogisch uninformierteren Epoche, trägt maßgeblich zum Korrumpierungseffekt bei und gehört definitiv nicht mehr ins 21. Jahrhundert. Deshalb ist es höchste Zeit, es durch gegenwärtigere Bewertungen zu ersetzen – und zwar nicht als Ergänzung, sondern tatsächlich als Nachfolge. An ihre Stelle tritt ein sorgsames, auf die Individualität des Kindes bezogenes Monitoring. Dieses Monitoring schließt weder spielerischen Wettbewerb aus noch kodifizierte Anerkennungssysteme. Doch alles, was an Punkten, Symbolen, Meriten usw. verteilt wird, hat seine Bedeutung nur *intern*. Es klassifiziert das Leistungsvermögen eines Schülers nicht für einen Außenstehenden.

Das zehnte Prinzip ist die *Ganztagsschule*. Wer Bildungsgerechtigkeit nicht nur beschwört, sondern ernst nimmt, kommt nicht umhin, den schädlichen Einfluss mancher Elternhäuser auf den Lernerfolg zu verringern. Das aber geht nur, wenn alles in der Schule relevante Lernen auch tatsächlich in der Schule geschieht und nicht etwa bei Hausaufgaben oder im außerschulischen Nachhilfeunterricht. Solche Mittel der sozialen Selektion müssen unterbunden werden, um Bildungsgerechtigkeit zu ermöglichen. Für die Schüler bedeutet eine verbindliche Schulzeit bis 16 Uhr gegenüber einer Halbtagsschule schon deswegen keine längere Lernbelastung, weil die Hausaufgaben wegfallen beziehungsweise als Schulaufgaben in der Schule erledigt werden. Ein Kind, das nachmittags aus der Schule kommt, hat tatsächlich »frei«. Und das Gleiche gilt für die Lehrer.

Die Schule der Zukunft kümmert sich vollständig um die Lernbiografie, statt sie, wie bisher, zu einem erheblichen Teil der Willkür, dem Vermögen und dem Unvermögen von Elternhäusern zu überlassen. Und sie ist, im Gegensatz zur bestehenden Praxis von deutschen Ganztagsschulen, auch für das ganztägige Lernen verantwortlich, vormittags wie nachmittags. Was jetzt noch hoch problematisch in Lernen und Betreuen mit unterschiedlichen Zuständigkeiten und Finanzierungen zerfällt, sollte in Zukunft aus einem Guss geschmiedet sein.

Die organisatorischen Strukturen einer solchen Zukunftsschule sehen demnach wie folgt aus: ein flächendeckendes Kita-Angebot für alle Kinder in Deutschland vom zweiten Lebensjahr an. Eine Kindergartenpflicht vom dritten Lebensjahr an. Eine gemeinsame Schule für alle bis einschließlich des zehnten Schuljahrs. Eine Auflösung der Jahrgangsklassen nach dem vierten oder sechsten Schuljahr. Ein Abenteuerprojektjahr im achten Schuljahr. Eine Trennung nach dem zehnten Schuljahr in die gymnasiale Oberstufe oder in eine Lehre mit weiterer schulischer Begleitung. Und eine eigene Berufsförderschule mit Lehre für diejenigen, die den Anforderungen des zehnten Schuljahrs nicht gerecht wurden, mit dem Ziel, den gleichen Abschluss auf diese Weise zu schaffen. Jedes dieser Elemente möchte ich im Folgenden näher vorstellen und begründen.

Kindergartenpflicht

Warum müssen Kinder in Deutschland überhaupt in die Schule gehen? Gibt es keine andere Lösung? Freiheitlicher, individueller, ohne staatlichen Zwang? Reicht es nicht aus, wenn man die Schulpflicht durch eine »Bildungspflicht« ersetzt? Für diese Idee kämpft seit 2006 das »Netzwerk Bildungsfreiheit«. Wichtigstes Argument ist Artikel 26 (3) der Allgemeinen Erklärung der Menschenrechte. Danach haben Eltern »das vorrangige Recht, die Art der Bildung und Erziehung, die ihre Kinder erhalten sollen, zu wählen«. Von einer Schulpflicht ist hier nicht die Rede, nur von der Verpflichtung der Eltern, für die Bildung ihrer Kinder zu sorgen. Kann man das nicht auch ohne Schulbesuch?

Vielleicht sollte ich meinen Sohn zu Hause bilden? So wie der englische Philosoph John Stuart Mill im 19. Jahrhundert von seinem Vater nach allen Regeln der Kunst zu einem Genie herangezüchtet wurde. Was die Schule kann, können wir beim intensiven Privat- und Einzelunterricht allemal besser. Haben Organisationen wie der »Bundesverband Natürlich Lernen! e. V.«, die »Stiftung Netzwerk Hochbegabung«, das »Europäische Forum für Freiheit im Bildungswesen«, der Verein »Schulbildung in Familieninitiative e. V.« und so weiter darin recht? Und sollte man dem Schriftsteller Hans Magnus Enzensberger zustimmen, der Anfang der achtziger Jahre ein »Plädoyer für den Hauslehrer« und gegen die »Fürsorgeknäste« unserer Schulen hielt?[130]

Nun muss nicht jeder, der sich für einen guten Hauslehrer hält, dies auch sein, wenn er völlig unkontrolliert sein Curriculum an seinen Kindern durchexerziert. Aber das ist gewiss nur ein Nebenaspekt. Der tatsächliche Grund, warum die Bildungspflicht statt der Schulpflicht so abwegig ist, stellt sich als ein anderer dar: Sie ist in jeder Hinsicht *asozial*. Man erinnere sich an Humboldt, der nicht nur bilden, sondern *Staatsbürger* bilden wollte. Staatsbürger aber wird man nicht durch theoretische Einsichten, sondern durch praktiziertes Zusammenleben. Die Aufgabe der Schule ist nicht nur, Wissen zu vermitteln und Zeugnisse mit Stempeln auszuteilen. Sie soll auch das soziale Miteinander der Kinder und Jugendlichen fördern und ihnen helfen, es zu trainieren. Aus der Sicht der meisten Kinder ist die Schule primär noch nicht einmal Lernort, sondern der Ort, an dem sie ihre Freunde treffen, sich austauschen, sich verlieben, ihr Selbstbewusstsein erproben usw. Private Lernzirkel mit mehreren Kindern sind dazu keine Alternative – sie repräsentieren nur ein stark eingeschränktes Milieu. Man sollte sich einmal überlegen, was wohl aus diesem Land wird, wenn es jedem anheimgestellt wird, Bildung komplett privat zu vermitteln. In den Villenvororten unterrichten nun gut bezahlte Professoren die Kinder, Bildungsbürger gründen Elitezirkel mit kritisch beäugten Starpädagogen, und der Rest ist der Rest. Einübung in demokratische Staatsbürgerlichkeit sieht anders aus. Wenn nur noch die in die Schule gehen, die sich keinen Privatunterricht leisten können, werden alle Schulen über kurz oder lang zu sozialen Brennpunkten. Das Niveau sinkt, und ein staatlicher Schulabschluss verliert seinen Wert. Gute Universitäten nehmen nur noch Privatschüler. Die Mittelschicht legt sich krumm, um den Hauslehrer zu bezahlen. Und radikale Islamisten freuen sich, dass sie ihre Kinder ungestört im eigenen Geiste komplett zu Hause erziehen dürfen. Integration, Solidarität und Gemeinsinn, die Pfeiler unseres demokratischen Staats, zerbröckeln – und auf den Straßen wird es ungemütlich. Wie kann man so etwas im Ernst wollen?

In kaum einem anderen europäischen Land ist das Drängen darauf, den Staat in der Bildung außen vor zu lassen, so stark wie in Deutschland. Grund dafür ist das merkwürdig paradoxe Familienbild in unserem Land. Weil wir in Deutschland traditionell Bildung primär für eine Sache von Mama und Papa halten, ist unser vorschulisches Betreuungs- und Erziehungssystems deutlich schlechter entwickelt als in den meisten anderen OECD-Staaten. *Gerade* weil wir die Institution Familie als eigentlichen Ort der Erziehung so lieben, ist unser Betreuungsangebot so familienfeindlich! Wir schätzen nämlich nicht die Familie mit zwei erwerbstätigen Eltern oder gar mit Alleinerziehenden – wir schätzen die gute alte Fünfziger-Jahre-Familie und beschwören sie als »eigentliche« Familie. Allerdings werden diese »eigentlichen« Familien immer seltener. Und wer nicht dazugehört, bekommt die Konsequenz dieses kitschig-nostalgischen Familienwahns zu spüren: ein hoch defizitäres Kita-System.

In Deutschland ist der Besuch eines Kindergartens keine Pflicht. Die »Schulpflicht« beginnt bei uns damit vergleichsweise spät. Gut begründbar ist das nicht. Fängt der Bildungsgang eines Menschen erst mit sechs Jahren an? Wenn wir die Erkenntnisse der Entwicklungspsychologie ernst nehmen, so werden in den ersten Lebensjahren kognitiv und emotional ganz entscheidende Weichen für das Leben gestellt, die die Ungleichheit im Lernverhalten frühzeitig festlegen. Und was durch das Elternhaus an Anregung, Bindung und Entwicklungsförderung versäumt wird, stellt unsere Schulen später vor die größten Probleme.

Wenn der Besuch des Kindergartens keine Pflicht ist, so bleiben nicht nur Kinder zu Hause, deren Eltern viel Zeit haben, sich um sie zu kümmern. Es gehen auch die Kinder nicht in den Kindergarten, deren Eltern sich darum keine Gedanken machen oder die ihre Kinder aus kulturellen oder religiösen Gründen für sich behalten und abschotten wollen. Dass sie ihren Kindern damit keinen Gefallen tun, ist auch klar. Ein Kind von der öffentlichen Gemeinschaft fernzuhalten, in der es später lange leben muss, schadet sowohl dem Kind als auch der Gemeinschaft. So gehen in Deutschland vor allem jene Kinder nicht in den Kindergarten, die den Besuch am nötigsten haben, zum Beispiel um Deutsch zu lernen oder sich sozial inspirieren und animieren zu lassen.

Gegen dieses Problem hilft (allen juristischen Bedenken zum Trotz) wohl nur eine allgemeine Kindergartenpflicht vom dritten Lebensjahr an. Auch wenn man Eltern verstehen kann, die ihre Kinder in diesem Alter gern bei sich zu Hause behalten möchten – diesen nicht allzu hohen Preis müssen sie für das Allgemeinwohl und die Zukunft des Landes zahlen. Im Übrigen steht zu erwarten, dass sich der Widerstand gegen die Kindergartenpflicht schnell überleben wird. Ist sie erst einmal ein paar Jahre eingeführt, wird sie von fast allen als völlig selbstverständlich angesehen werden.

Daneben sollte man das Kita-Angebot so ausbauen, dass für alle Kinder vom zweiten Lebensjahr an bei Bedarf Plätze bereitstehen; ein Zustand, von dem Deutschland noch immer erschreckend weit entfernt ist, obwohl es finanziell ohne allzu große Schwierigkeiten möglich wäre. Alle im Bundestag vertretenen Parteien wünschen sich einen Bildungserfolg, bei dem möglichst wenige auf der Strecke bleiben. Aber er ist nur dann erreichbar, wenn so viele Kinder wie möglich vorschulische Bildungsinstitutionen besuchen und so früh wie möglich gefördert werden. Und das geschieht am besten bei einer Kindergartenpflicht; alle anderen Lösungen, so die Erfahrung der letzten Jahre, greifen zu kurz.

Die integrative Schule

Deutschland ist sich weitgehend einig, dass jedes Kind eine echte Chance bekommen sollte. Und doch ist es bis heute nicht gelungen, unsere Schulen so umzubauen, dass dies tatsächlich geschieht. Nach dem vierten Schuljahr stellt unser konventionelles Schulsystem bereits die Weichen, und wer einmal auf der Hauptschule gelandet ist, hat es sehr schwer, sich dem Sog des Milieus zu entziehen. Nicht so in den skandinavischen Ländern, wo alle Kinder gemeinsam bis einschließlich des zehnten Schuljahrs lernen. Was Georg Picht sich erträumte, eine integrative Gesamtschule, wurde hier konsequent umgesetzt mit den bekannten Erfolgen. Die skandinavischen Schulsysteme gehören zu den besten *und* gerechtesten der Welt. Gleichzeitig waren die skandinavischen Länder in den letzten Jahrzehnten ökonomisch ausgesprochen erfolgreich. Geld, das in die Bildung investiert wird, spart Sozialkosten, die stattdessen in Forschung und Entwicklung gehen. Auch das Zufriedenheitsniveau dieser Länder im Hinblick auf Gesundheit, Freizeit und Glück ist in vieler Hinsicht vorbildlich und erstrebenswert.

Deutschland ist nicht Schweden, Finnland oder Dänemark. Und nicht alles lässt sich einfach kopieren oder übertragen. Unsere sozialen Ausgangsbedingungen sind definitiv andere. Gleichwohl ist nicht einsichtig, warum der Schritt zur integrativen Gesamtschule nicht auch bei uns endlich gelingen sollte. Je mehr Menschen in einem Land zur Mittelschicht gehören, umso besser ist es um dessen soziales und ökonomisches Klima bestellt. Ein Anwachsen der Schicht derjenigen, die gar keine Perspektive mehr haben, ist dagegen immer ein Indikator eines langfristigen sozialen und ökonomischen Abstiegs.

In dieser besorgniserregenden Lage müssen Schulen vor allem eines: Sie müssen integrativ statt selektiv sein. Dabei reicht es nicht aus, schlicht Hauptschulen und Realschulen zusammenzulegen, wie es in einigen Bundesländern geplant oder bereits gemacht wird. Man braucht nicht viel soziale Fantasie, um sich auszumalen, dass dies nur einen einzigen Effekt haben wird: die Abwertung der Realschule! Das dreigliedrige System lässt sich nicht dadurch retten, dass man seine schwächsten Glieder zusammenlegt. Wer den Überlegungen dieses Buches gefolgt ist, die Jahrgangsklassen nach dem vierten oder sechsten Schuljahr aufzulösen in individuelles Lernen und Projekte, dürfte seine Sorge verlieren, dass ein integratives Schulsystem für alle bis einschließlich des zehnten Schuljahrs den Schulerfolg der besseren Schüler ruiniert. Kein Kind wird dann noch in seiner Entwicklung dadurch behindert, dass es in seinem Lernhaus lernschwächere Kinder gibt. Damit aber fällt das einzige überzeugende Argument weg, warum man Kinder in verschiedene Schulformen sortieren sollte!

Geht es nach Georg Lind, Professor für Psychologie an der Universität Konstanz, dann ist die gegenwärtige »Trennung der Kinder in zig Schulformen« nicht mehr zu verantworten. Diese »Systemprobleme« können »nicht durch isolierte Reformmaßnahmen gelöst werden ... Anders gesagt: Eine Gemeinschaftsschule ist keine ›Gemeinschafts‹-Schule, wenn sie nur für ein paar Prozent der Kinder eingerichtet wird. Sie muss für die ganze Gemeinschaft sein, also für alle Kinder. Wenn die Reform der Schule nicht auf relativ wenige Schulen begrenzt bleiben soll und wenn sie nicht mehr als eine symbolische Reform sein soll, muss dafür ein in sich stimmiges Konzept für das gesamte Schulsystem in Deutschland und am Ende auch für Europa erarbeitet werden – wie das vor Jahren in Schweden und Finnland geschehen ist.«[131]

Wenn Schüler auf genannte Weise gemeinsam lernen, sind Lehrer nicht mehr gezwungen, früh zu selektieren. Einen starken Rückenwind erhält das integrative System auch aus der Intelligenzforschung, weil sich »ein zwei- oder dreigliedriges Schulsystem nicht mit der Normalverteilung der Intelligenz rechtfertigen lässt«.[132] So gibt es zahlreiche Kinder auf Haupt- und Realschulen, deren gemessener IQ höher ist als bei vielen Gymnasiasten. Von daher erscheint es mir sinnvoll, die einzige echte Unterscheidung erst nach der zehnten Klasse vorzunehmen: Wer macht Abitur und erwirbt damit einen Studienzugang, und wer macht eine Lehre? Dabei sollte die Schule die Lehre begleiten (statt einer gesonderten Berufsschule). Und wer sich dabei besonders anstrengt, sollte sich auch beim berufsbegleitenden Lernen eine Zugangsberechtigung zum Studium erarbeiten können – sodass der Abschluss von Lehre und Berufsschule plus Zusatzqualifikationen dem Abitur gleichgestellt werden kann.

Wichtig für dieses Modell ist die Definition von Bildungsstandards für den Abschluss des zehnten Schuljahrs und für das Abitur. Gemäß dem individuellen Lernen und der Projektarbeit werden dabei zwar die Ziele normiert, aber nicht die Wege. Die Kinder und Jugendlichen können ihre Projekte aus einem Angebot frei wählen, wobei ein Pflichtteil in bestimmten Bereichen abgedeckt werden muss. Lernschwächere Kinder werden dabei oft andere Projekte bevorzugen als lernstarke, und praktisch veranlagte Kinder andere als theorieinteressierte. Doch wie auch immer der Bildungsgang verläuft – nach der zehnten Klasse muss jeder Jugendliche sich in Deutsch mündlich und schriftlich gut ausdrücken können und Grundkenntnisse in wichtigen Fremdsprachen haben. Er sollte die historische, politische und ökonomische Dimension seines Lebens verstehen. Er muss ein Grundverständnis von Mathematik und den Naturwissenschaften haben, das ihn befähigt, exakt und abstrakt zu denken. Und der Jugendliche sollte an sich selbst erfahren haben, was es bedeutet, körperlich und geistig kreativ zu sein. Mit diesen Grundkenntnissen und Fähigkeiten sollte er in der Lage sein, selbstständig und selbstbewusst den Herausforderungen zu begegnen, die später im Leben an ihn herantreten – welche Herausforderungen auch immer dies sein werden.

Nun gehört die Definition von Bildungsstandards seit PISA zu den Aufgaben, denen die Kultusministerien in umfangreichen Dossiers gern nachgekommen sind. Doch einen Standard zu definieren und das Erreichen dieses Standards durch *jeden* Schüler als Pflicht oder Bringschuld der Schulen festzulegen, sind zwei verschiedene Dinge. Wer heute in Deutschland unter dem Standard bleibt, nötigt – anders als etwa in Dänemark – keine Schule dazu, sich zu rechtfertigen, warum sie versagt hat. Die Schulen der Zukunft dagegen sollten sich für ihre Schüler verantwortlich fühlen und jedem ein Bildungsminimum garantieren, auch dem »Risikoschüler« mit Migrationshintergrund. Schafft es der Schüler nicht, den Standard nach der zehnten Klasse zu erreichen, sollte es die Pflicht der Schule sein, den Jugendlichen in einer Berufsförderschule neben der Lehre gezielt zu fordern und zu fördern: in kleinen Klassen, unter Mithilfe von Psychologen und Sozialarbeitern und mit den besten in Deutschland zur Verfügung stehenden Lehrern.

Das achte Schuljahr

Im Kapitel über das Lernen war davon die Rede, dass pubertierende Kinder eigentlich nicht in die Schule gehören. Ihre Gehirne stehen in diesem Alter unter Dauerstress. Und die Jugendlichen sind so sehr mit sich selbst, ihrem Aussehen, ihren wahrgenommenen Defiziten, ihren Altersgenossen, ihren geschlechtlichen und ungeschlechtlichen Freundschaften beschäftigt, dass sie dem Unterricht häufig kaum etwas abgewinnen können. Dabei wollen sie nicht weniger lernen als zuvor. Doch was sie jetzt am brennendsten interessiert, ist (von Ausnahmen abgesehen) nicht Geometrie, Grammatik oder Geschichte – sondern es sind sie selbst und ihre soziale Rolle.

In solcher Lage Kinder in ganz normalen Schulklassen in ganz normalen Schulgebäuden zu unterrichten, geht eigentlich nicht an. Jeder Lehrer, der Kinder im entsprechenden Alter etwas beibringen will, kennt das Problem von abwesenden Anwesenden, mangelnder Konzentrationsfähigkeit, sprunghaftem Verhalten, Aggressionen oder offen zur Schau gestellter Lustlosigkeit. Doch was kann man dagegen tun? Da man die Pubertät nicht abschaffen kann, gibt es im Grunde nur eine Lösung: Man muss den Rahmen und die Bedingungen des Unterrichts ändern.

Schon die Reformpädagogen zu Anfang des 20. Jahrhunderts hatten sich darüber Gedanken gemacht, von Montessori bis Kerschensteiner. Im Anschluss daran versuchte sich die Landerziehungsheimbewegung an erlebnispädagogischen Projekten, in denen Kinder und Jugendliche durch Erfahrung in der Natur lernen sollten, was man ihnen theoretisch nur schlecht vermitteln konnte. Doch die Idee geriet nach und nach wieder in Vergessenheit; zu inkompatibel war sie mit dem Tayloristischen Schulsystem. Im Jahr 2006 griff Hartmut von Hentig, der Grandseigneur der deutschen Reformpädagogik, die Idee wieder auf und unterbreitete den Vorschlag eines Pilotprojekts. Danach sollten über eine Laufzeit von zehn Jahren in einer »mittleren kreisfreien Großstadt« Schüler der Klassen sieben bis neun »entschult« werden, um sich in außerschulischen Großprojekten zu verwirklichen. Hentig erträumte sich dabei eine Situation, bei der »an die Stelle von verordnetem Pensum eine möglichst frei zu wählende Lerngelegenheit, an die Stelle von kollektiver Belehrung eine persönliche Bewährung in einem Lebenszusammenhang, an die Stelle von Leistungszwang eine Selbstverpflichtung, an die Stelle des abstrakten Gehorsams ein konkreter Vertrag mit der Gemeinschaft« tritt.[133]

Hentigs Motiv ist weniger der Unwille des pubertierenden Gehirns gegen Stoff, Fächer und Autoritäten, als vielmehr die Angst vor dem Zerfall der Gemeinschaft in Deutschland. Für ihn hat sich die Gesellschaft im fortgeschrittenen bundesdeutschen wie globalen Kapitalismus entsolidarisiert. Je individueller die Menschen wurden und werden, umso weniger begreifen sie sich als Teil einer Gemeinschaft. »Die vollzogene individuelle Emanzipation verdrängt das Bewusstsein von der fortbestehenden Abhängigkeit aller von den Ordnungen und Leistungen des Gemeinwesens. Dieses ist abstrakt geworden; man muss es ›denken‹, man ›erfährt‹ es nicht mehr – außer in seinen negativen Folgen. Die positiven schreibt man seiner eigenen Tüchtigkeit oder derjenigen seiner Gesinnungsgenossen zu.«[134]

Ganz gleich, ob man die »Entschulung« von Pubertierenden entwicklungspsychologisch oder moralisch-politisch begründet – die Pointe ist offensichtlich die gleiche: Man muss sich etwas einfallen lassen, um Jugendliche in der Pubertät ihrem Entwicklungsstand und Reifegrad angemessen zu bilden beziehungsweise ihre Selbstbildung zu begünstigen. Aber wie könnte so etwas aussehen?

Hentig schlägt vor, dass die Schüler wie bei einem Landschulaufenthalt gemeinsam die Schule und das Elternhaus verlassen sollen, um »eine große, vielfältige, sich selbst fortzeugende Aufgabe« zu erfüllen. Ideen für ein solches Selbsterfahrungsprojekt gibt es viele. Eine der schönsten Möglichkeiten ist sicherlich die Erfahrung, mit einer Gemeinschaft von Gleichaltrigen auf große Fahrt mit einem Segelschiff zu gehen, bis in die Karibik oder zu den Galápagos-Inseln. Jugendschiffe wie die *Thor Heyerdahl,* die *Nostra,* die *Johannes Georgi,* die *Undine* und *Fridtjof Nansen* stehen dafür bereit. Eine solche »Gefahren- und Glücksgemeinschaft« (Hentig) schweißt nicht nur zusammen, sondern eignet sich auch hervorragend, um dabei Physik zu lernen, Meteorologie, Geografie, Seekarten zu lesen oder sich mit der Tierwelt der Meere auseinanderzusetzen.

Doch auch augenscheinlich weniger spektakuläre Projekte haben ihren Reiz: einen Film drehen, ein Theaterstück einstudieren, einen Stadtteil erkunden, eine Stadt mit all ihren Funktionen, Ämtern, Behörden usw. simulieren, Fahrzeuge zusammenbauen, ein Stück Wald bewirtschaften und vieles andere mehr. Entscheidend ist die gute Mischung aus Herausforderung, Abenteuer, Gemeinschaft und Unterricht. Denkbar wäre es auch, ein solches Projekt zusammen mit einer befreundeten Schule im Ausland zu machen, um eine Zeit in England, Spanien oder Frankreich zu leben und dort mit ausländischen Schülern seine Fremdsprachenkenntnisse lebendig werden zu lassen und zu verbessern.

Aus meiner Sicht wäre ein solches Abenteuerprojektjahr im achten Schuljahr sinnvoll. Drei Jahre, wie Hentig vorschlägt, sind eindeutig zu viel. Zudem geht Hentig erstaunlicherweise davon aus, dass der »normale« Schulunterricht weiter schematisch in Fächer parzelliert ist und die Pubertätsjahre einen grundsätzlich anderen Unterricht erfordern. In meinem Modell wäre das Abenteuerjahr nur insofern verschieden, als dass man sich größere Projekte außerhalb der Schule sucht – nicht aber in der Tatsache, dass der meiste Unterricht in Form von Projekten stattfindet. Die Jugendlichen wählen dann in ihrem achten Schuljahr aus einem Angebot zwei oder drei Projekte aus, nicht anders als sie schon ihre kleineren Projekte wählen. Das Abenteuerjahr ist dann ein ganz großes Schwungholen für die Motivation in der neunten und zehnten Klasse. An deren Ende steht der allgemeine Abschluss für jeden, bevor sich die Wege trennen.

Dass solche Vorstellungen nicht nur schönes Wunschdenken bleiben müssen, bewies die Schulleiterin Ulrike Kegler an der Montessori-Gesamtschule in Potsdam. Beherzt griff sie Hentigs Vorschlag auf und pachtete mithilfe eines Fördervereins im Januar 2007 ein zwölf Kilometer von der Schule entferntes Gelände am Schlänitzsee. Seitdem rekultivieren pubertierende Jugendliche das vermüllte Exstasi-Gelände mit Sorgfalt und Sachverstand. »Trinkwasser, Toiletten, Strom, Feuerstelle, Behausung, Unterbringungsmöglichkeiten für Tiere, Menschen und Werkzeuge, Boote, Verhandlungen mit den zuständigen Behörden, Akquise von Geldmitteln und viele andere Aufgaben« wurden von den Jugendlichen bewerkstelligt beziehungsweise begleitet.[135] Neunzig Jugendliche und ihre Lehrer wechseln sich im Rhythmus von sieben, acht Wochen in der »Jugendschule« ab – mit großem Erfolg. In etwa fünf Jahren sollen alle Altlasten entsorgt sein, artgerechte Tierställe fertig gebaut und Ackerflächen erfolgreich bewirtschaftet werden. Dabei lernen die Jugendlichen Mathematik bis hin zu den schwierigen Aufgaben der Flächen-, Kreis- und Volumenberechnung. Sie beschäftigen sich »mit den physikalischen Gesetzen von Kraft, Arbeit und Leistung, der Wärme- und Elektrizitätslehre, mit Energiequellen und dem sparsamen Umgang mit Energie, dazu mit Masse, Menge und Hebelgesetzen ... Sich auf der Erde zu orientieren (Astronomie), zu kartieren, vermessen, messen (Niederschläge und Temperaturen), zu untersuchen (Boden, Oberflächenformen) und sich mit Brennstoffen, Transportwegen, Rohstoffen, Armut und Reichtum auseinanderzusetzen, ist vorgeschrieben.«[136] Dazu kommen Biologie, Medizin, Architektur sowie Einblicke in die Geschichte der menschlichen Zivilisation.

Dass solche Erlebnisse *und* ihre Einsichten bei Jugendlichen besser gespeichert werden dürften als ein Fach-Frontalunterricht im Fünfundvierzig-Minuten-Takt in der Schule, bedarf keiner ernsthaften Diskussion. Sollte nicht jede Schule solch ein Abenteuerjahr in den Bildungsgang der Schüler implementieren? Sollte man sich nicht mit aller Kraft darum bemühen, so etwas mithilfe der Stadt, von Fördervereinen und unter Einbezug von helfenden Eltern und anderen Privatpersonen zu schaffen? Doch um all dies zu erreichen, müssen die Schulen vor allem eines sein – so souverän und unabhängig wie möglich von der Bürokratie und den Lehrplänen einer Landesregierung ...

Bildung für alle!

Wer sich nicht in Gefahr begibt, kommt darin um!
Ernst Bloch

Wohlstandsbildung

Dass mehr Bildung zu mehr Wohlstand führt, ist das Glaubensbekenntnis aller im Deutschen Bundestag vertretenen Parteien. Doch die Politik aller Regierungen seit Willy Brandt spricht dem Hohn. Zu gering sind die Bildungsausgaben im internationalen Vergleich, zu unentschieden, zerfasert und von falschen Prioritäten bestimmt die entsprechenden Bildungsanstrengungen. Statt wirklich entschlossen in die Bildung zu investieren, in Ideen und Konzepte, Schulen und Förderungen, gibt es prestigeträchtige Bildungsgipfel, vollmundige Bekenntnisse und Versprechen, ungezählte Sonntagsreden, Gremien, Expertenräte, Einzelmaßnahmen, Initiativen und viele kleine Kleckereien. Und statt jedem Kind eine echte Chance zu ermöglichen, bezahlen wir noch immer lieber dessen künftiges Sozialgeld. Die rasant wachsenden Sozialetats dürfen dann dazu dienen, den vergleichsweise lächerlichen Bildungsetat zu rechtfertigen – es ist ja kein Geld da!

Der reichste Staat, der je auf deutschem Boden existierte, hat nicht allzu viel für die Bildung übrig. 4,2 Prozent des Bundeshaushalts 2012 entfallen für Bildung und Forschung. Das ist, trotz eines Anstiegs in den letzten Jahren, kaum mehr, als die staatliche Finanzverwaltung kostet (4,1 Prozent), und deutlich weniger als die Hälfte der Militärausgaben (10,4 Prozent) – jedes Land setzt seine Prioritäten!

Wenn uns die Bildung so wenig wert ist, haben wir uns dann von der Idee eines »Wohlstands für alle« verabschiedet? Gleich drei Autoren hatten Bücher mit diesem Titel geschrieben: ein Anarchist, ein Jurist und ein Christdemokrat. Der Erste, Pjotr Alexejewitsch Kropotkin (1841–1921), erträumte sich dazu einen herrschaftsfreien Kommunismus mit menschlichem Antlitz. *La conquête du pain (Die Eroberung des Brotes)* hieß das Werk im Original, das sein Schweizer Verlag mit dem Titel *Der Wohlstand für Alle* 1896 auf den Markt brachte. Der Zweite, Ernst Kliemke (1870–1929), konstruierte 1923 unter dem Pseudonym »Heinrich Nienkamp« eine eher sozialdemokratische Utopie: *Wohlstand für alle! Verschmelzung von Kapitalismus und Sozialismus.* 1957 fiel der Titel dann in die Hände des parteilosen Christdemokraten und deutschen Wirtschaftsministers Ludwig Erhard, der darin den Deutschen die Soziale Marktwirtschaft erklärte: »Am Ausgangspunkt stand der Wunsch, über eine breit geschichtete Massenkaufkraft die alte konservative soziale Struktur endgültig zu überwinden. Diese überkommene Hierarchie war auf der einen Seite durch eine dünne Oberschicht, welche sich jeden Konsum leisten konnte, wie andererseits durch eine quantitativ sehr breite Unterschicht mit unzureichender Kaufkraft gekennzeichnet.« Dagegen setzte Erhard sein Konzept, immer mehr Menschen an den Segnungen der Märkte teilhaben zu lassen und damit die alten Klassenschranken zu überwinden. Das Erste gelang hervorragend. Das Zweite etwas weniger und brachte dadurch später die Sozialdemokratie an die Macht.

»Wohlstand für Alle!« Ein Sinnspruch oder Slogan ist, wie Kliemke meinte, »die Pforte zu einem Gedankenpalast; die meisten betrachten nur die Pforte, treten aber nicht ein«. Obwohl der Zusammenhang zwischen Bildung und Wohlstand evident zu sein scheint, bestimmt er in Deutschland keineswegs die Leitgedanken der Politik. Ernst Fehr hat einmal berechnet, was es für die Schweiz bedeuten könnte, wenn man analog zum US-amerikanischen Perry-Preschool-Programm eine flächendeckende Frühförderung betriebe. Bei dem Perry-Preschool-Projekt bekam die Allgemeinheit für jeden Dollar, den sie in das Projekt investierte, neun Dollar zurück – an eingesparten Sozialkosten! Die »Kinder, die an dem Programm teilnahmen, wurden später seltener arbeitslos, seltener kriminell, sie lebten gesünder und verursachten weniger Gesundheitskosten als ihre Altersgenossen«.[137] Auf ein Land wie die Schweiz übertragen, bedeutete dies: »Gelänge es, jene 13 Prozent der Schweizer Schüler, die im PISA-Test unter 400 Punkten liegen, über diese ›Ungenügend‹-Grenze anzuheben, dann brächte dies in den nächsten 80 Jahren einen Wohlfahrtsgewinn von 1000 Milliarden Franken.« Für Fehr ergibt sich dadurch der Schluss, »dass Investitionen in die Förderung unserer Kleinsten sogar rentabler sind als Investitionen am Kapitalmarkt«.

Dabei ist die Anzahl an Schülerinnen und Schülern, die in Deutschland die Schule mit Basiskompetenzen nur auf Grundschulniveau verlassen, im internationalen Vergleich besonders dramatisch. Doch statt unsere Sozialkassen durch eine entsprechende Frühförderung zu entlasten, nehmen wir noch immer Folgekosten in Milliardenhöhe in Kauf. Und der Anteil der Bildungsausgaben am Bruttoinlandsprodukt ist trotz Steigerungen nach wie vor erschreckend gering.

Noch alarmierender erscheint dieser Zustand, wenn man sich die demografische Entwicklung anschaut. Denn alle Anzeichen sprechen dafür, dass Deutschland ein Fachkräftemangel droht, der noch viel größer ist als in den sechziger Jahren. Pichts »Begabungsreserve« – noch nie war es wichtiger sie auszuschöpfen als heute. Nach dem Bildungsbericht 2010 des Bundesministeriums für Bildung und Forschung fallen die unter Dreißigjährigen von derzeit 25,5 Millionen bis 2025 auf 21,3 Millionen – das heißt, ein Rückgang in den Schulen und Hochschulen von 20 Prozent. In der gleichen Zeit verabschiedet sich die Generation der Babyboomer, die Anfang der Sechziger Geborenen, aus dem Berufsleben, und die geburtenschwachen Jahrgänge rücken auf. Ohne sich an detaillierte Prognosen zu wagen, ist abzusehen, dass der Mangel an Fachkräften sehr viele Berufsstände treffen wird, vermutlich Ärzte, Lehrer und Ingenieure ebenso wie Handwerker. Bereits jetzt schlägt der Zentralverband des Deutschen Handwerks (ZDH) Alarm, weil es viel zu wenig qualifizierten Nachwuchs gibt.[138]

Dabei geht es hier nicht allein um die Zahl der Absolventen, sondern auch darum, dass es zu vielen Hauptschülern sowohl an Motivation fehlt wie auch an Kenntnissen. Nur rund 40 Prozent aller Hauptschüler finden in den ersten sechs Monaten nach Schulende eine Ausbildungsstelle. Und auch dreißig Monate nach Schulende stecken noch immer 40 Prozent der Hauptschüler nicht in einer Berufsausbildung. Und jeder vierte Jugendliche eines Jahrgangs gilt als generell nicht ausbildungsfähig. Dazu kommen sieben bis acht Prozent eines jeden Jahrgangs, die die Schule völlig ohne Abschluss verlassen, weil man ihnen auch beim allerbesten Willen keinen Hauptschulabschluss schenken kann – der sicherste Weg in eine Hartz-IV-Karriere. Dabei werden sie in jeder Hinsicht in der Gesellschaft wie in der Wirtschaft dringend gebraucht. »Man kann«, schreibt Heinz Bude, »in einer solchen Situation 8 oder 10 Prozent eines Jahrgangs nicht einfach als Restgröße abschreiben. Die Hauptschule kann nicht länger als Parkbank für die Unterklasse hingenommen werden. Das gesamte Bildungssystem muss vielmehr so renoviert werden, dass dieses brachliegende Arbeitskraftpotenzial wirtschaftlich genutzt und gesellschaftlich anerkannt werden kann.«[139]

Und doch ist es das Streben danach, seine Privilegien zu sichern, das den Umbau unseres Schulsystems am stärksten blockiert – frei nach der genannten sozialpsychologischen Weisheit, dass eine Situation, die Menschen für real halten, in ihren Folgen real ist. In einer Gesellschaft, in der die Normen des Marktes die Sozialnormen in jedem Bereich verdrängen, darf man sich über die mangelnde Solidarität wahrscheinlich nicht wundern – erst recht nicht, wenn es ums eigene Kind geht. Vielmehr als eine reale Situation ist es also eine Mentalität, die die wirtschaftlich und gesellschaftlich dringend erforderlichen Veränderungen verhindert; man kann auch sagen: Eitelkeit, Statusdenken, Kurzsichtigkeit und Egoismus.

Bildungsrepublik?

»Keine der Maßnahmen, die erforderlich sind, ist möglich, wenn nicht zuvor der nationale Notstand auf dem Felde des Bildungswesens erklärt wird. Da es sich wirklich um einen nationalen Notstand, nicht nur um regionale Engpässe handelt, kann eine solche Erklärung nicht von den elf Ländern einzeln abgegeben werden. Es ist die Aufgabe des Bundeskanzlers, wenn möglich im Einverständnis mit den Ministerpräsidenten, dem deutschen Volk in dieser Lage die Wahrheit zu sagen.«[140] Dass diese Sätze aus dem Jahr 1964 stammen, erkennt man allein an zwei Details: an der Anzahl der Bundesländer und dem Bundeskanzler, der damals Erhard hieß und noch keine Kanzlerin war. Ansonsten aber ist Pichts Aufforderung, dem deutschen Volk die Wahrheit über den nationalen Notstand zu sagen, so aktuell wie nie zuvor.

Selbstverständlich kennt die Bundesregierung heute die Lage, auch wenn man das Wort »nationaler Notstand« in der Medien- und Aufregungsdemokratie besser vermeidet. Bereits im Juni 2008 erklärte Angela Merkel, das Bildungssystem »müsse jedem die Chance auf Einstieg und Aufstieg ermöglichen«, denn »Wohlstand für alle heißt heute und morgen: Bildung für alle«. Nur bei ausreichender Bildung sei die Chancengleichheit für Kinder unterschiedlicher sozialer oder geografischer Herkunft gewährleistet und damit ihre Aufstiegsmöglichkeit. Der Ausbau des Bildungssektors sei deshalb die zentrale politische Aufgabe für die nächsten Jahre: »Wir müssen die Bildungsrepublik Deutschland werden.«

Der wichtigste Unterschied in der deutschen Politik zwischen 1964 und 2008 ist leicht benannt. Wer in den sechziger Jahren große Worte machte und eine Lösung des Bildungsproblems versprach, der meinte das auch so. Wer heute große Worte macht und eine »Bildungsrepublik« verspricht, der hat morgen andere Sorgen. Ankündigungen, Schlagzeilen und wohlklingende Formulierungen haben das Handeln weiträumig ersetzt. Verglichen mit der erhöhten Wirtschaftskraft, gemessen am BIP, nehmen sich die Bildungsausgaben nach wie vor ziemlich bescheiden aus. Sie sind gerade einmal von 4,8 auf 5,3 Prozent gestiegen (der OECD-Durchschnitt liegt bei 6,2 Prozent). Wir geben heute im Verhältnis nur wenig mehr Geld für Bildung aus als 2008. Wie das vollmundig angekündigte Ziel, die Bildungsausgaben bis zum Jahr 2015 auf zehn Prozent des BIP zu bringen, bei diesem Tempo erreicht werden soll, ist völlig schleierhaft.

Mit einer Revolution des Sektors hat all dies wenig zu tun. Hinzu kommt, dass es zu einer »Bildungsrepublik« mehr braucht als nur Geld. Bezeichnenderweise hatte Merkel auf dem »Bildungsgipfel« (was für ein Wort!) in Dresden auch nicht von einem »Umbau« des Bildungssystems gesprochen, sondern nur von einem »Ausbau«. Eine wirkliche Kraftanstrengung wie bei der Rettung systemrelevanter Banken oder der Energiewende scheint die Revolution unseres Bildungssystems nicht wert zu sein.

Man muss sich die Lage nur einmal in einer kurzen Zusammenfassung vor Augen führen, um zu erkennen, wie groß der Handlungsbedarf ist: Für Kleinkinder fehlen in Deutschland mehr als 200 000 Betreuungsplätze; eine flächendeckende Frühförderung gibt es nicht; unser Schulsystem selektiert Grundschüler früher als fast alle anderen OECD-Länder und schickt dabei Zehnjährige auf Hauptschulen, deren soziales Klima sie im Eiltempo nach unten zieht; sieben bis acht Prozent eines jeden Schülerjahrgangs verlassen die Schule ohne Abschluss und belasten später die Sozialkassen; der wichtigste Selektionsfaktor ist das Elternhaus und nicht die Begabung; unsere Schulen zwingen Kinder und Jugendliche zum Bulimie-Lernen, von dem am Ende kaum etwas als Bildung übrig bleibt; statt individuellem Lernen müssen unsere Kinder im Gleichschritt durch die Schule gehen, die einen sind überfordert, die anderen unterfordert; eine wirklich zureichende Förderung findet nicht statt; die Schwachen werden aussortiert, die Starken nicht gefordert; die Taktung des Unterrichts in Fünfundvierzig-Minuten-Einheiten widerspricht allen Erkenntnissen der Lernpsychologie; statt in für das Leben bedeutsamen Projekten lernen unsere Kinder »Fächer«, die es als solche eigentlich gar nicht gibt; zusammenhängendes Denken wird nicht trainiert; wichtige Bereiche wie etwa Ökonomie kommen in der Schule kaum vor; unsere Kinder werden so behandelt, als wären sie Gehirne auf Beinen, in ihrer Leiblichkeit können sie sich nur in einem »Fach«, beim Sport, entfalten; unser Notensystem zerstört die intrinsische Motivation und fördert den Korrumpierungseffekt; ein persönliches Monitoring gibt es kaum; Konzentration und Selbstaufmerksamkeit werden nicht eingeübt; unsere Referendare werden nicht auf Eignung überprüft; das Referendariat ist zu theorielastig und bereitet nicht auf die sozialen, emotionalen und artistischen Herausforderungen vor; mehr als die Hälfte unserer Lehrer klagt über Stress und denkt über Frühpensionierung nach; in den Schulen mangelt es an einer Beziehungs- und Verantwortungskultur; unter den gegenwärtigen Bedingungen wollen, anders als in anderen Ländern, immer weniger Menschen Lehrer werden etc.

Nein, dieses System darf nicht »ausgebaut« werden! Vielmehr müssen wir es umbauen, und zwar in einem sorgsam abgestimmten Zusammenspiel von Bund, Ländern und Kommunen. Von den 100 Milliarden Euro Bildungsausgaben im Jahr 2009 stellten der Bund 6,2 Milliarden Euro, die Länder 71,9 Milliarden Euro und die Gemeinden 21,8 Milliarden Euro bereit. Dabei ist es ein offenes Geheimnis, dass sich das Bildungssystem in Deutschland deswegen so schwer verändern lässt, weil der heiße Strahl jeder guten Idee auf dem langen Weg durch die Politik, das Parteiengezänk, die Kultusbürokratie und die Kommunalstreitigkeiten erkaltet und als müde rieselnder Bach niemanden mehr zu großem Handeln bewegt. Und wo eine gemeinsame Großanstrengung samt Strategie und Umsetzungsfahrplan erforderlich wäre, herrscht kleinlicher Hickhack und Geschacher auf und zwischen allen drei Ebenen. Ein großer Wurf, der nicht wie die Mezquita von Córdoba endet, ist unter diesen Umständen nicht zu erwarten, so laut und heftig er auch immer gefordert wird. Kein Wunder, dass Zynismus eine der vorherrschenden Haltungen in der deutschen Bildungsdebatte geworden ist;

er entsteht, wie der italienische Schauspieler Alberto Sordi einmal gesagt hat, »wenn ein heißes Gefühl kalt geduscht wird«.

Natürlich lässt sich sagen, dass es sich in der Bildungspolitik um einen komplizierten Prozess der Willensbildung handelt. So ist eben Demokratie! Und selbst da, wo man tatsächlich einmal über die Parteigrenzen hinaus solidarisch ist, wie bei der Reform in Hamburg, muss man immer noch mit Widerstand und Einsprüchen rechnen. Aber vielleicht sollte man sich ein Beispiel an der Bildungsrevolution in den sechziger Jahren nehmen und fragen: Wieso war damals möglich, was heute unmöglich zu sein scheint? Warum fehlt es den Verantwortlichen heute so sehr an Mut und Vertrauen, dass eine solche Revolution möglich ist? Warum wird sie nicht wie damals zu einer Lawine? Und warum fehlt der Teamgeist, einen Masterplan zu erstellen, dem sich jeder Kultusminister, im Verzicht auf eigene Vorlieben und Befindlichkeiten, aus Staatsraison anschließt?

Die große Blockade

Die erste Voraussetzung, um überhaupt so handeln zu können, wäre, eine der größten Dummheiten des Föderalismus abzuschaffen, nämlich das bei der letzten Reform 2006 erlassene sogenannte »Kooperationsverbot«. Danach hat die Bundesregierung bei Fragen der Schulpolitik nichts mehr zu suchen, geschweige denn etwas zu bestimmen. Ein unhaltbarer Zustand mit üblen Folgen.

Man sollte sich erinnern, dass auch der Bildungsföderalismus in Deutschland kein unveränderliches Naturgesetz ist, sondern von Menschen beschlossen wurde, genauer: von den Alliierten auf der Konferenz von Jalta 1945. Das gemeinsame Ziel der

Siegermächte in Jalta war es, für die Zukunft zu verhindern, dass eine Ideologie wie der Nationalsozialismus sich erneut in Deutschland ausbreiten konnte. Zu diesem Zweck wurden schließlich vier wichtige Felder der Politik zur Sache der Bundesländer, nämlich Polizei, Medien, Kirche und Schulen. Alle vier Hoheiten besitzen die Bundesländer bis heute, mit höchst unterschiedlichen Auswirkungen.

Was die Bildung anbelangt, so ist Deutschland gegenwärtig von einer radikalen Ideologie so weit entfernt wie noch nie in seiner Geschichte. Der historische Grund, warum Bildung (mit Ausnahme von Forschungsinstituten) Ländersache sein soll, ist damit hinfällig geworden. Oder anders gesagt: Er hat sich heute völlig überlebt. Aus diesem Grund ist es an der Zeit, einmal neutral Bilanz zu ziehen, ob der Bildungsföderalismus, so wie wir ihn kennen, eher förderlich oder hinderlich für die Bildungspolitik ist, und entsprechend noch einmal neu darüber nachzudenken.

Was also ist die Lage? Der Bildungsredakteur Martin Spiewak bilanziert dazu in der *Zeit:* »Der deutsche Bildungsföderalismus hat eine zerklüftete Schullandschaft geschaffen, die weltweit ihresgleichen sucht: mit 16 unterschiedlichen Schulsystemen, Lehrplänen und Versetzungsordnungen. Anfang des Jahrhunderts hatte der PISA-Schock die Kultusminister für kurze Zeit zusammengeschweißt. Getrieben von der Öffentlichkeit und dem Bund, verständigten sie sich auf Lernziele in den Kernfächern, sogenannte Bildungsstandards. Doch seit die KMK (Kultusministerkonferenz) die Alleinzuständigkeit für die Schulen übernommen hat, ist der Druck weg – und jedes Interesse an einer gemeinsamen Bildungspolitik verflogen. Nach der Verfassungsänderung hat das Gremium nicht eine größere gemeinsame Reforminitiative auf den Weg gebracht. Ein selten drastischer Fall politischen Organversagens.«[141]

Das Urteil vieler Bildungsexperten zielt in die gleiche Richtung. Deutschland, so das allgemeine Urteil, kann sich die Kleinstaaterei in der Schulpolitik nicht länger leisten. »Das Denken eines Kultusministers«, schreibt Spiewak weiter, »endet an der Landesgrenze. In diesem Rahmen können manche Ressortpolitiker durchaus eine beachtliche politische Bilanz vorweisen. Für eine nationale Bildungsstrategie jedoch fehlen den Ländern der Wille, das Geld und die Strukturen. Ein Kollektivgremium wie die KMK, das bei wichtigen Fragen Einstimmigkeit verlangt und dessen Präsident turnusmäßig jedes Jahr wechselt, taugt per se nicht als Reformmotor. Schon das Sammeln und Aufbereiten bundesweiter Daten überfordert das Gremium. Wer etwa wissen will, wie es um den Ausbau der Ganztagsschulen oder die Bildungsqualität der Kitas steht, ruft nicht bei der KMK in Bonn an, sondern bei der privaten Bertelsmann Stiftung in Gütersloh. Und liegen interessante Informationen einmal vor, werden sie systematisch zurückgehalten. Wollen Wissenschaftler mit Länderdaten arbeiten, müssen sie sich schriftlich und unter Androhung einer Geldstrafe verpflichten, keine Zahlen zu veröffentlichen, die einen Vergleich zwischen einzelnen Bundesländern zulassen.«

Ein solcher Zustand ist schon lange unhaltbar. Doch wie soll man Kultus- und Bildungsminister in den Ländern dazu bringen, auf einen Teil ihrer Kompetenzen zu verzichten? »Es ist schwer, jemanden dazu zu bringen, etwas zu verstehen, wenn sein Gehalt davon abhängt, es nicht zu verstehen«, meinte einst der US-amerikanische Schriftsteller Upton Sinclair über seine Erfahrungen in der Politik. Im gleichen Sinne lässt sich über die Bildungsminister der Länder sagen, dass sie keine Lust und keine Bereitschaft dazu haben, etwas einzusehen, was ihre Kompetenzen beschneidet und ihre Rolle kleiner macht. Wer gibt schon gerne Macht aus der Hand? Selbst wenn, wie in diesem Fall, nahezu alle unabhängigen juristischen und pädagogischen Experten sich einig sind, dass wir eine Verfassungsreform brauchen, die die Länder in der Schulpolitik weniger bedeutsam macht – auf die Einsicht der Bildungsminister in den Ländern darf man nicht hoffen.

So bleibt eigentlich nur der Weg, die Parteien davon zu überzeugen, dass sie mit der Forderung nach einer neuen Kompetenzverteilung in der Bildungspolitik Wahlen gewinnen können. Die Resonanz in der Bevölkerung ist ihnen gewiss, vor allem dann, wenn tatsächlich ein großer Plan besteht, wie wir unsere Schulen und unser Schulsystem in Zukunft umbauen wollen. Rücksicht auf die Befindlichkeiten von Parteikollegen in den Ländern auf der einen Seite – Zuspruch, Wahlsiege und das Wissen darum, endlich das Richtige in der Bildung zu tun, lautet die Alternative.

Selbstverständlich ist es nicht das Ziel, Bildung in Deutschland, etwa nach französischem Vorbild, zu zentralisieren. Dass unsere Universitäten und Schulen nicht direkt dem Staat unterstehen und dessen jeweiliger Regierung, ist ohne Zweifel ein Segen. Und zentralisierte Lehrvorschriften für alles und jeden sind ebenso wenig wünschenswert wie eine zentralisierte Personalpolitik. Aber eine Bildungsrevolution, die unsere Schulen auf die Höhe der Zeit bringt, ist nur möglich, wenn diese Revolution nicht an den Ländergrenzen endet. Wenn ein Bundesland das Ziffernsystem bei den Noten abschafft und ein anderes nicht, wird ein Schulwechsel der Kinder von einem Bundesland zum anderen noch schwieriger, als er ohnehin schon ist. Und wenn ein Bundesland *Mastery Learning* in den MINT-Fächern zum integralen Bestandteil des Unterrichts macht und ein Schulwechsel die Kinder zurück in den Klassenunterricht mit seinen normierten Klassenzielen zwingt , ist das Dilemma vorprogrammiert usw.

Eine echte Bildungsrevolution, die Deutschland voranbringt und unsere Schulen besser, freundlicher, sozial gerechter und effizienter macht, braucht eine kollektive Anstrengung und eine zentrale Koordination. Zurzeit ist dagegen nicht einmal eine ernsthafte länderübergreifende Verständigung möglich. Keine einzige der vielen kleinen Reformen der letzten Jahre wurde länderübergreifend koordiniert – und das Bildungschaos somit stetig vergrößert. In dieser Situation erscheint es zwingend erforderlich, dass der Bund die Bildungspolitik der Länder koordiniert. Denn dass es ohne solche Koordination nicht geht, haben die Länder bisher höchst eindrucksvoll bewiesen.

Völlig außer Diskussion dürfte stehen, dass alle Referendare in Deutschland an vergleichbaren Instituten, ich nenne sie Akademien, ausgebildet werden und ein vergleichbares Referendariat durchlaufen. Dass es bis heute in keinem Bundesland gelungen ist, die Lehrerausbildung auf die Erfordernisse des Berufs abzustimmen, ist ein Desaster, über das sich nur den Kopf schütteln lässt. Und es vergrößert sich noch einmal zusätzlich dadurch, dass diese Ausbildung auch überall anders aussieht, dass von Bundesland zu Bundesland unterschiedliche Anforderungen gestellt werden. Dabei wäre nicht nur wichtig, alle Lehrer vergleichbar zu bilden und auszubilden. Es geht auch darum, die Unterschiede abzuschaffen, die hier weiterhin zwischen Hauptschullehrern und Gymnasiallehrern bestehen. Auf dem Weg zur Gemeinschaftsschule wird es ohnehin nur noch *eine* Lehrerausbildung geben können. Und die führt nirgendwo mehr dazu, dass jemand verbeamtet wird, sondern zu Angestellten, deren Leistung finanziell differenziert wird nach Qualität und Engagement, nicht anders als es bei Privatschulen längst erfolgreich der Fall ist.

Freiheit für Schulen

Wie könnte man sich eine solche Befreiung aus der Blockade vorstellen? Der erste Schritt müsste im Bund geschehen, und zwar dadurch, dass man das nahezu bedeutungslose Bildungsministerium mit dem Bundesministerium für Familie, Senioren, Frauen und Jugend zusammenlegt. Es ist ein völlig unhaltbarer Zustand, dass beide Ministerien in Deutschland so schlecht miteinander koordiniert sind. So etwa ist in einer Ganztagsschule vormittags das Bildungsministerium beziehungsweise dessen Pendant auf Landesebene, das Kultusministerium, verantwortlich. Am Nachmittag aber übernimmt das Familienministerium beziehungsweise das jeweilige Landes-Sozialministerium die Herrschaft als Verantwortlicher für Förderung und Betreuung. In der Folge ist der Vormittag für Kinder und Eltern kostenfrei und der Nachmittag nicht. Eine andere Folge ist ein verheerender Zuständigkeitskrieg einschließlich der damit verbundenen Eifersüchteleien, Umwege und Blockaden.

Genau genommen haben wir es also mit zwei Blockaden zu tun, einer vertikalen und einer horizontalen. Auf der vertikalen begegnen uns solche Befremdlichkeiten, dass die Stadt zwar für die Schulgebäude zuständig ist, aber das Land für deren Personal. Warum sollen sich die Schulleiter und Lehrer ihre Kollegen eigentlich nicht selbst aussuchen dürfen, je nachdem, ob man meint, dass ein neuer Lehrer gut ins Kollegium passt oder nicht? Die Lehrerlandverschickung durch die Kultus- und Bildungsministerien ist ein Anachronismus, der die Pflege einer Beziehungs- und Verantwortungskultur in den Schulen erschwert. Auf der horizontalen Ebene kommen sich die Kompetenzen der Ministerien in die Quere, wenn Landesjugendämter und Sozialdezernenten mit Schulräten, Schuldezernenten und

Schuldirektoren um Zuständigkeit, Einfluss und Finanzierungen streiten.

Dass dieses System zu umständlich, zu ineffektiv, zu langsam und zu teuer ist, wissen alle daran Beteiligten. Aber wer soll für wen weichen? Ein Zusammenlegen der Ministerien im Bund und in den Ländern wäre ein erster Schritt. Ein zweiter wäre die immer wieder diskutierte Gründung eines Nationalen Bildungsrats, angesiedelt beim Bundespräsidenten. Dieser aber funktioniert nur unter der zentralen Bedingung, *dass Bund und Kommunen hier stimmrechtlich in der Mehrheit sind.* Alles andere wäre völlig überflüssig, denn die Kunst der wechselseitigen Blockade konnten die Länder bisher ja bereits ungestört in der Kultusministerkonferenz ausleben: Jeder macht, was er will, keiner macht, was er soll, aber jeder macht irgendetwas.

Die Bildungsrevolution gelingt also nur dann, wenn die Länder wichtige Zuständigkeiten aus der Hand geben. Eine Supervisor-Kompetenz an den Bund und sehr viele andere Kompetenzen an die Kommunen beziehungsweise deren Schulen. Aufgabe des Bundes wäre es dann, die Bildungspolitik zu koordinieren, Standards festzulegen und in wichtigen Fällen Zuschüsse bereitzustellen. Die Kommunen aber bekämen ein weitreichendes Selbstbestimmungsrecht über ihre Schulen.

Kein überzeugendes Argument rechtfertigt dagegen den gegenwärtigen Zustand. Dass die Macht der Länder über die Schulen verfassungsrechtlich garantiert ist, legitimiert nicht deren Missbrauch durch zu viel Einmischung im Detail. Zudem sind unsere Bundesländer nicht im Ansatz jene besonderen Kultureinheiten, für die sie sich gern ausgeben. Nordrhein-Westfalen zum Beispiel ist keine so markante Kulturgemeinschaft, dass es typisch nordrhein-westfälische Schulbesonderheiten zu berücksichtigen gäbe. Die echten Besonderheiten liegen allesamt nicht auf der

Ebene der Länder; vielmehr sind es die Besonderheiten von Dörfern, Kleinstädten, Mittelstädten und Großstädten. Und selbst innerhalb einer Großstadt können die Verhältnisse ganz besonders sein, je nachdem, ob es sich um einen sozialen Brennpunkt handelt oder einen Villenvorort. *Diese* Gegebenheiten gilt es zu berücksichtigen, aber nicht die von völlig heterogenen Verwaltungseinheiten wie Bundesländern! Das gilt selbst für Bayern.

Die politische Forderung lautet: eine klare Vision für das deutsche Schulsystem auf dem Weg zur Gemeinschaftsschule und zugleich mehr Gestaltungsfreiheit für Schulen und Kommunen bei der Umsetzung. In einem vereinten Europa, das auf gemeinsame Bildungsstandards hinarbeitet und auch auf eine gemeinsame Schulform, lässt sich die Kleinstaaterei der deutschen Schulpolitik nicht länger aufrechterhalten. Sollen wir erst warten, bis Europa die integrative Ganztagsschule in Deutschland einführt, weil sie allmählich überall Standard wird? Um dann völlig überfordert zu sein und auf Europa zu schimpfen?

Die Zeit der Eigenbrödelei der Länder in der Schulpolitik ist vorbei, der Felsen, auf dem unsere Kultusminister stehen, ist längst unterspült, und die nächste Welle wird ihn brechen. Statt wie zurzeit mithilfe privater Stiftungen strukturell schwache Regionalisierungsinitiativen zu starten, damit letztlich alles beim Alten bleibt, ist ein Kompetenzverzicht unvermeidbar – eine Forderung, mit der man, wie gesagt, gewiss bei Wahlkämpfen punkten kann, wenn man sich denn traut …

Die Schulen und ihre Entwicklung zu entfesseln, ihnen nur Form und Standards vorzugeben, aber alles Weitere sie selbst bestimmen zu lassen, ist das Gebot der Stunde. Keine Lehrpläne mehr, die die Schullektüre vorschreiben oder die altersgemäße Ballsportart, keine Einmischung mehr von außen, wie das Kollegium zusammengestellt wird, kein Befördern nach Dienstjahren, keine kommerzielle Nachmittagsbetreuung durch Verbände oder Vereine. Unter der Bedingung von Transparenz und Standards müssen die Schulen ihre Schulkultur nach eigenen Vorstellungen gestalten und entfalten dürfen. Statt Zentralisierung und Bürokratie brauchen wir mehr kreativen Wettbewerb der Schulen untereinander.

Damit dieser gelingen kann, müssen Schulen von ihren Städten und Gemeinden wesentlich besser unterstützt werden als bisher. Die Hoffnung, dass dies gelingt, ist groß. Denn was für ein Unterschied, ob ein Schulleiter nun dem Bürgermeister untersteht statt einem weit entfernten Kultusminister, den er möglicherweise nie zu Gesicht bekommt! Die Schulen in der Stadt müssen wirklich die Schulen der Stadt werden. Die Städte sollen sich mit ihren Schulen identifizieren können und die Schulen umgekehrt mit den Städten. Das Ziel wäre eine vernetzte Bildungslandschaft innerhalb einer Stadt oder Region. So wäre es eine Aufgabe der Städte, dafür zu sorgen, dass die Abenteuerprojekte des achten Schuljahrs auch tatsächlich irgendwo einen Ort haben und Raum finden. Alle dafür Verantwortlichen sollten tatsächlich gemeinsam Verantwortung für das Gelingen übernehmen.

Zu denjenigen, denen ihre Schulen und Schulkinder am Herzen liegen, sollten aber nicht nur gewählte Volksvertreter oder Verwaltungsangestellte gehören, sondern so viele Bürger wie möglich. Das gilt für den Privateigentümer, der der Schule Land oder einen Kotten kostenlos für ein Abenteuerprojektjahr zur Verfügung stellt, wie für den ehrenamtlich tätigen Bürger, der seine Fähigkeiten in den Dienst von Coaching und Hilfe für lernschwache Schüler stellt.

Das spezielle Coaching für lernschwache Kinder lässt sich grundsätzlich auf drei Säulen stellen. Die erste Säule besteht aus professionellen Coaches in Form von Lernpsychologen oder

Sozialarbeitern. Die zweite Säule wären Pädagogik-Studenten, die alle im Laufe ihres Studiums Kinder coachen müssen als integraler Bestandteil eines praxisbezogenen Studiums. Und die dritte Säule setzt sich aus sozial engagierten Bürgern zusammen, die es als ihre Bürgerpflicht ansehen, sich einzubringen. Dies können sowohl Einzelpersonen sein wie auch Betriebe, die es ihren Auszubildenden zur Pflicht machen, sich sozial in der Schule zu betätigen, um Marlon, Chantal und Ahmed auf die Füße zu helfen.

Der Effekt ist, ähnlich wie bei *Teach First*, ein wechselseitiger. Den Kindern hilft diese persönliche und intensive Betreuung im Normalfall ganz entscheidend weiter. Und der coachende Bürger macht die schöne Erfahrung, etwas Sinnvolles zu tun, jemandem zu helfen, der einem möglicherweise schnell ans Herz wächst. Es gibt in Deutschland viele regionale, aber auch bundesweite Initiativen und Organisationen, die einem angehenden Mentor, Lesepaten oder Mathe-Coach dabei helfen, sich mit Gleichgesinnten zusammenzutun und in die Schulen zu gehen. Wenn wir das Problem all der Kinder lösen wollen, denen ihr Elternhaus nicht jene Unterstützung gibt, die sie brauchen, um sich in unserer Gesellschaft zurechtzufinden und durchzusetzen – so sollten wir alle dies als unsere Angelegenheit betrachten und nicht nur als eine Sache der Schulen und Bildungspolitiker.

Revolution oder Transformation?

Es mag den einen oder anderen Leser geben, der vielen Gedanken in diesem Buch zustimmt, aber das Wort »Bildungsrevolution« scheut. Klingt das nicht viel zu radikal, zu frech, so sehr nach Krawall? Reicht es denn nicht aus, wenn das Wort »Reform« schon zu schwach ist, von einer Bildungstransformation zu sprechen?

Ich möchte diesen Einwand gern mit zwei Argumenten abschwächen. Zunächst einmal ist das Wort »Revolution« nicht zwangsläufig gleichzusetzen mit Blutvergießen und gewalttätigem Umsturz. Die vielzitierte »friedliche Revolution« 1989 kam ganz ohne beides aus. Und selbst Konservative freuen sich in diesem Kontext am Begriff »Revolution«. Zudem gibt es Revolutionen in der Menschheitsgeschichte, bei denen es ebenso wenig nötig war, jemanden zu »stürzen« wie heute bei der Bildungsrevolution. Revolutionen vollziehen sich oft friedlich und ohne nennenswerte Krawalle. Man denke nur an die sexuelle Revolution der sechziger und siebziger Jahre oder an die digitale Revolution der Gegenwart. Nicht anders wird es mit der Bildungsrevolution im deutschen Schulsystem sein.

Natürlich wird es Einwände von Pädagogik-Professoren, Journalisten und Bildungspolitikern geben, die Debatte doch bitte »unaufgeregter« zu führen, »weil es doch sonst nichts bringt«. Aber das Argument ist so falsch, wie es naheliegend ist. Große Veränderungen werden nicht durch ewig gesuchte Mittelwege und jahrelang abgewogene Gedanken erreicht. Wer das glaubt, möchte im Grunde eigentlich gar nichts verändern. Ganz im Gegenteil: Für jede große Veränderung in der Gesellschaft wird zunächst eine aufgeregte Debatte gebraucht – und sei es als Voraussetzung für unaufgeregte Lösungen. Ohne Leidenschaft, Emotion und mitunter auch ohne die eine oder andere Zuspitzung wird es nicht gehen, wenn es tatsächlich zu strukturellen Veränderungen kommen soll. Wer Ministerien zusammenlegen, lieb gewonnene Zuständigkeiten ändern, ein überholtes Schulsystem schnellstmöglich austauschen möchte, der schafft dies nicht mit sanften Abwägungen. Es gibt viele Situationen und

Phasen, in denen Besonnenheit eine hohe Tugend ist. Aber es gibt ebensolche Situationen, in denen Besonnenheit und Maßhalten nur ein Indiz sind für fehlenden Mut oder mangelnden Veränderungswillen. Besonnenheit ist kein sicheres Zeichen von Klugheit, auch wenn sie häufig mit jener verwechselt wird. »Wer über bestimmte Dinge den Verstand nicht verliert, hat keinen zu verlieren«, heißt es bei Gotthold Ephraim Lessing.

Man sollte den Begriff »Bildungsrevolution« nicht scheuen, geht es doch tatsächlich um eine Umwälzung hin zu etwas Neuem. Diese Revolution bedeutet nicht, einzelne Schulen zu stürmen und zu revolutionieren, sondern sie im angemessenen Tempo zügig umzubauen. Man kann also sagen: Damit die Bildungsrevolution gelingt, erfordert es sehr viel Transformation im Kleinen. Nicht anders war es bei der digitalen Revolution: Die Summe sehr vieler kleiner und schneller Veränderungen revolutioniert eine ganze Kultur.

Viele wichtige Veränderungen werden sich, realistisch betrachtet, nur schrittweise durchführen lassen. Auf dem Weg zur integrativen Gemeinschaftsschule für alle wird aus dem dreigliedrigen Schulsystem zunächst ein zweigliedriges werden, nämlich die Gemeinschaftsschule und das Gymnasium. Während es in Ländern wie Thüringen und Sachsen bereits ein zweigliedriges System gibt, haben wir es in Ländern wie Hessen oder Nordrhein-Westfalen sogar noch mit vier- und fünfgliedrigen Schulsystemen zu tun. Das Zusammenlegen der Bundesministerien wäre schon im Herbst nach der Bundestagswahl 2013 möglich, in den Ländern dagegen dauert die Verschmelzung länger. Die Einführung des Bildungsrats ginge schnell, seine Akzeptanz dagegen bleibt eine mühselige Sache. Bis unsere Ganztagsschulen aus einem Guss sind und nicht mehr der Zankapfel zweier Ministerien, ist mit mindestens fünf Jahren zu rechnen. Die Lehrerausbildung zu revolutionieren, ist ein ganz dickes Brett und braucht eine gewaltige Kraftanstrengung – obwohl sie von allen Veränderungen wahrscheinlich die wichtigste ist. Individuelles Lernen zu einem integralen Bestandteil des Unterrichts zu machen, ginge vermutlich recht zügig, ebenso die Umstellung der Lehrer auf Teamarbeit und eine Verkürzung der Lehrerarbeitszeit. Ziffern-Zensuren dagegen werden sich nicht im Handstreich abschaffen lassen. Kinder, die viele Jahre durch ein solches extrinsisches Belohnungssystem konditioniert worden sind, werden große Schwierigkeiten haben, plötzlich ihre intrinsische Motivation zu entdecken, die so lange verschüttet wurde. Die allmähliche Umstellung dauert also mindestens zehn Jahre.

Um all diese Ziele im Auge zu behalten und sich nicht mit Stückwerk abzufinden, benötigt man Mut. Nicht immer werden die Teile sofort ineinandergreifen. Jede neue gute Idee muss sich gegen Widerstände und Einwände behaupten. Und alles steht und fällt mit der Mentalität der Menschen, die das Neue versuchen und umsetzen. Das eine oder andere Scheitern ist damit nicht ausgeschlossen, und unvorhergesehene Probleme werden allenthalben auftreten. Doch »in der Pädagogik nur zuzulassen, was generalstabsmäßig gesichert ist, hieße, mit noch so vielen Maßnahmen nichts verändern«, erkannte dazu Hartmut von Hentig. »Die Pädagogik ist nach John Deweys zugespitzter Überzeugung das Laboratorium der Gesellschaft. Eine Gesellschaft, die glaubt, sie könnte sich begründete, aber ›ergebnisoffene‹ Versuche nicht leisten, ist selbst nicht frei …«[142] Und natürlich hat man es dabei überall mit dem Humboldt-Dilemma der Ungleichzeitigkeit zu tun. Um den Wandel zu schaffen, muss man die Lehrer, die Schüler, die Kultusminister und die Eltern eigentlich bereits voraussetzen, die man überhaupt erst durch das neue Lernen hervorbringen möchte.

Die Geschichte der Pädagogik in Deutschland ist eine Geschichte des ewigen Hinterherhinkens der Praxis hinter den Einsichten der Zeit. Dies gilt von den preußischen Schulen Humboldts über das Tayloristische Schulsystem zur Zeit der Reformpädagogik. Und noch zur Blütezeit Klafkis und von Hentigs gab es an meinem Solinger Gymnasium schlagende Lehrer, Kollektivstrafen und Pädagogen, die die halbe Klasse für »dumm« erklärten.

Wer etwas verändern will, setzt sich Ziele. Und wer etwas verhindern will, sucht Gründe. In unserer gegenwärtigen Gesellschaft in der Bundesrepublik erleben wir seit einiger Zeit, von wenigen Ausnahmen wie etwa der Energiewende abgesehen, den Sieg der Gründe über die Ziele. Selbst die Kämpfe um die Einheit Europas werden heute fast ohne Ziele ausgetragen. Vielmehr bekämpft man Gründe, warum etwas nicht geht, mit anderen Gründen, warum etwas nicht geht. Vielleicht ist das die Folge einer im Durchschnitt sehr wohlhabenden und zudem überalterten Gesellschaft. Solche Gesellschaften haben vor allem davor Angst, dass es schlechter werden könnte. Ziele dagegen entstehen meist aus Hunger und physischer oder psychischer Not. Eine Gesellschaft, die im Politischen seit Jahrzehnten kaum existenzielle Nöte und Erschütterungen kennt, schafft hingegen eher einen Angststillstand und fürchtet Veränderungen. In einer solchen Gesellschaft äußert sich Unzufriedenheit selten in Utopien, sondern zumeist in Verdruss – man denke nur an die stetig steigende Parteienverdrossenheit in Deutschland.

Eine solche Situation unterscheidet sich in vielem von Georg Pichts Zeiten mit ihrer gesellschaftlichen Risikofreude und ihren sozialen Utopien. Dafür aber ist die Finanzierung der Umbauten heute im Grunde sehr viel leichter. Die Steuereinnahmen und der Bundeshaushalt sind um ein Vielfaches größer und das Land ist sehr viel reicher als in den sechziger Jahren. Leider wird das Geld für Bildung und Familien auf so dämliche Weise verteilt, dass tatsächlich oft von »leeren Kassen« die Rede ist. Während in Dänemark mehr als die Hälfte aller Ausgaben für »Familie« an Bildungseinrichtungen geht, fließt bei uns das allermeiste Geld direkt in die privaten Haushalte. Wozu in aller Welt erhalten Spitzenverdiener Kindergeld? Wäre es nicht viel sinnvoller, das Kindergeld abzuschaffen und nur Bedürftigen zukommen zu lassen? Mit den gewaltigen Ersparnissen könnte man mühelos die Kosten der Bildungsrevolution bezahlen, die Ganztagsschule, mehr Lehrer, Lernpsychologen und Sozialarbeiter. Jörg Dräger, der ehemalige Hamburger Senator für Wissenschaft und Forschung und heutiges Mitglied im Vorstand der Bertelsmann Stiftung, hat berechnet, dass das Umschichtungspotenzial bei etwa 35 Milliarden Euro liegt. Dabei verlangt er noch nicht einmal die Abschaffung des Kindergelds für alle, sondern nur die Rücknahme der Kindergelderhöhung von 2010, die Abschaffung des Elterngelds für Gutverdiener und des Ehegattensplittings für kinderlose Paare, den Verzicht auf das Betreuungsgeld sowie einige Umbaumaßnahmen im Bildungssystem, wie etwa den Verzicht auf das Sitzenbleiben.[143]

Die geforderte Zusammenlegung der Bundes- und Landesministerien würde diese strukturelle Umschichtung beträchtlich erleichtern. Aber all dies setzt eine Politik voraus, die sich tatsächlich an Zielen orientiert und in die Zukunft investiert, statt sich in Gründen zu verlieren und sich mit Notoperationen und Reparaturmaßnahmen begnügt. Selbstverständlich sind Ziele mit zusätzlichen Anstrengungen, mit Aufwand und Risiken verbunden. Doch wer kalkuliert die Risiken, was wohl aus diesem Land wird, wenn *keine* Veränderungen vorgenommen werden und alles beim Alten bleibt?

Ideen und Konzepte brauchen harte Konturen, um langfristig erfolgreich zu sein. Sie müssen sich im Gefilz von Ideologien und Egoismen, den Aufregungs- und Entrüstungsreflexen der Massenmedien und dem langen Marsch durch die Bürokratie behaupten. Und doch lohnt es sich, im Interesse unserer Kinder, unserer Lehrer und unseres Landes dafür zu kämpfen, dass die Bildungspolitik den Blick auf die Bewahrung des Gestern verliert und endlich gemeinsam und in den großen Linien einig auf die Zukunft richtet.

ANHANG

Anmerkungen

1 Siehe: www.ted.com/talks/ken_robinson_says_schools_kill_creativity.html
2 Brodkorb (2012)
3 Quenzel/Hurrelmann (2010), S. 23
4 Hopmann/Brinek/Retzl (2007), S. 14 f.
5 Vgl. Stefan Schultz: *Urbanes Leben der Zukunft. »Die Stadt beobachtet mich aus Tausenden Augen«*. Ein Interview mit IT-Visionär Adam Greenfield. Siehe: www.spiegel.de/wirtschaft/soziales/adam-greenfield-im-interview-ueber-smart-cities-augmented-reality-a-828442.html
6 Khan (2012), S. 7 (Übersetzung RDP)
7 Georg Wilhelm Friedrich Hegel: *Phänomenologie des Geistes,* WW 3, (1806) Suhrkamp, S. 386
8 Johann Gottfried Herder: *Sophron. Gesammelte Schulreden,* in: *Werke* (12), *Zur Philosophie und Geschichte,* Cotta 1810, S. 72
9 Wilhelm von Humboldt: *Rechenschaftsbericht an den König* (1809), in: *Werke* (4), Wissenschaftliche Buchgesellschaft/Cotta 1860, S. 218
10 Benner (2003), S. 177
11 Quenzel/Hurrelmann (2010), S. 22
12 Ebd., S. 18
13 Vgl. Bude (2011), S. 35–37
14 Picht (1964), S. 31 f.
15 Dahrendorf (1965), S. 94 f.
16 Bauer (2011), Zitat S. 11
17 Quenzel/Hurrelmann (2010), S. 12
18 Vgl. dazu Pollack (2010)
19 Quenzel/Hurrelmann (2010), S. 12
20 Zitiert nach Preisendörfer (2008), S. 44
21 Bude (2011), S. 45
22 Ebd., S. 49
23 Quenzel/Hurrelmann (2010), S. 11
24 Ebd., S. 28
25 Siehe: www.aktionsrat-bildung.de (Ziele)
26 Preisendörfer (2008), S. 28

27 Ebd., S. 32
28 Ebd., S. 61
29 Ebd., S. 62
30 Ebd., S. 16
31 Siehe: www.spiegel.de/schulspiegel/wissen/volkentscheid-hamburger-schmettern-schulreform-ab-a-707179.html
32 Bude (2011), S. 8
33 Quenzel/Hurrelmann (2010), S. 29
34 Alex Rühle: *Warum der Klassenkampf keiner mehr ist*, in: *Süddeutsche Zeitung* vom 16. September 2012
35 Preisendörfer (2008), S. 52
36 *Tagebuch der Reise nach dem Reich* (1788), in: Wilhelm von Humboldt: *Gesammelte Schriften*, Bd. XIV, Berlin 1922, S. 20
37 Vgl. Rosa (2005); Rosa (2012)
38 Bude (2011), S. 15
39 William Isaac Thomas, Dorothy Swaine Thomas: *The Child in America*, Knopf 1928, S. 572
40 Brodkorb (2012)
41 Roth (2011), S. 30 f.
42 *Wie viel Rendite bringt ein Kind?* Siehe: www.forumbildung.ch
43 Ebd.
44 Sußebach (2011)
45 Quelle: Lehn (2010), S. 8
46 Quelle: Sußebach (2011)
47 Sußebach (2011)
48 Vgl. Christian Füller: *Warum Privatschulen immer beliebter werden*, in: mobil.stern.de/panorama/alternativen-zur-staatlichen-bildung-warum-privatschulen-immer-beliebter-werden-1617216.html
49 Siehe: www.einstein-website.de
50 Khan (2012), S. 249 (Übersetzung RDP)
51 Gruschka (2011), S. 9–10
52 Städtler (2010), S. 422
53 Bauer (2008), S. 15
54 Siehe: www.zeit.de/2011/34/P-Schule
55 Siehe: www.noz.de/lokales/68816303/bildungsministerin-schavan-zu-gast-bohmte-groe-schulen-sind-groer-quatsch
56 Zitiert nach Reinhard Kahl: www.ggs-poll-koeln.de/docs/Vortrag_Kahl.pdf
57 Sußebach (2011)
58 Lohmann (1987), S. 12–14
59 Singer (2009), S. 26

60　Ebd., S. 28
61　Montessori (2001), S. 10
62　Singer (2009), S. 15
63　Ebd., S. 11
64　Kucklick (2011)
65　Fritz Gansberg (1911), S. 3
66　Zitiert nach Kucklick (2011)
67　Singer (2009), S. 15
68　Felten (2012), S. 8
69　Ebd., S. 13
70　Ebd., S. 15
71　Brodkorb (2012)
72　Ebd.
73　Roth (2011), S. 14
74　Ebd., S. 15
75　Gruschka (2001), S. 93
76　Bayerwaltes (2002), S. 89
77　Adorno (1963), S. 47
78　Singer (2009), S. 35
79　Siehe: www.sueddeutsche.de/karriere/eignungstest-fuer-Lehrer-viele-werden-Lehrer-aus-Verlegenheit
80　Preisendörfer (2008), S. 50
81　Siehe: www.sueddeutsche.de/karriere/bildungsexperte-jeder-vierte-lehrer-überfordert
82　Siehe: www.zeit.de/karriere/beruf/2011-10/studie-ausgebranntsein-lehrer
83　Khan (2012), S. 197 (Übersetzung RDP)
84　Singer (2009), S. 16
85　Ebd., S. 31
86　Vgl. dazu auch Khan (2012), S. 179 f.
87　Siehe: www.all-about-security.de/security-artikel/organisation/managed-security-services-outsourcing/artikel/14389-zukunftsforscher-der-unverstandene-megatrend/
88　Vgl. Dueck (2012) S. 242 ff.
89　Zitiert nach Sußebach (2011)
90　Robert Musil: *Der Mann ohne Eigenschaften,* Rowohlt 1978, S. 130
91　Ebd.
92　Vgl. Jeremy Rifkin (2011)
93　Horx (2009), S. 281

94 Kurt Guggenheim: *Sandkorn für Sandkorn,* Artemis 1962 (Umschlag)
95 Horx (2009), S. 301
96 Vgl. dazu *Der virtuelle Hörsaal,* in: *Der Spiegel,* 3/2013, S. 106–108
97 Quenzel/Hurrelmann, S. 18
98 Liessmann (2008), S. 164 f.
99 Die Zitate stammen aus: *Kursbuch* (24) 1971
100 Vgl. Krautz (2007)
101 *Wie viel Rendite bringt ein Kind?* Siehe: www.forumbildung.ch
102 Korte (2011), S. 53
103 Roth (2011), S. 82
104 Lepper/Greene/Nisbett (1973)
105 Khan (2012), S. 52
106 Weisband (2013), S. 35 f.
107 Korte (2011), S. 45
108 Siegfried Kracauer: *Geschichte – Vor den letzten Dingen,* Suhrkamp 1973, S. 19
109 Felten (2012), S. 10
110 Vgl. dazu die Untersuchungen von Guskey/Gates (1986) und Anderson (2000)
111 Khan (2012), S. 6
112 Vgl. Struck (2011), S. 195
113 Vgl. Singer (2009), S. 29
114 Khan (2012), S. 99
115 Kerschensteiner (2010), S. 19
116 Vgl. Riegel (2011), S. 93 ff.
117 *Wie viel Rendite bringt ein Kind?* Siehe: www.forumbildung.ch
118 Zitiert nach Reinhard Kahl: www.adz-netzwerk.de/voellig-grammatikfrei.php
119 Ebd.
120 Sußebach (2011)
121 Spitzer (2010), S. 59
122 Struck (2011), S. 172
123 Khan (2012), S. 199 f.
124 Die Anfrage an die Ministerin in NRW und deren Antwort findet sich auf: www.tesselt.de/burnout.htm
125 Siehe: www2.mutlu.de/uploads/ka16_10734.pdf
126 Vgl. dazu Kegler (2009), S. 207–218
127 Ebd., S. 213
128 Siehe: www.zeit.de/2013/02/Paedagogik-John-Hattie-Visible-Learning

129 Vgl. dazu Kahl (2004)
130 Hans Magnus Enzensberger: *Plädoyer für den Hauslehrer. Ein Bißchen Bundespolitik,* in: Transatlantik 6/82
131 Zitiert nach: www.nachdenkseiten.de/?p=14502
132 Neubauer/Stern (2009), S. 184
133 Hentig (2006), S. 11
134 Ebd., S. 15 f.
135 Kegler (2009), S. 226
136 Ebd., S. 231
137 *Wie viel Rendite bringt ein Kind?* Siehe: www.forumbildung.ch
138 Vgl. Bude (2011), S. 129 f.
139 Ebd., S. 10
140 Picht (1964), S. 81
141 Siehe: www.zeit.de/2012/38/Schulen-Bildungspolitik-Kooperationsverbot
142 Hentig (2006), S. 19
143 Dräger (2011), S. 181

Literatur

Anna und die Schule

Die Polemik des Mecklenburg-Vorpommerschen Bildungsministers Mathias Brodkorb: *Unser Problem in der Bildung? Ewige Besserwisser!*, findet sich unter: www.cicero.de/salon-replik/bildungsminister-brodkorb-unser-problem-die-ewigen-besserwisser/51962.

Was ist Bildung?

Zur Biografie Wilhelm von Humboldts vgl. Peter Berglar: *Wilhelm von Humboldt*, Rowohlt 1970; Tilman Borsche: *Wilhelm von Humboldt*, Beck 1990; Lothar Gall: *Wilhelm von Humboldt. Ein Preuße in der Welt*, Propyläen 2011. Zu Humboldts Bildungstheorie und Reform vgl. Clemens Menze: *Die Bildungsreform Wilhelm von Humboldts*, Schroedel 1975; Dietrich Benner: *Wilhelm von Humboldts Bildungstheorie. Eine problemgeschichtliche Studie zum Begründungszusammenhang neuzeitlicher Bildungsreform*, Beltz Juventa 2003, 3. Aufl. Zum geistigen Umfeld der Reform siehe Heinrich Bosse: *Bildungsrevolution 1770–1830*, Universitätsverlag Winter Heidelberg 2012.

Klassenkampf in der Schule

Die Initialzündung zur Bildungsrevolution der sechziger Jahre liefert Georg Picht: *Die deutsche Bildungskatastrophe,* Walter 1964. Die Chance auf Bildung für alle forderte Ralf Dahrendorf. *Bildung ist Bürgerrecht. Plädoyer für eine aktive Bildungspolitik*, Nannen 1965. Die Geschichte seiner Schulklasse erzählt Patrick Bauer: *Die Parallelklasse. Ahmed, ich und die anderen – Die Lüge von der Chancengleichheit,* Luchterhand 2011. Die Ungerechtigkeit unseres Bildungssystems am Beispiel von exemplarischen Schülerschicksalen demonstriert Jutta Almendinger: *Schulaufgaben. Wie wir das Bildungssystem verändern müssen, um unseren Kindern gerecht zu werden*, Pantheon 2012. Zur modernen Klassenstruktur im Bildungssystem siehe die Studie von Reinhard Pollak: *Kaum Bewegung, viel Ungleichheit. Eine Studie zu sozialem Auf- und Abstieg in Deutschland. Eine Studie zu sozialem Auf- und Abstieg in Deutschland,* Heinrich-Böll-Stiftung 2010. Dass die Ungerechtigkeit des Bildungssystems Methode haben soll, ist die These von Bruno Preisendörfer: *Das Bildungs-Privileg. Warum Chancengleichheit unerwünscht ist,* Eichborn 2008. Die Freund-Feind-Linien der Bildungsdebatte und ihre gesellschaftlichen Auswirkungen analysiert Heinz Bude: *Bildungspanik. Was unsere Gesellschaft spaltet,* Hanser 2011. Einen aufschlussreichen Sammelband aus der Tiefe der Bildungsforschung gaben Gudrun Quenzel und Klaus Hurrelmann heraus: *Bildungsverlierer. Neue Ungleichheiten,* VS-Verlag 2010. Zur Bildungsungerechtigkeit vgl. auch Rolf Becker und Wolfgang Lauterbach: *Bildung als Privileg. Erklärungen und Befunde zu den Ursachen der Bildungsungleichheit,* VS-Verlag 2010, 4. Aufl. Zur Lage der Privatschulen in Deutschland vgl. die gute Übersicht und Bilanz von Christian Füller: *Ausweg Privatschulen? Was sie besser können, woran sie scheitern,* edition Körber-Stiftung 2010.

PISA, G8 und andere Dummheiten

Zu den PISA-Studien vgl. Jürgen Baumert (Hrsg.): *PISA 2000. Basiskompetenzen von Schülerinnen und Schülern im internationalen Vergleich,* Leske+Budrich 2001; Pisa-Konsortium Deutschland: *PISA 2003. Der Bildungsstand der Jugendlichen in Deutschland. Ergebnisse des zweiten internationalen Vergleichs,* Waxmann 2004; dies.: *PISA 2006. Die Ergebnisse des dritten internationalen Vergleichs,* Waxmann 2007; Ursula Schwantner und Claudia Schreiner: *PISA 2009. Internationaler Vergleich von Schülerleistungen,* Leykam 2010. Zur Kritik an den PISA-Studien siehe Stefan Hopmann, Gertrude Brinek, Martin Retzl (Hrsg.): *PISA zufolge PISA. PISA According to PISA. Hält PISA, was es verspricht? Does PISA keep, what it promises?,* LIT-Verlag 2007. Das Dilemma eines G8-Kindes beschreibt Henning Sußebach: *Liebe Marie!,* in: *Die Zeit* vom 26. Mai 2011, Nr. 22. Zur Kritik an G8 siehe auch Brigitta vom Lehn: *Generation G8. Wie die Turbo-Schule Schüler und Familien ruiniert,* Beltz 2010. Eine Kritik an der Beschleunigungsgesellschaft entwickelt Hartmut Rosa: *Beschleunigung. Die Veränderung der Zeitstrukturen in der Moderne,* Suhrkamp 2005; ders.: *Weltbeziehungen im Zeitalter der Beschleunigung. Umrisse einer neuen Gesellschaftskritik,* Suhrkamp 2012.

Das Dilemma unserer Schulen

Kaum ein gutes Haar am gegenwärtigen Zustand der Schulen lässt Kurt Singer: *Die Schulkatastrophe. Schüler brauchen Lernfreude statt Furcht, Zwang und Auslese*, Beltz 2009. Ebenso: Karin Jäckel: *Störfall Schule. Unsere Kinder: Durchgereicht und abgewickelt?*, Beltz 2010. Scharfe Kritik an der Stoffhuberei in der Schule übt Thomas Städtler: *Die Bildungshochstapler. Warum unsere Lehrpläne um 90% gekürzt werden müssen*, Spektrum 2010. Dass unsere Schulen den Schülern nicht helfen, Sinn zu vermitteln, sondern bloß Stoff vorgeben, meint Andreas Gruschka: *Verstehen lehren. Ein Plädoyer für guten Unterricht*, Reclam 2011. Dass Kinder keine Aktenordner sind und deshalb nicht gefüllt werden sollten, meint Joachim Bauer: *Lob der Schule. Sieben Perspektiven für Schüler, Lehrer und Eltern*. Heyne 2008, 4. Aufl. Zur Geschichte des Sitzenbleibens vgl. Ingrid Lohmann: *Wer hat das Sitzenbleiben erfunden?*, in: Westermanns Pädagogische Beiträge 1987/4, S. 12–14. Eine Abrüstung der Waffen in der Schule wünschte sich Maria Montessori: *Die Macht der Schwachen*, Herder 2001, 3. Aufl. Für einen Umbau unserer Schulen und die Abschaffung von Ziffern-Zensuren plädiert Sabine Czerny: *Was wir unseren Kindern in der Schule antun ... und wie wir das ändern können*, Südwest 2011.

Lehrer als Beruf

Die Geschichte vom schwedischen Lehrer-Experiment erzählt Christoph Kucklick: *Gute Lehrer*, in: GEO, 2/2011, S. 24–48. Den Lehrer als Künstler definiert Fritz Gansberg: *Demokratische Pädagogik*, Quelle und Meyer 1911. Gegen Reformen in der Schule streitet Michael Felten: *Schluss mit dem Bildungsgerede! Eine Anstiftung zu pädagogischem Eigensinn*, Gütersloher Verlagshaus 2012. Vgl. auch ders.: *Auf die Lehrer kommt es an! Für eine Rückkehr der Pädagogik in die Schule*, Gütersloher Verlagshaus 2011, 2. Aufl. Gegen die theoretische Überfrachtung der Didaktik argumentiert Andreas Gruschka: *Didaktik. Das Kreuz mit der Vermittlung. Elf Einsprüche gegen den didaktischen Betrieb*, Büchse der Pandora 2001, S. 93. In die gleiche Richtung zielt Marga Bayerwaltes: *Große Pause! Nachdenken über Schule*, Kunstmann 2002, S. 89. Über das Lehramt, seine Kandidaten und die Rolle des Lehrers in der Gesellschaft schreibt Theodor W. Adorno: *Philosophie und Lehrer*, in: ders.: *Eingriffe. Neun kritische Modelle*, Suhrkamp 1963, S. 29–53; ders.: *Tabus über dem Lehrberuf*, in: ders.: *Stichworte. Kritische Modelle 2*, Suhrkamp 1969, S. 68–84. Zur Potsdamer Lehrerstudie über die ausgebrannten Lehrer vgl. Uwe Schaarschmidt: *Die Potsdamer Lehrerstudie. Ergebnisüberblick, Schlussfolgerungen und Maßnahmen,* auf: www.ibz.uni-koeln.de/download/vortragschaarschmidt_ws_06_07.pdf.

Bildung im 21. Jahrhundert

Die Wissensgesellschaft der Zukunft skizziert Gunter Dueck: *Professionelle Intelligenz. Worauf es morgen ankommt,* Eichborn 2012; ders.: *Aufbrechen. Warum wir eine Exzellenzgesellschaft werden müssen,* Eichborn 2010. Zu den Herausforderungen von Ökonomie und Gesellschaft im 21. Jahrhundert vgl. Jeremy Rifkin: *Das Ende der Arbeit und ihre Zukunft. Neue Konzepte für das 21. Jahrhundert,* Fischer 2011, 3. Aufl. Das Solow-Modell über den Zusammenhang von technischem Fortschritt und Wirtschaftswachstum ist entwickelt in: Robert M. Solow: *A Contribution to the Theory of Economic Growth,* in: Quarterly Journal of Economics (70), 1956, S.65–94. Zum Begriff der Wissensgesellschaft vgl. Michael Polanyi: *Implizites Wissen. (The Tacit Dimension,* 1966). Suhrkamp 1985; Fritz Machlup: *The Production and Distribution of Knowledge in the United States,* Princeton University Press 1962; Peter F. Drucker: *The Age of Discontinuity. Guidelines to Our Changing Society,* Harper & Row 1969; Amitai Etzioni: *Die aktive Gesellschaft. Eine Theorie gesellschaftlicher und politischer Prozesse. (The Active Society; 1968),* Verlag für Sozialwissenschaft 2009. Eine kritische Bilanz der Entwicklung des modernen Kapitalismus zieht Robert E. Lane: *The Loss of Happiness in Market Democracies,* Yale University Press 2000. Eine marxistische Sicht der Wissensgesellschaft entwickelt André Gorz: *Wissen, Wert und Kapital. Zur Kritik der Wissensökonomie,* Rotpunktverlag 2004, 3. Aufl. Vom Wissenskommunismus spricht Robert K. Merton: *Die normative Struktur der Wissenschaft. Aufsätze zur Wissenschaftssoziologie* (1942/1949), in: ders.: *Entwicklung und Wandel von Forschungsinteressen. Aufsätze zur Wissenschaftssoziologie,* Suhrkamp 1985, S.86–99. Zukunftsprognosen unternimmt Matthias Horx: *Das Buch des Wandels. Wie Menschen Zukunft gestalten,* DVA 2009, 2. Aufl. Die kapitalistische Totalverwertung als Ziel aller jüngeren Bildungsreformen befürchtet Jochen Krautz: *Ware Bildung. Schule und Universität unter dem Diktat der Ökonomie,* Diederichs 2007; Konrad Paul Liessmann: *Theorie der Unbildung. Die Irrtümer der Wissensgesellschaft,* Paul Zsolnay 2008, 7. Aufl.

Wie geht Lernen?

Einen Einblick in die Neurobiologie und Lernpsychologie gibt Manfred Spitzer: *Lernen. Gehirnforschung und die Schule des Lebens*, in: Spektrum 2006; ders.: *Medizin für die Bildung. Ein Weg aus der Krise*, in: Spektrum 2010; dazu die Sammelbände von Ralf Caspary (Hrsg.): *Lernen und Gehirn. Der Weg zu einer neuen Pädagogik*, Herder 2010, 7. Aufl., und von Ulrich Herrmann (Hrsg.): *Neurodidaktik. Grundlagen und Vorschläge für gehirngerechtes Lehren und Lernen*, Beltz 2009, 2. Aufl.; Peter Gasser: *Gehirngerecht lernen. Eine Lernanleitung auf neuropsychologischer Grundlage*, hep verlag 2010; Martin Korte: *Wie Kinder heute lernen. Was die Wissenschaft über das kindliche Gehirn weiß*, Goldmann 2011; Gerhard Roth: *Bildung braucht Persönlichkeit. Wie Lernen gelingt*, Klett-Cotta 2011. Aus entwicklungspsychologischer Sicht vgl. Remo H. Largo: *Lernen geht anders. Bildung und Erziehung vom Kind her denken*, edition Körber Stiftung 2010; ders.: *Schülerjahre. Wie Kinder besser lernen*, Piper 2009. Den Verlust intrinsischer Motivation durch den Korrumpierungseffekt untersuchten Mark R. Lepper, David Greene und Richard E. Nisbett: *Undermining children's intrinsic interest with extrinsic rewards: A test of the "overjustification" hypothesis*, in: Journal of Personality and Social Psychology, (28), 1973, S. 129–137; Mark R. Lepper und David Greene: *Effects of extrinsic rewards on children's subsequent intrinsic interest*, in: Child Development, (45) 1974, S. 1141–1145. Den Stand der Intelligenzforschung schildern Aljoscha Neubauer und Elsbeth Stern: *Lernen macht intelligent. Warum Begabung gefördert werden muss*, Goldmann 2009. Eine Kritik am herkömmlichen Begabungskonzept entwirft Gerald Hüther: *Jedes Kind ist hoch begabt. Die angeborenen Talente unserer Kinder und was wir aus ihnen machen*, Knaus 2012. Einen Einblick in den Stand der Dinge in der Didaktik gibt der Sammelband von Eiko Jürgens und Jutta Standop (Hrsg.): *Was ist „guter" Unterricht. Namhafte Expertinnen und Expertinnen geben Antwort*, Klinkhardt 2010.

Individualisiertes Lernen

Das Zitat am Anfang stammt von Marina Weisband: *Wir nennen es Politik. Ideen für eine zeitgemäße Politik*. Tropen bei Klett-Cotta 2013. Zur deutschen Diskussion des *Mastery Learning* vgl. Frank-Detlef Ingenkamp: *Zielerreichendes Lernen – Mastery Learning. Grundlagen, Forschungsbericht, Praxis*, Otto Maier 1979. Gunther Eigler und Gerald A. Straka: *Mastery Learning. Lernerfolg für jeden?*, Urban und Fischer 1982; Gerald

A. Straka: *Auf dem Weg zu einer mehrdimensionalen Theorie selbstgesteuerten Lernens. Forschungs- und Praxisberichte 1984–1997*, Universitätsbuchhandlung Bremen 1998. Salman Khan entwickelt seine Erfolgsgeschichte und seine Vorstellungen einer Schule der Zukunft in: Salman Khan: *The One World Schoolhouse*, Hodder & Stroughton 2012 (*Die Khan Academy. Die Revolution für die Schule von morgen*, Riemann Februar 2013). Über die Erfolge mit *Mastery-Learning*-Projekten in den USA berichten: T. R. Guskey und S. L. Gates: *Synthesis of research on the effects of mastery learning in elementary and secondary schools*, in: Educational Leadership, 43, 1986, S. 73–80; John R. Anderson: *Learning and Memory: An Integrated Approach*, Wiley & Sons 1999, 2. Aufl.

Jenseits von Fach und Note

Eine Übersicht über reformpädagogische Konzepte (mit Schwerpunkt auf Deutschland) gibt Wolfgang Scheibe: *Die reformpädagogische Bewegung. Eine einführende Darstellung*, Beltz 2010, 3. Aufl. Ebenso Jürgen Oelkers: *Reformpädagogik. Eine kritische Dogmengeschichte*, Beltz Juventa 2005, 4. Aufl. Originaltexte sind: Georg Kerschensteiner: *Theorie der Bildung* (1931), Nachdruck Olms 2010; Peter Petersen: *Der Kleine Jena-Plan einer freien allgemeinen Volksschule*, Beltz 2011, 3. Aufl. Moderne pädagogische Konzepte stellen vor: Peter Struck: *Die 15 Gebote des Lernens. Schule nach PISA*. Primus 2011, 4. Aufl.; Olaf-Axel Burow: *Positive Pädagogik. Sieben Wege zu Lernfreude und Schulglück*, Beltz 2011; Enja Riegel: *Schule kann gelingen! Wie unsere Kinder wirklich fürs Leben lernen*, Fischer 2011, 7. Aufl. Eine Untersuchung individueller Schülerbiografien im Gegensatz zu Klassenbiografien unternimmt: Gabriele Bellenberg: *Individuelle Schullaufbahnen*, Beltz Juventa 1999

Bessere Schulen

Seine Erfahrungen mit einem Schulfach namens »Glück« schildert Ernst-Fritz Schubert: *Schulfach Glück. Wie ein neues Fach die Schule verändert*, Herder 2012. Zu den vorbildlichen Schulen, die es in Deutschland bereits gibt, siehe die beiden Film-Bücher (DVDs und Text) von Reinhard Kahl: *Treibhäuser der Zukunft. Wie in Deutschland Schulen gelingen*, Archiv der Zukunft 2004; *Individualisierung. Das Geheimnis guter Schulen*, Archiv der Zukunft 2011. Informationen über positive Ansätze in der Pädagogik, außergewöhnliche schulische Projekte, Erfahrungen, Erkenntnisse und Veranstaltungen liefert das Archiv der Zukunft: www.archiv-der-zukunft.de. Die Montessori-Gesamtschule in Potsdam mit ihren Ideen und Erfahrungen stellt vor: Ulrike Kegler: *In Zukunft lernen wir anders. Wenn die Schule schön wird*, Beltz 2009.

Bildung für alle

Die realistische Machbarkeit eines Umbaus unseres Bildungssystems demonstriert Jörg Dräger: *Dichter, Denker, Schulversager. Gute Schulen sind machbar – Wege aus der Bildungskrise*, DVA 2011.

Dank

Mein Dank gilt den Lesern und Kritikern, die das Manuskript als erste kritisch gelesen und geprüft haben: Annette Brüggemann, Regina Carstensen, Susanne Fritz, Reinhard Kahl, Martin Möller, Verena Oetzmann, Hans-Jürgen Precht und Johanna Maria Precht.

Personenregister

Adenauer, Konrad 55, 57, 105
Adorno, Theodor W. 156
Archimedes von Syrakus 256
Aristoteles 81 f.
Arnold, Wladimir
  Igorewitsch 244

Babbe, Karin 259 f.
Bacon, Francis 26
Bandura, Albert 211
Baring, Arnulf 63
Bauer, Joachim 115
Bauer, Patrick 56
Baumert, Jürgen 155
Bayerwaltes, Marga 153
Beust, Ole von 60
Bloch, Ernst 309
Block, James H. 232
Bloom, Benjamin 232
Blüm, Norbert 84 f.
Blyton, Enid 257
Brandt, Willy 50, 52, 309
Brecht, Bertolt 108
Brel, Jacques 207
Brinek, Gertrude 16 f.
Brodkorb, Mathias 12 f., 96, 148, 149
Bude, Heinz 48, 58, 72, 87, 312 f.
Buonarroti, Michelangelo 109
Bushido 59

Carroll, John B. 232
Chaplin, Charlie 107
Christiansen, Sabine 63
Chruschtschow, Nikita 50
Churchill, Winston 108
Clement, Wolfgang 63, 86, 274
Comenius, Johann Amos 35, 120

Dahrendorf, Ralf 53 f.
Darwin, Charles 256, 257
Davidson, Cathy N. 165
Dewey, John 226, 329
Diderot, Denis 257
Donen, Stanley 200
Dräger, Jörg 331
Drucker, Peter F. 178, 181
Dueck, Gunter 171, 172, 176

Eco, Umberto 258
Edison, Thomas Alva 108
Einstein, Albert 108 f., 223
Engels, Friedrich 193
Enzensberger, Hans
  Magnus 297
Erhard, Ludwig 310, 313
Etzioni, Amitai 178

Fabre, Jean-Henri 182
Fehr, Ernst 98, 248, 311
Felten, Michael 145 ff., 232

Fichte, Johann Gottlieb 27, 35
Fischer, Joschka 54, 63
Fischer, Ernst Peter 25
Friedrich Wilhelm III., König von Preußen 32
50 Cent 59

Gansberg, Fritz 141
Geißler, Heiner 111
Georg VI., König von England 138, 142 f.
Germain, Christiane 271 f.
Gödel, Kurt 72, 244
Goethe, Johann Wolfgang von 11, 28, 47, 180, 253, 254, 255, 256 f., 279
Goetsch, Christa 69
Gorz, André 178 f.
Greene, David 212 f.
Griswold, Florence 236
Gruschka, Andreas 111 f.
Guggenheim, Kurt 182

Haan, Gerhard, de 97
Han, Byung-Chul 191 f.
Hardenberg, Karl August Fürst von 32
Hattie, John 283 ff.
Hebb, Donald O. 197
Hegel, Georg Wilhelm Friedrich 28, 30, 46, 180 f.
Heller, Kurt A. 101
Henkel, Hans-Olaf 63, 274
Hentig, Hartmut von 305 ff., 329, 330
Heraklit von Ephesos 115
Herbart, Johann Friedrich 28

Herder, Johann Gottfried 28, 33, 202
Hochhuth, Rolf 108
Hohlmeier, Monika 100, 129
Hölderlin, Friedrich 72
Hopmann, Stefan 16 f.
Horx, Matthias 181, 189
Humboldt, Alexander von 39, 179
Humboldt, Caroline von 32
Humboldt, Wilhelm von 20, 31 ff., 40 ff., 46, 48, 51, 53, 59, 81 ff., 84, 94, 95, 106, 135, 169, 172, 178, 179, 247, 329, 330
Hundt, Dieter 62, 274
Hurrelmann, Klaus 44 f., 74, 158
Hüther, Gerald 190, 260 f.

Iuvenalis, Decimus Iunius (Juvenal) 247

Jahn, Friedrich Ludwig 246
Jauch, Günther 25, 129
Jesus von Nazareth 257

Kafka, Franz 108
Kahl, Reinhard 167, 259 f., 287, 290
Kant, Immanuel 28, 209, 216, 256
Karakurt, Yakamoz 115 f., 119
Karl V., Kaiser des Heiligen Römischen Reichs (HRR) 288
Kästner, Erich 196
Kegler, Ulrike 307 f.

Kerschensteiner, Georg 14, 25, 41 ff., 88, 247, 305
Key, Ellen 14
Khan, Salman 235 ff., 245, 251, 289
Klafki, Wolfgang 219 f., 330
Kliemke, Ernst (Heinrich Nienkamp) 310
Korte, Martin 344
Kracauer, Siegfried 231 f., 285
Krautz, Jochen 192
Kropotkin, Pjotr Alexejewitsch 310
Kucklick, Christoph 139
Künast, Renate 102
Kürten, Dieter 26

Lamarck, Jean-Baptiste de 257
Lane, Robert E. 178
Leclerc de Buffon, Georges-Louis 257
Lepper, Mark 212 f.
Liessmann, Konrad Paul 189 f.
Lind, Georg 302
Logue, Lionel 138, 142 f., 153, 154
Loren, Sophia 200
Lorkowski, Michael 26
Louca, Stavros 138 f.

Machlup, Fritz 178
Malthus, Thomas Robert 257
Mann, Thomas 108
Marx, Karl 193
Meister Eckhart 27
Merkel, Angela 313, 314 f.
Mill, John Stuart 297

Mißfelder, Philipp 274
Mitra, Sugata 237
Montessori, Maria 14, 128, 289, 305, 307
Muñoz, Vernor 61
Musil, Robert 108, 173

Napoleon Bonaparte 31, 34
Newton, Isaac 113, 256
Nicolovius, Georg Heinrich Ludwig 34
Nietzsche, Friedrich 246, 256
Nisbett, Richard 212

Otto, Berthold 14, 252

Parker, Francis W. 226
Peck, Gregory 200
Pestalozzi, Johann Heinrich 28, 30, 33
Petersen, Peter 14, 252
Picht, Georg 50 ff., 56 ff., 62, 80, 300, 311 f., 313, 330
Platon 42
Polanyi, Michael 178
Popper, Karl 104, 108, 165
Preisendörfer, Bruno 64 f., 66
Preiß, Gerhard 217
Pythagoras von Samos 174, 256

Quenzel, Gudrun 44 f., 74, 188

Rabelais, François 115
Riegel, Enja 248
Rifkin, Jeremy 176 ff.
Robinson, Ken 9, 246
Rosa, Hartmut 85, 172

Roth, Gerhard 97, 150
Rousseau, Jean-Jacques 27f.
Rowling, Joanne K. 257, 293
Rühle, Alex 78
Rüttgers, Jürgen 82

Saint-Hilaire, Étienne Geoffroy 257
Sarrazin, Thilo 56, 67
Sartre, Jean-Paul 50
Savigny, Friedrich Carl von 35
Schavan, Annette 100, 116, 274
Schiller, Friedrich 25, 28, 85, 174, 246, 262
Schleicher, Andreas 89f.,
Schleiermacher, Friedrich 28, 35
Schopenhauer, Arthur 209
Schreier, Jürgen 100
Schröder, Gerhard 54, 63
Schröder, Kristina 274
Schumpeter, Joseph 194
Schwanitz, Dietrich 25, 113
Seel, Martin 81
Seibert, Norbert 156f.
Seidel, Tina 143
Seneca 18
Sennett, Richard 190
Shaw, George Bernard 108, 282
Sido 59
Sinclair, Upton 319
Singer, Kurt 124, 129, 130, 144, 160
Skinner, Burrhus F. 230f., 232, 251
Smith, Adam 256f.
Solow, Robert Merton 177f.
Sommer, Barbara 267

Sordi, Alberto 317
Spiewak, Martin 318f.
Spitzer, Manfred 214f., 260f.
Städtler, Thomas 114
Starck, Philippe 271
Stein, Heinrich Friedrich Karl Reichsfreiherr vom und zum 31f.
Struck, Peter 265
Süskind, Patrick 257, 258
Sußebach, Henning 98f., 101f., 122, 260, 294
Sußebach, Marie 98, 99, 101, 122, 260
Süvern, Johann Wilhelm 34
Swarup, Vikas 238
Swedenborg, Emanuel 255

Taylor, Frederick Winslow 107ff., 115, 128, 147, 170, 171, 181, 183, 185, 191, 193, 207, 224, 226, 229, 305, 330
Terhart, Ewald 150
Tolkien, J.R.R. 257
Trott zu Solz, August von 106
Twombly, Cy 110

Uhden, Alexander von 34

Washburne, Carleton 226ff., 231, 232f., 239, 252, 289f.
Weisband, Marina 224
Westerwelle, Guido 63, 274
Winckelmann, Johann Joachim 255
Wittgenstein, Ludwig 14
Wolff, Karin 100